다문화 전공자를 위한

이민정책론 개정판

다문화 전공자를 위한

이민정책론 개정판

황미혜 | 권영은 지음

한 국가에서 이민정책(Immigration policy)은 그 국가에 거주하고 자 하는 외국인에 대해 영구적 또는 일시적으로 사회의 구성원이 될 수 있도록 법적인 지위를 부여하는 것이 가장 기본적인 접근이다. 이 민자(immigrant)가 거주하려는 사회의 건전한 구성원으로 거주 국가 의 국민과 조화롭게 통합되어 생활하도록 하는 데에 필요한 사항을 다루는 정책이다. 즉 비자 및 국경관리, 영주 및 국적 부여, 이민자와 내국인의 사회통합 등을 포괄하는 정책이다.

이민자의 유입은 한 국가에 인구의 양적인 면과 질적인 면을 필연 적으로 변화시킬 수밖에 없다. 또한 경제, 복지, 치안, 안보, 문화, 정 치 등 다양한 방면에서 장기적인 영향을 미침으로써 이민정책은 장 기적이고 거시적인 시각에서 접근하여 시행해야 한다. 다시 말해 이 민의 보편적인 단계인 국경관리와 외국인 체류 관리뿐만 아니라 어 떠한 이민자를 그 국가에 유입할 것인지가 우선적으로 중요한 사항 이다. 또한 그들이 유입된 후 그 국가의 주류사회에 어떻게 잘 정착 하고 적응할 수 있도록 할 것인지, 어떠한 이민자에게 영주권 및 국 적을 부여할 것인지 등 관련된 모든 것을 포함하는 정책을 이민정책 이라고 한다.

이민은 한 개인이 자신의 더 나은 삶을 위하여 이동을 결정하고 본 인의 상시 거주지에서 뿌리를 거두었다가 이동을 결정한 새로운 국가 의 주류사회로 신속하게 동화하는 단순한 개인적인 행동이 아니기 때문이다. 즉 이민에서 정주는 대부분 이민자의 삶 전체에 걸쳐 전개되며, 다음 세대까지 영향을 미치는 장기적인 과정이므로 이에 합당한 이민정책은 이민을 받아들이는 국가에서 매우 중요하다고 볼 수 있다.

한국은 이민을 필요로 하고 급변하는 한국사회의 중요한 특징이 되었다. 이에 따라 한국의 이민정책은 대한민국으로 이주하고자 원하는 이민자들로 인해 인구, 경제, 복지, 치안, 특히 문화 등 다방면에 걸쳐 파급효과를 가져올 수 있다. 또한 이민정책을 논함에 있어서는 외국의 사례에서 나타나듯이 대한민국의 이민자 구성원 특성이 매우 주요하기 때문에 보다 신중한 접근이 필요하다는 것이다.

본 서는 총 11개의 장으로 구성되어 있다. 제1장과 제2장은 한국의 이민과 관련한 전반적인 현황과 내국인과 외국인의 국내외 흐름에 대한 내용으로 구성되어 있다. 재한외국인의 사회통합정책과 주요 용어 정리는 이민정책 연구의 틀을 탐구하는 이민정책 연구의 기본적인 이해 부분에 속하기 때문에 제시하였다. 제3장에서 제7장에 이르는 5개의 장은 대한민국의 이민 특성에서 이슈가 되고 있는 대표적인 이민자 구성원인 결혼이민자, 외국인근로자, 난민, 중도입국청소년의 현황과 동향 등을 살펴봄과 동시에 북한이탈주민의 현황과 동향도 함께 살펴보았다. 대한민국의 이민정책 전개에 따른 정부와 기관, 민간단체 등의 대응과정을 학술적인 관점에서 조명하는 것을 그 내용으로 하고 있다. 그리고 제9장에서 제11장은 이민선진국의 대표적인 국가인 미국, 호주와 캐나다, 독일과 프랑스, 일본과 대만의 사례를 고찰함으로써 시사점을 주고자 하였다.

이에 본 서는 다문화전공자는 물론 일반 독자, 청소년 등 이민과 관련된 모든 이들에게 한국 이민의 현황과 이민자 구성원, 정책 등을 객관적으로 파악하고 이해하는 데에 도움이 되고자 한다. 이에 따른 기초적인 통계 자료에서부터 정책 자료들도 포함하여 그 동향과 추이를 보여주고 이민정책에 대한 포괄적인 이해를 증진시키는 것이 목적이다.

황 미 혜·권 영 은

|차 례|

표차례

그림차례

제1장

한국의 이민 현황과 정책

I. 한국 이민의 현황

1. 이민의 세계적 동향

세계화가 진행되면서 인구의 국가 간 이동은 매우 활발해졌다. 1990년의 세계이주인구는 1억 5,552만 명 정도로 세계인구의 2.9%로 추산되었으나 2010년은 2억 1,394만 명 정도로 증가하였고 비중도 3.1%로 조금 높아졌다(UN, 2011). UN의 자료에 의하면 전세계 인구의 60%에 달하는 아시아권의 경우 이주인구는 1990년 전체인구의 1.6%, 2010년은 1.5%가 이주인구로 큰 변화가 없는 것으로 나타났다. 유럽의 경우 이주인구비율은 1990년 6.9%에서 2010년 9.5%, 북미는 1990년 9.8%에서 2010년 14.2%, 오세아니아는 1990년 16.2%에서 2010년 16.8%로 증가추세에 있으며 남미와 아프리카는 각각 1990년 1.6%와 2.5%에서 2010년 1.3%와 1.9%로 감소추세이다.[1] 2022년 기준 전 세계 인구(78억 명) 중 국제 이주자는 2억 8,100만 명(3.6%)이다. 이 중 여성 이주자는 1억 3,500만 명(3.5%)

---

[1] 구체적인 자료는 UN의 이주관련 Web site http://esa.un.org/MigAge/index.asp?panel=8 을 참조.

이며, 남성 이주자는 1억 4,600만 명(3.7%)이다. 2019년 기준 노동 이주자는 1억 6,900만 명이다(World Migration Report 2022).

한국의 경우는 이주인구의 증가추세가 뚜렷하게 나타나고 있다. 통계청 자료에 따르면, 1992년 65,673명으로서 한국인구의 0.15%에 불과하던 외국인 등록 인구는 2010년 918,917명으로 14배 증가하여 한국인구의 1.84%에 달할 정도로 비중이 높아졌다. 출입국외국인정책본부에 따르면, 거주등록을 하지 않은 외국인을 포함하는 체류외국인은 2011년 말 기준 1,395,077명으로 대한민국 전체 인구의 3% 수준이었다. 2011년 이후 점차 증가하여 약 250만 명을 넘어섰으나 2020년 코로나 19 팬데믹의 영향으로 감소하여 2022년 12월 말 현재 체류외국인은 2,245,912명으로 조사되었다(법무부 2022년 12월 통계월보).

이 같은 수치를 세계적인 수치와 비교하면 한국의 이주인구는 높은 수준이라고 볼 수 없다. 하지만 한국에서는 이러한 낮은 수준도 문제가 될 수 있다. 과거 한국이 이주사회의 경험이 없다는 점과 오랫동안 민족국가를 형성해 왔기 때문에 타민족에 대한 이질감이 다소 작용하기 때문이다. 민족이라는 관점에서 살펴보면, 한국에서의 민족국가 개념은 다른 국가와는 차이가 있다. Kymilca(2007)는 대다수의 민족국가들은 원래부터 단일민족국가였다기보다는 자본주의 형성에 조응하는 근대국가의 건설과정에서 강압적으로 형성된 환상이라고 보아야 한다고 주장한다. 일부 예외적인 국가를 제외하면 단일한 민족공동체란 늘 실제의 상황이라기보다는 그를 달성하기 위해 노력하는 이데올로기였을 뿐이라는 것이다. 그리고 그 예외적인 국가로 아이슬란드, 포르투갈, 한국을 꼽았다(이병렬 외, 2011). 즉 대다수의 민족주의 국가에서는 국가통합의 차원에서 민족주의가 대두될 뿐 내부적으로는 다민족을 경험하거나 다민족 국가가 대부분인데 비해 한국은 과거 다민족을 경험하지 않은 문자 그대로의 민족국가라는 것이다. 따라서 최근의 외국인 체류자의 수는 세계적인 수치와 비교하여 그 비중은 비록 낮지만 단기간에 높아진 이민자의 비중이 한국사회에 미치는 영향은 크다고 할 수 있다.

2. 이민정책의 유형

한국의 이민정책은 2000년대 이전에는 제 1-2단계의 정책인 출입국관리 정책과 외국인력정책에 머물러 있었다. 한국 이민의 유형은 프리만(Freeman, 1995)의 이민유입국 유형 구분에서 후발이민국가에 속한다. 한국의 이민 변천사는 1980년대 말부터 이민송출국에서 이민유입국으로 변모하였으며, 1990년대 초에 외국인력정책의 수립을 고심하였다. 이에 따라 2000년대 중반부터는 본격적으로 외국인에 대한 사회통합정책을 모색하기 시작하였다. 이민정책의 단계별 유형을 3단계로 나누면 다음의 <그림 1>과 같이 살펴볼 수 있다.

<그림 1> 이민정책 3단계

프리만(Freeman, 1995)의 이민유입국 유형은 전통이민국, 초청노동자유입국, 후발이민국 세 가지로 구분된다.

먼저, 전통이민국은 미국, 캐나다, 호주, 뉴질랜드 등 이민으로 형성된 국가를 말한다.

두 번째, 초청노동자유입국은 제2차 대전 이후 초청노동자(guest workers)를 받아들였던 독일을 위시한 서유럽 국가들을 말한다.

세 번째, 후발이민국은 80년대 이후 외국인근로자를 유입하기 시작한 이탈리아와 그리스 등 남유럽국가들이다. 남유럽국가와 유사한 일본, 대만, 한국도 후발이민국가에 속하였다.

1) 이민유입국 유형과 이민정책의 관계

이민유입국 유형과 이민정책의 관계에서는 이민국가가 어떠한 유형의 이민국가에 속하는지가 그 국가의 이민정책에 영향을 미친다. 또한 이민정책의 단계가 제1-2단계에 머물러 있는지, 아니면 제3단계까지 나아가야 하는가에 영향을 미칠 수밖에 없다. 사회통합정책 또한 통상 '국민(또는 시민권자)'를 대상으로 하기에, 그간 영주이민을 받아들이는 전통이민국가에서 발달하였다. 반면 선발이민국가나 후발이민국가는 일시적으로 초청노동자로 받아들인다는 것이다. 즉 이민자를 일시적 이주자로 의미하고 계약기간이 만료되면 모국으로 돌아갈 것으로 기대되어, 출입국정책과 인력활용정책은 있으나, 사회통합정책 대상은 아니었다. 1990년대 이후 서유럽 등 선발이민국가 중심으로 추후 사회통합정책이 모색되기 시작하였으며, 2000년대 들어서는 후발이민국가인 동아시아 국가들도 마찬가지로 사회통합정책 방안으로 변모하였다.

2) 이민정책의 수렴현상

전 세계 이민정책이 각 국가에 따른 정도의 차이는 있지만, 그 방향에 있어서 확대와 포섭(통합)의 방향으로 수렴되는 경향(이혜경, 2008; 코넬리우스 외, 2004)으로 바뀌었다. 이러한 수렴 현상은 세계화와 자유민주주의의 확대 속에서 자유, 평등, 정의라는 자유민주주의 가치관의 확대로 이민정책 역시 확대와 통합의 방향으로 나아갈 수밖에 없기 때문이다. 각 국가가 처한 역사적·사회적·정치적·문화적 맥락에 따라 이민정책의 구체적인 내용과 범위 등은 약간씩 차이가 있으나, 이민정책은 각 국가가 어느 정도 선진 자유민주주의에 기반을 둔 선진 상태인지를 측정할 수 있는 일종의 '리트머스시험지'로 작동한다(이혜경, 2008).

한편 사회통합정책에서의 최근 수렴 현상을 살펴보면 동화주의 모형과 다문화주의 모형에서 제3의 사회통합정책으로 나아가고 있다는 것이다.

동화주의 모형은 고든(Gordon)의 흡수동화 또는 용광로동화로 1960년대까지 미국에서 대두되었던 동화모형이며, 분절동화모형은 종족공동체(ethnic community)의 긍정적 기능을 강조하였다(Portes, 1985).

다문화주의 모형은 다문화주의와 이를 둘러싼 논쟁의 관점에서 보면 사회통합의 관점과 철학적 기반을 제공하는데 크게 기여하였다. 대부분의 선진 이민국가들은 현재 '문화적 다양성 존중'과 이민자가 경제, 사회, 정치, 문화 등 유입국의 여러 제도적 차원에 전면적으로 통합할 수 있도록 지원하고 있다.

그리고 유럽을 중심으로 그간 다문화주의가 의도하지는 않았으나 결국 종속적 소수자 집단의 격리를 유도하여 진정한 사회통합에 이르게 하지는 못하였다는 점을 비판하면서 상호문화주의(interculturalism)를 제안하였다. 상호문화주의는 문화적 다양성과 다원주의를 강조한다는 점에서 다문화주의와 유사하나, 세속주의(secularity)와 통합(integration) 및 호혜성(reciprocity)을 강조한다는 점에서 다문화주의와는 차이가 있다는 점이 다르다. 또한 유럽평의회는 사회통합의 원칙(Council of Europe, 2009)을 세 가지로 구분하였다.

첫째, 민주주의의 기본 이념을 존중한다.

둘째, 이민자의 고유 정체성 유지와 다양성을 존중하는 것이다.

셋째, 제도적 참여 권리 및 동시에 이에 수반되는 의무의 적극적인 이행의 강조이다.

이러한 유럽평의회의 사회통합원칙은 이민자가 유입되는 각 국가들도 유사하게 시행되고 있는 원칙이라 할 수 있다.

II. 한국인의 해외이민 흐름

1. 1980년 말 이전의 이민정책

1980년대 말까지 한국사회에서는 이민이란 우리 국민의 해외이민이 주류를 이루었다. 한국인의 해외이민 역사는 19세기까지로 거슬러 올라가고, 일제강점기를 거치면서 중국 만주지방과 러시아 연해주지역, 일본으로의 이주가 확대되었다(김두섭 외, 2002). 해방 이후 한국인의 해외이민을 전담하는 부서는 외교통상부로 이민송출기관을 규율하는 법률인 해외이민법이 시행되었다. 그리고 해외이민 교민을 지원하는 재외동포재단법 등에 의해 한국인의 해외이민에 대한 지원을 하였다.

1980년대 말 이전의 한국인의 해외이민을 시기적으로 살펴보면, 우선 1945년 대한민국 독립 이후부터 1960년대 초 독일로 광부와 간호사를 파견하면서부터 시작되었다. 또한 독일로의 노동이주가 본격적으로 시작된 1970년대에서 1980년대는 중동 건설 붐과 함께 중동으로의 대규모 노동이주로 이어졌다. 아울러 1965년 미국의 이민법이 개정되면서 아시아로부터 이민을 받아들이기 시작하면서 미국 등으로의 영주이민 물결도 확대되었다. 한편 해외로의 일시적인 노동이주 및 영주이민의 흐름은 1960년대 초부터 시작되었다. 1970년대에서 1980년대 초까지 정점에 달한 시기였으며, 1980년대 중반부터는 점차 감소한 시기였다고 볼 수 있다. 영주이민의 경우에는 1976년 약 4만 6천여 명 정도로 높은 비중을 차지하였다. 아울러 1980년대 중반에는 매년 약 3만여 명 정도가 해외이민을 나가기도 하였다. 이러한 활발한 해외이민도 1993년부터 그 규모가 대략 2만 명 미만으로 감소하였다. 해외취업은 1970년대 말부터 80년대 중반까지 중동 붐으로 인해 일시적으로 증가한 시기라고 할 수 있다. 1982년에는 해외취업자 규모가 무려 약 20만 명에 달하는 황금기를 이루기도 하였다. 이러한 황금기도 해외이민 감소의 영향을 받아 해외취업 또한 1994년에는 2만 5천 명으로 크게 감소하였다. 이와 같이 1980년대 말을 기점으로 한국인의 해외이민은 크게 감소하고, 대신 외국인근로자들이 국내로 들어오는 새로운 현상을 겪게 되었다.

한국은 80년대 말을 기점으로 노동송출국에서 노동이민국으로 이민 변천을 겪은 국가이다(Park, 1991; 이혜경, 1994; Lee, 1997 등).

2. 1980년대 말 이후 이민정책

한편 1980년대 말 이후에는 1997년 말 찾아온 IMF 경제위기 이후로 실업률이 증가하여 해외취업을 희망하는 젊은이들이 다시 증가한 계기가 되었다. 그래서 한국 정부는 1998년 3월 '국외취업활성화방안'을 마련하여 국민의 이민업무를 재개하였다. 이러한 현상은 한국 정부의 '청년 일자리 사업'으로 연결되어 2008년 7월 한국 정부는 일자리 창출을 위한 정책추진 방향을 논의하는 자리에서, 청년층 일자리 창출과 관련한 계획을 마련하였다. 또한 2009년에서 2013년까지 5년 동안에 해외취업 5만 명, 해외인턴 3만 명, 해외 봉사활동 2만 명 등 글로벌 청년리더 10만 명 육성 계획을 발표하였다 (연합뉴스, 2008년 7월 25일).

2010년 6월 4일 노동부는 국가정책조정회의에서 '해외취업 활성화 대책'을 발표하였다. 주요 내용을 보면 싱가포르, 말레이시아 등 동남아 지역의 리조트, 호텔 등의 관광 인력 및 중동 항공사의 승무원 인력 및 호주와 캐나다의 가스전 개발에 따른 용접 인력 등 전문 인력에 대한 알선과 맞춤형 훈련을 제공할 예정이라고 발표하였다 (매일경제, 2010년 6월 4일). 아울러 당시 노동부는 해외취업지원 사이트인 월드잡(www. worldjob.or.kr)을 통해 해외취업과 관련된 많은 정보를 제공하였다.

Ⅲ. 외국인의 국내이민 흐름

1. 1980년 말 이후 이민정책

한국의 이민 효시는 중국동포의 유입과 함께 시작되었다. 1987년에 접어들어 친척방문 등의 이유로 들어온 중국동포는 중국과의 관계 개선이라는 정치적인 변화로 한국을 방문하다가 국내 건설업계의 극심한 인력난으로 취업기회를 얻게 되었다. 1980년대 중반 이후의 외국인의 국내이민의 흐름은 중동 노동시장의 변화가 대표적인 원인 중의 하나이다. 동남아시아 출신 노동자들의 일본시장으로 진입으로 인하여 1990년대 초부터 필리핀인과 방글라데시인 등 동남아시아 출신 노동자의 유입도 시작되었다(이혜경, 1994, 1997).

한편 한국 정부는 '산업기술연수생제도'를 선택하여 필리핀 등 4개국에서부터 시작하여 15개국 아시아 국가로부터 외국인연수생을 공식적으로 유입하기 시작하였다. 이에 따른 국내 외국인근로자의 국적은 더욱 다양해지고 불법체류외국인도 증가되었다. 한국은 외국인근로자 유입과 더불어 국제결혼도 한국 이민의 특징이라고 할 수 있다. 한국의 국제결혼에서 살펴보면, 1990년대 이전에는 한국사회의 국제결혼은 가난한 한국의 딸들이 주로 미국 또는 일본으로 결혼이민을 떠남이 대부분이었고, 국내로의 결혼이민은 매우 드물었다(이혜경, 2005; Lee, 2008). 그러나 1990년대 초반부터 시작하여 한국의 국제결혼은 국제결혼 송출국에서 국제결혼 유입국으로 변모하였다. 이에 따라 1990년대 이후에는 우리 국민이 국제결혼을 통해 해외로 이주하는 사례가 점차 감소하기 시작하였다. 반면 외국인여성이 한국인 남성과 혼인으로 들어오는 경우가 점차 증가하기 시작하여 다문화가정이라는 용어를 탄생시키게 된 계기가 되었다.

2. 이민정책의 형성 및 변화

1) 외국인근로자 유입과 담론

한국은 이민정책의 형성 및 변화에서 유입 초기라고 할 수 있는 1980년대 말에서 1993년까지는 정책적 준비가 체계적으로 형성되지 않았다고 할 수 있다. 유럽의 초청노동자 유입국가들의 사례처럼 외국인근로자의 유입이 필요하여 체계적으로 외국인근로자를 유입한 것이 아니었다. 남유럽 국가들처럼 정책적 시스템이 제대로 시행되기 전에 들어온 시기라고 할 수 있다. 그래서 1980년대 말부터 1993년 말까지의 시기는 외국인근로자 유입에 대한 찬반 논쟁으로부터 시작하였다. 이는 1991년 11월 '해외투자업체연수제도'의 활용과 1993년 11월 최종적으로 '산업기술연수생제'의 선택으로 귀결되기도 하였다. 그리고 산업기술연수생제는 불법체류 양상 등 많은 문제점을 가지고 있었지만 2007년 고용허가제 체제로 일원화되기 전까지 시행되었다. 외국인근로자 유입 논란은 한국뿐만 아니라 산업화가 진전되어 인력난이 대두된 대부분의 국가에서 외국인근로자 유입에 대한 찬반논쟁이 시작되었다. 한국도 예외 없이 1980년대 말부터 업계, 노동계, 정부 및 학계 등에서 찬반논쟁이 시작되었다(이혜경, 1997; Lee, 1997). 당시 이와 같은 찬반논쟁은 인력난에 시달렸던 산업현장에서는 외국인근로자를 유입해야 된다고 주장하였다. 그러나 노조와 학계에서는 외국인근로자의 유입이 노동시장 및 사회에 미칠 부정적인 우려 때문에 유입을 최대한 늦추자는 입장으로 대립되기도 하였다(김시평, 1990; 서울여성노동자회 등, 1992; 설동훈, 1992; 한국노동연구원, 1991; Park, 1991; Abella and Park, 1994; 이혜경, 1994 등). 이러한 과정을 거치면서 한국사회는 1980년대 말부터 경제 및 정치·사회적으로 중요한 변화를 겪었다. 먼저 경제적인 측면에서 노동시장은 60년대 이후 산업화의 주역이었던 제조업 부문의 취업자 비율이 1988년 27.8%로 정점에 도달한 이후 감소하기 시작해서 서비스업 부문이 크게 확대되는 '산업구조 변천기'를 맞이하였다(통계청, 1997). 그리고 정치·사회적인 측면에서는 30여 년에 걸친 군부 정권이 1987년 6월 시민항쟁 이후 막을 내리기 시작하여, 대통령 직접선거 등 정치적·사회적 민주화가 촉진된 시기이었다. 또한 노동시장의 분절화를 심화시키어, 1980년대 말 이후 대기업과 소기업간 기업규모에 따른 임금격차가 크게 확대되었다(Lee, 1997). 게다가 한국인의 고학력화 현상이 동시에 발생하면서 일부 소기업과 중소기업은 심각한 인력난에 직면하게 되었기 때문이다.

2) 정부의 이민정책 고심

사회 각 분야에서 외국인근로자 유입을 둘러싼 논쟁이 시작되어 정부도 대책 마련을 위해 고심하기 시작하였다. 1990년대 초까지는 외국인근로자 유입에 대해 한국정부 부처간 의견이 상충한 시기이기도 하였다. 당시 노동부, 건설부, 상공부 등은 비교적 긍정적인 관점을 가졌고, 법무부와 경제기획원은 부정적인 시각을 보였다. 이러한 정부 부처들의 시각 교차는 정부 내 여러 부처의 성격에 따라 의견이 상충되고 정부가 외국인근로자 고용에 대하여 갈팡질팡하는 사이에 외국인 불법체류외국인의 취업은 한국사회에 서서히 파고들었다(이혜경, 2008). 불법체류의 신분으로 취업을 하는 외국인과 이들을 고용한 업주를 대상으로 1992년 6월에서 7월 사이에 자진신고를 유도하기도 하였다. 자진신고 기간에 6만 1천여 명의 외국인과 1만여 명의 고용주가 자진신고를 하였으며, 자진 신고한 총 6만 1천여 명의 불법체류외국인 중 제조업 부문 종사자 약 3만 8천여 명에 한하여 1992년 12월까지로 체류기간을 연장해주었다.

3) 외국인근로자 지원단체의 태동

정부가 이렇듯 정책에 고심하고 있을 시기에 외국인근로자 지원단체의 태동도 시작되었다. 한국사회에서 노동 및 시민단체 운동의 연혁은 비교적 길다고 할 수 있다. 사회 전면으로 활성화된 것은 1987년 민주화 운동 이후에 처음으로 1990년대 초 노조와 노동관련 시민단체들은 외국인근로자 유입이 노동조건과 노동운동에 미칠 부정적인 영향을 우려하여 외국인근로자 유입을 반대하기도 하였다. 그러나 국내로 유입되는 외국인근로자의 수가 증가하자, 열악한 노동조건 등이 사회적 문제가 되면서, 일부 종교단체와 시민단체들이 관심을 가지기 시작하였다(설동훈, 2003; Lee, 2003). 아울러 학계의 관심도 외국인근로자 유입 논란에 대한 것이 대부분이었지만, 1990년대 초부터 한국내 외국인근로자에 대한 연구도 본격적으로 시작되었다. 김시평(1990)의 행정대학원 논문을 효시로, 한국노동연구원을 중심으로 몇 편의 초기 연구가 이루어졌다(한국노동연구원, 1991; Park, 1991; 박호환, 1992; 서울여성노동자회 외, 1992; 설동훈, 1992;

박래영, 1993; 송병준, 1993; 한국천주교주교회 외, 1993). 또한 외국인근로자들의 열악한 노동조건 등이 언론에 보도되기 시작하면서 중국동포를 비롯한 필리핀, 방글라데시 노동자들에 대한 실태 조사가 시작되었다(박래영, 1993; 한국천주교주교회, 1993; 이욱정, 1994; 이혜경, 1994; 정기선 외, 2011).

3. 1994년 이후 이민정책의 형성 및 변화

1) 정책변화 모색기: 1994~2003년

한국정부는 1993년 11월 '산업기술연수생제도'를 선택하여 1994년부터 본격적으로 시행하였다. 산업기술연수생제도는 중소 3D업종의 인력난 해소에 도움은 되었지만, 노동자가 아닌 연수생의 한계가 있었다. 이 제도는 연수생의 작업장 무단이탈로 인한 불법체류외국인 양산이라는 비난을 받았다. 이러한 문제점은 1993년 11월 서울고등법원의 판결을 시작으로 1994년 9월 서울고등법원, 그리고 1995년 9월 대법원은 각각 외국인 산업기술연수생 및 불법체류외국인도 근로기준법상 근로자임이 인정된다고 판결하였다. 사법부의 이러한 판결은 외국인 노동자를 지원하는 단체에 힘을 주었고, 언론 및 여론도 불법체류외국인를 양산하는 산업기술연수생제도가 위법이라는 인식을 하게 되었다(이혜경, 2008). 이러한 산업기술연수생제에 따른 여러 가지 부작용이 점차 심각해지자, 1995년 이후부터 외국인을 지원하는 단체들과 노동부는 고용허가제 및 노동허가제로의 제도 변화를 모색하기 시작하였다.[2]

---

2) 고용허가제와 노동허가제의 차이는 이혜경(2008)을 참조.

1993년 이후에 시민단체가 주도적으로 외국인근로자 운동을 실시한 것은 당시 외국인근로자의 대부분이 불법으로 체류하는 신분이어서, 자체적으로 조직 또는 활동하기가 어려운 환경이었기 때문이었다. 이러한 시민단체의 활약은 1990년대 한국사회에서 외국인근로자의 문제를 쟁점화하는 데에 일조를 하였다. 그리고 1995년 이후의 외국인근로자를 지원하는 시민단체의 변화를 살펴보면, 양적으로 시민단체의 수가 크게 증가하였으며, 질적으로도 변화가 있었다. 그러나 1997년 이후에는 E-6 비자를 소지한 외국인 여성들의 유입은 여권과 임금 차압, 감금, 폭행, 매춘 등 여성의 이주화 측면에서 심각한 문제를 드러낸 시기라고 할 수 있다. 당시 외국인근로자를 지원하는 여러 단체들은 E-6 비자 외국인 여성들도 함께 지원하였다. 한국교회 여성연합 산하의 이주여성노동자상담소와 이주여성인권연대도 본격적으로 활동하기 시작하였다, 이러한 단체들은 국제결혼 가정과 성산업 종사 이주여성의 문제를 한국사회에 알리는데 기여한 바가 있다. 또한 경기도 미군기지 주변의 성산업 관련 여성들을 상담하던 기관인 새움터 등은 국내의 기존 여성단체와 연대하여 활동하였다(Lee, 2003).

1994년과 1995년에 명동성당 등에서 외국인근로자들의 임금체불 등과 관련한 농성은 1995년 2월부터 노동부는 '고용허가제'를 근간으로 하는 외국인근로자고용 및 관리에 관한 특별법(안)을 마련한 계기가 되었다. 이에 따라 1996년 정기국회에 제출하여 1997년 7월부터 시행하고자 하였으나, 중기협, 상공부 산하 중소기업청, 통상산업부, 법무부 등의 반대로 노동부의 이러한 노력은 좌절되기도 하였다. 1997년 9월 경제장관 간담회에서 중소기업의 경영여건을 감안하여 산업기술연수생제도를 약간 보완 수정한 '연수취업제도'로 마무리를 지었다. 그렇지만 IMF 경제위기 등으로 고용허가제 논의는 중단되었다(이혜경, 2008).

2) 학계의 흐름

(1) APMRN 창립

한국의 이주연구와 관련하여 학계의 가장 주요한 흐름은 1996년 KMRN(Korea Migration Research Network) 창립이었다. 호주 울릉공대학교(University of Wollongong)의 스티븐 카슬(Stephen Castles) 교수에 의해 창립된 APMRN(Asia Pacific Migration Research Network)도 KMRN 창립의 직접적인 관련성이 있었다. APMRN은 1995년 UNESCO(United Nations Educational Scientific and Cultural Organization) 지원으로 창립하여 환태평양 국가들에게 APMRN 조직을 권유하였다. 1995년부터 2008년 약 13년 동안 활동에 참여한 국가는 17개 국가에 달하였다. 스티븐 카슬 교수는 '이주의 시대(The Age of Migration)' 저자로 전 세계 독자들에게 알려져 있다.

(2) APMRN 참여국

APMRN 참여국은 다음의 네 가지 지역으로 구분할 수 있다.
첫째, 동아시아 지역으로 한국, 일본, 중국, 대만-비공식멤버, 몽골이 참여하고 있다.
둘째, 동남아시아 지역은 베트남, 캄보디아, 인도네시아, 말레이시아, 싱가포르, 태국이 참여하고 있다.

셋째, 남아시아 지역은 방글라데시, 인도, 스리랑카가 활동하고 있다.
넷째, 태평양연안국은 호주, 뉴질랜드, 피지가 태평양제도를 대표
하고 있다.

3) 제도변화 및 사회통합정책 모색: 2004년 이후

2004년 이후 한국의 이민정책은 외국인력 활용에 대한 제도변화
는 물론 이민정책의 제3단계인 '사회통합정책' 모색으로 한걸음 나
아갔다. 이에 따른 관·민·학 공조체제의 활성화도 진행되었다.
1990년대 말부터 시민단체와 학계에 의해 국제결혼가정의 문제도
지속적으로 제기되었다. 2000년대 초에는 농촌지역을 중심으로 지
자체가 앞장서서 '농촌총각장가보내기' 운동도 실시하였다. 또한 당
시 보건복지부는 2004년 12월부터 2005년 6월 사이 이들에 대한 첫
번째 전국적인 실태조사가 용역사업으로 수행되었다(설동훈 외,
2005). 실태조사는 시민단체 대표들과 학자들이 정부 주요 위원회의
자문위원으로 참여하였다. 이와 같은 2004년부터 2007년 사이는 이
민정책의 주요한 변화를 가져오기도 하였으며, 관련 기관과 민간단
체 및 학계가 공동으로 이루어낸 결과물이었다(김혜순 외, 2007; 이
혜경, 2007; 윤인진, 2007 등). 이외에도 중앙부처 내의 각종 위원회
에도 시민단체와 학계가 참여하기도 하였다. 나아가 2004년 법무부
출입국정책단에 '이민행정연구위원회'가 결성되었다. 다문화가족과
관련된 다양한 지원정책도 보건복지부, 여성가족부를 중심으로
2006년 이후에 본격적으로 마련되기 시작하였다. 특히 이들 부처에
의한 '다문화가족지원센터'가 증가하면서, 일부 시민단체들이 다문

화가족지원센터를 위탁받아 운영하기도 하였다.

이에 따른 다문화 및 이민 관련 학회들의 태동과 확대도 본격적으로 시작되었다. 2008년 이후부터는 한국다문화학회, 한국다문화교육학회, 한국사회학회, 한국인구학회는 물론 한국가족학회, 한국여성학회, 한국행정학회 등 행정학, 법학, 사회 복지학 등 기존 학회에서도 이민 및 다문화 관련 연구와 활동이 활발하게 진행되었다.

2006년 4월 26일 대통령 직속 '빈부격차·차별시정위원회'와 교육인적자원부, 외교통상부 등 12개 부처가 함께 정부 차원의 '여성 결혼이민자 가족의 사회통합 지원 대책'을 발표하였다. 이러한 정부의 지원 대책은 다문화가정에 대한 지원정책으로 확대되었으며, 아울러 전체 외국인 관련 정책도 정비하게 된 시기가 되었다. 이에 따라 2006년 5월 26일 '외국인정책 기본방향 및 추진체계'가 발표되었다. 이후 재한외국인 처우 기본법3)이 제정되어 2007년 7월부터 시행되었으며, 다문화가족지원법4) 또한 2008년 3월부터 시행되었다. 이렇게 시행된 두 가지 법제인 재한외국인 처우 기본법과 다문화가족지원법은 사회통합에 이바지하는 것이라고 명시하고 있다. 기본법에는 국민과 재한외국인이 서로를 이해하고 존중하는 사회 환경인 것으로 가정하고 있다. 그렇지만 우리가 지향하여야 하는 다문화 사회의 모습이 무엇인지, 어떠한 내용의 사회통합인지, 그 모습과 내

---

3) 제1조(목적): 이 법은 재한외국인에 대한 처우 등에 관한 기본적인 사항을 정함으로써 재한외국인이 대한민국 사회에 적응하여 개인의 능력을 충분히 발휘할 수 있도록 하고, 대한민국 국민과 재한외국인이 서로를 이해하고 존중하는 사회 환경을 만들어 대한민국의 발전과 사회통합에 이바지함을 목적으로 한다.

4) 제1조(목적) 이 법은 다문화가족 구성원이 안정적인 가족생활을 영위하고 사회구성원으로서의 역할과 책임을 다할 수 있도록 함으로써 이들의 삶의 질 향상과 사회통합에 이바지함을 목적으로 한다.

용이 여전히 모호한 측면을 가지고 있다. 아울러 재한외국인 처우 기본법은 외국인정책 관련법의 상위법적 성격을 가지고 있다고 볼 수 있다. 이러한 성격은 중앙부처간 및 중앙부처와 지자체간 업무 심의와 조정적 역할을 하고 있다.

그리고 5년마다 외국인정책에 관한 기본계획을 수립하도록 동법 제5조에 규정하고 있다. 이는 국가차원에서 외국인정책의 중장기 기본방향을 미리 설정하는 차원이라고 할 수 있다. 2008년 12월에 제1차 외국인정책 기본계획(2008년~2012년)이 수립되었다. 제2차 외국인정책 기본계획(2013년~2017년), 제3차 외국인정책 기본계획(2018년~2022년), 제4차 외국인정책 기본계획(2023년~2027년)이 시행되고 있다.

Ⅳ. 이민정책 이론

한국에서 이루어진 이민정책의 이론적, 철학적, 이념적 배경이 지향하는 바에 대한 기존 연구를 체계적으로 검토하기는 매우 어려운 실정이었다. 그 이유는 무엇보다 국내 이주의 역사가 비교적 짧은 것이 원인이었으며, 정책 자체가 단기적 문제해결형 대응에 가까웠기 때문이었다. 아울러 기존의 연구들은 주로 외국의 이민정책 사례를 들어 외국인근로자 정책, 재외동포 정책, 다문화가족 정책 등을 단순 비교하는 한계를 가지고 있었다. 초기의 연구는 이와 같이 한국의 이민자 특성을 고려하지 않은 채, 단순히 한국적 적용만을 검토하는 연구들이 대부분을 차지하였다.

이러한 현상은 정부 부처간 성격에 따른 자기이해와 갈등이 이들 정책의 내용을 결정하는 주된 요인이 될 수밖에 없는 상황이었기 때문이었다. 또한 한국적인 특성에 적합한 이민정책을 유도하는 일관적인 이념적 가이드가 없는 상태도 한 몫을 하였다. 그래서 역사적, 사회적 배경을 무시한 채 단순 비교나 단순 적용 가능성을 검토하는 방식으로 해외의 이민정책 이념을 다루는 것은 심각한 문제를 야기할 수 있다. 비근한 사례로 대부분의 자유민주주의 국가들의 이민정책의 목표나 정책영역들은 수렴되어가는 추세이고 어떤 국가의 정책을 다른 국가의 정책과 비교하여 단순 유형화하는 것은 점차 의미가 없어지고 있다는 것이다(이혜경, 2008). 그래서 국가별 유형보다는 현재 정책 영역에서 부상하고 있는 모든 이슈들을 포괄할 수 있는 이론적 흐름별 유형이 보다 적합한 접근방법에 가깝다고 할 수 있다.

1. 포섭과 사회통합

포섭과 사회통합에 관한 서구의 연구 경향을 살펴보면, 북서유럽 지역 이민자의 유입이 정점을 이룬 것은 1968년~1972년의 시기이다. 벨기에, 스위스처럼 처음부터 다민족국가인 경우도 물론 있지만, 대부분 유럽 국가들의 이민유입은 1950년대 이후 초청노동자가 들어오면서부터 시작되었다. 그리고 1960년대와 1970년대는 지리적으로 거리가 먼 국가들로부터 초청노동자 유입이 이루어진 시기였고, 가족재상봉(family reunification) 정책에 따른 가족이민이 이어졌다. 반면 1970년대 말에서 1980년대에는 제3 세계에서 발생한 난민 유입이 이민자의 주를 이루었다.

유럽의 이민자 사회통합은 경제적·물질적 평등을 강조하던 기존의 평등 및 인권과 시민권 논의와는 다르게 개인을 대상으로 한 문화적, 교육적 지원을 통해 통합 저해적인 요소를 줄이겠다는 것이 담겨져 있다. 또한 유럽의 이민자 사회통합정책은 평등을 위한 제도적 장치들보다는 외국인을 대상으로 한 교육 프로그램에 초점을 두는 경향이 있었다. 그래서 교육 프로그램은 주로 언어교육, 정착국의 역사 및 문화교육 등에 초점을 두었다. 독일의 경우 사회통합 정책의 목적은 문화적 차이에 따른 분리주의를 방지하기 위한 개인 대상의 교육에 두고 있다.

서구 이민정책의 이론적 기초에서 살펴보면, 사회통합과 포섭은 주로 신자유적 재구조화를 거친 북서유럽에서 경제성장을 위한 재구조화에서 배제된 사회적 소수자들을 포섭하여 사회통합을 달성하겠다는 목표 의식하에서 논의되었다. 다문화주의와 다르게 사회통합과 포섭의 일차적 대상은 어떤 국가 내에 거주하는 외국인을 말한다. 주요 정책 영역도 이러한 외국인들을 대상으로 하는 교육 지원 프로그램을 포함한 기회의 평등을 위한 조치 등이 해당된다.

포섭과 사회통합에 관한 한국의 연구 경향은 2000년대 중반 이후부터 외국인정책과 관련하여 사회통합이라는 개념이 도입되었지만, 정확한 의미 규정은 여전히 모호하다. 사회통합이라는 개념은 2007년 5월 17일에 제정된 재한외국인 처우 기본법에서 사용되고 있다. 이 법에서의 사회통합은 재한외국인이 대한민국 국민과 재한외국인이 서로를 이해하고 존중하는 사회 환경을 만들어 대한민국의 발전과 사회통합에 이바지하는 것이 목적으로 제시되어 있다. 재한외국인 처우 기본법에 근거해서 2009년 시범 실시된 사회통합프로그램은

2010년부터 자율적인 참여를 바탕으로 귀화신청자 대상 등 보다 확대되어 전국적으로 시행되었다.

2. 이민 통합정책 이론

현대의 사회통합이론은 크게 두 부류의 출발점으로 구분할 수 있다. 첫째, 제2차 세계대전 이후 유럽에서 나타난 국가 간 통합과 관련된 연구에서 시작된 것이다. 전쟁이나 폭력이 아닌 평화적인 절차를 통해서 민족국가의 경계를 넘어 유럽공동체와 같은 국가들 간의 협력체가 형성되어 가는 현상을 설명하면서 통합이론이 발달하였다. 둘째, 선진국에 유입된 외국인근로자의 정주화(denizen)와 그에 따른 외국인근로자 2, 3세의 증가, 사회공간의 종족적 분할 현상에 따른 것이다. 그리고 이들과 내국인 간의 사회문화적 갈등 등이 나타나면서 이민자에 관한 사회통합 문제 및 그에 따른 시민권 부여문제 등이 활발하게 논의되면서 시작되었다.

Castles and Miller(2003)와 Martiniello(2002)는 이민자 통합정책의 유형을 차별배제주의 모형, 동화주의 모형, 다문화주의 모형의 세 범주로 구분하고 있으며, 이는 이민정책을 연구하는 분석틀로 주로 사용되고 있다(설동훈, 2005; 설동훈 외, 2006; 고숙희, 2008; 최무현, 2008; 원숙연·박진경; 2009). 이 세 가지 모형의 특성을 많은 학자들이 설명하고 있다(Stimpson, 1992; Kymlicka, 1995; Berry, 2001; Jackson. et. al., 2001; Martiniello, 2002; Castles and Miller, 2003; Breugelmans and Vijver, 2004; Alexander, 2001; Hartmann and Gerteis, 2005; lngram et. al., 2007; 한승준, 2010; 원숙연, 2008;

박진경, 2010).

한편 사회통합의 보편적인 접근은 한국의 이민사회를 구체적으로 설명하기에는 한계가 있다. 한국의 이민사회는 가족 전체의 이민을 받아들이는 국가와는 차이가 있지만 가족이 됨을 전제로 입국하는 결혼이민자의 정주화를 들 수 있다. 이와 같이 정주화를 기본으로 하는 결혼이민자는 그들의 자녀들까지 연계되어 있다는 점이다. 그리고 단기 거주를 전제로 하는 외국인근로자의 사회문화적 갈등이라는 측면에서 다양한 논의의 고찰이 필요하다. 한국에서 결혼이민자와 외국인근로자는 출신 국가가 유사하기 때문에 한국의 이민사회 분석에서 경제와 사회학적 관점으로 살펴볼 필요성이 있다. 외국인근로자와 관련한 경제와 사회학적 논의는 노동력의 이동과 관련한 사회통합을 설명하기 때문이다.

1) 차별배제주의

차별배제주의 모형은 유입국 입장에서 이민자를 3D직종과 같이 특정한 노동시장 영역에만 받아들이고 내국인과의 동등한 복지수혜를 비롯하여 국적이나 선거권 부여와 같은 사회적 정치적 영역에는 제한하는 모형이다. 차별배제주의 모형은 1960년대 독일의 초청노동자(Gastarbeiter)가 대표적이며, 국가가 원치 않는 이민자의 정착을 원천적으로 차단하려는 정책 유형이라 할 수 있다. 이민자 사회통합 모형을 정책적으로 수용하는 국가들의 외국인력 제도에 있어서 교체순환원칙을 철저히 견지하고 그들의 영주 가능성을 차단하고 있다(Castles and Miller, 2003; Martiniello, 2002 윤진 역). 따라서 현재 고용허가제를 중심으로 국가별 쿼터제를 도입하고 있는 한국의 외국인근로자에 대한 정책은 차별배제주의 모형이 견지한 형태와 가장 유사하다고 할 수 있다.

하지만 인력에 따라 배제만 존재하는 것이 아니라 포섭의 형태도 나타나고 있다. 각국 정부는 자국내 기업과 산업의 경쟁력 유지를 위하여 우수 전문기술인력 이주자(skilled migrants)를 자국으로 유치하려는 노력을 하고 있다. 이러한 두뇌유치(brain gain) 정책으로 정주화가 가능한 전문기술직 종사자 수가 증가하고 있으며, 한국의 경우도 이와 다르지 않다. 예컨대 한국의 출입국관리법 시행령에서도 우수전문기술인력에 해당하는 E-1~E-5에 해당하는 인력이 해당된다. 또한 D-8, D-9 등에 해당하는 투자 관련 비자 소지자들은 거주의 기간과 조건을 단기노동인력에 비해 수월하게 적용하고 있다. 이는 포섭의 범주에서 논의될 수 있다고 본다.

원숙연(2008)은 정책대상 집단 모두가 같은 정도 및 같은 방식으로 정책과정 내에서 고려되기보다는 상이한 정도와 방식으로 포섭되거나 배제된다고 설명한다. 포섭과 배제의 기준은 다양한데 첫번째, 그럴만한 가치(worthy) 또는 자격(deserving)에 대한 사회적 평가이다. 이는 소수자 집단에 대한 이미지 및 사회적 평판과 연계된다 (Ingram, et. al., 2007). 평판의 형성은 특정사회의 맥락에 따라 달라지는데, 다문화시대에는 소수집단이 주류집단에 대해 어느 정도 위협적인가가 평판 형성에 중요한 요소가 되기도 한다. 예를 들어 소수집단이 기존의 사회적 질서와 기득권에 대한 상당한 위협으로 인지된다면 배제의 대상이 될 가능성이 높아진다(Jackson, et. al., 2001). 두 번째, 정책대상 집단이 사회전체의 복지에 어느 정도 기여할 것인가 하는 도구적 효용성이 기준이 된다(Ingram, et. al., 2007). 세 번째, 특정 집단이 가지는 사회적 권력에 대한 평가이다(원숙연, 2008).

결혼이민자는 차별과 포섭에서 적극적인 포섭의 범주에서 설명할 수 있다. 한국의 결혼이민자는 농촌총각의 결혼과 출산율 저하라는 사회문제에 일정 부분 기여한다는 측면도 가지고 있다. 이는 사회 전체의 복지에 영향을 미치기 때문에 그 수용의 범위가 상대적으로 높은 것이라 할 수 있다.

(1) 차별배제주의와 독일의 사례

독일은 1963년 한국의 광부와 간호사를 국가 간 협약을 통해 유입하기 시작하였다. 또한 파독광부, 파독간호사라는 용어를 탄생시키기도 하였으며, 이들은 한국의 산업 발전에도 어느 정도 영향을 미쳤다. 보편적으로 인지되고 있는 파독간호사, 파독광부 외에 소수이지만 파독조선업 종사자들도 포함된다. 이처럼 독일은 한국뿐만 아니라 다른 국가들의 노동력도 받아들이는 시기였으며, 이 시기의 해외인력 유입은 독일의 경제적 발전에 기인하였다. 그 결과 독일의 이민자 인구 구성에서 다수를 차지하고 있는 튀르키예인의 유입도 이 시기에 이루어졌다.[5] 1960년대 독일은 1% 미만의 완전고용과 인력대란이 발생하였으며, 독일은 우선적으로 인근 유럽국가에서 인력모집을 한다는 원칙을 세웠다. 당시 터키인의 유입은 정책적으로 결정된바 냉전시대 서유럽의 중요한 군사적 보루였던 나토 회원국으로

---

[5] 2019년 기준 독일의 인구구성은 German 91.5%, Turkish 2.4%, 기타 6.1%로 구성되어 있다(미국 국무부, http://www.state.gov/r/pa/ei/bgn/3997.htm).

서 튀르키예의 지정학적, 군사적 중요성 때문이었다(Schönwälder, 2005; 이용일, 2007).

튀르키예 출신 이민자들은 독일의 전체 이민자 중 1/4을 차지하고 있을 정도로 그 영향력이 크며, 쿠르드족의 비율이 높은 편이다. 쿠르드족은 튀르키예의 오스만제국까지 거슬러 갈 수 있기 때문에 본 고에서는 언급하지 않겠다. 당시 튀르키예 노동자들은 최고 2년의 노동허가를 받아 독일에 입국을 하였으며, 원칙적으로 2년 이상의 노동허가 연장은 금지되어 있었다. 하지만 이렇게 협약에 명시된 로테이션 원칙은 적용되지도 못했고, 몇 년 후 개정된 협약에서는 로테이션 원칙과 관련된 것은 소멸되었다. 이러한 소멸 이유는 독일 경제계의 거센 항의 때문이었다. 독일의 경영자총연합은 1962년 노동부장관에게 보낸 서신에서 새로운 로테이션에 따른 경제적 부담을 항의하였다. 독일의 산업현장에서 훈련되고 적응된 우수한 노동력의 상실과 새로운 노동력의 재교육에 따른 비용의 문제를 우선적으로 들었다. 그리고 잦은 인력교체로 인한 작업장에서의 어려움, 지속적으로 반복되는 언어소통의 문제를 이유로 들며 로테이션 원칙의 폐지를 강력히 요청했던 것이다. 이러한 요구는 수용되었으며, 독일기업들은 노동청의 외국인력 위원회를 통하지 않고도 자체적으로 외국인력을 모집할 수 있었던 계기가 되었다. 또한 이미 독일사회에 들어와 있는 외국인력 역시 고용할 수 있었던 것이다. 국가주도의 외국인모집 외에도 다른 루트를 통한 외국인력 유입이 가능하였다는 것이고, 이것은 외국인력 유입에 따른 다문화사회의 도래를 촉진시키는 한 요인이 되기도 하였다(이용일, 2007).

독일의 차별적 배제모형은 유럽의 수준에서 민족의식이 강력하고,

자국의 문화를 지키려는 성향이 강한 가운데에서 경제발전이라는 사회적 배경 하에 인력대란으로 인한 지속적인 노동력의 필요로 인해 이민자를 유입하였다. 또한 숙련노동자의 유출을 방지하기 위한 사회적 요구로 인해 로테이션 원칙이 유명무실화 되는 과정을 겪었다고 하겠다.

(2) 차별배제주의 일본의 사례

일본의 경우 전통적으로 단일민족을 강조하는 순혈주의가 지배적이며, 외국인에 대해서는 다른 국가에 비해 비교적 배타적이고 폐쇄적이라는 평가를 받고 있다. 일본은 구 식민지 출신자들의 일본 국적을 박탈하고 외국인 등록법을 통해 은연중에 본국으로 귀환하거나 또는 일본인으로 귀화할 것을 강요하였다. 외국인 등록법은 사실상 구 식민지 출신을 주 대상으로 하는 것이기 때문에 이들과 일본 국민과의 차별을 정당화 하는 의미를 가졌다(전재호, 2007).

일본은 "국내 노동력 부족을 충당하고 개발도상국에 대한 기술이전에 협조한다."는 취지하에 해외인력의 기술연수제도를 활성화하려는 목적으로 1993년 4월에 '기능실습생제도'를 마련하여 선별적 유입정책을 추진하고 있다. 일본의 외국인근로자 정책에서는 단순·미숙련노동자를 원칙적으로 유입하지 않는다는 원칙 하에 기능실습제도를 통하여 연수생을 받아들이고 있다. 일본에서 단순 기능직으로 취업하기를 원하는 외국인은 연수사증을 발급 받고 일본에 입국하여야 한다. 입국한 이후에 기능이 일정 수준에 달하였다고 인정을 받아야지만 특정활동 사증으로 체류자격을 변경하여 취업할 수 있다. 체류 기간은 연수 및 기능 실습을 포함해 2년 이내로 하되, 실습

기간은 연수 기간의 1.5배까지 허용하고 있다. 기능 실습 기간에는 노동자 신분을 인정하여 원칙적으로 노동관계법, 각종 사회보장 관련 법령을 적용받고 있다(주효진, 2008).

2) 동화주의

동화주의 논의는 미국의 배경과 상황에서 개발·발전된 이론이다. 원래 동화주의는 이른바 앵글로 일치주의(WASP: White Anglo-Saxon Protestant)를 비판하면서 등장한 이론이다. 영어 사용과 영국의 제도, 영국에 기초한 문화 양식들이 미국인의 삶의 기준과 지배로써 유지되는 것이 바람직하다는 논리로 전개된다. 앵글로 일치주의는 원래 국가 분열의 우려에 대한 대응 방식의 하나였는데, 동화주의는 이를 비판하면서 등장한 것이었다.

동화주의는 기본적으로 미국이 단순히 영국을 모체로 하여 수정되고 변형된 국가가 아니라 새롭게 생체적으로나 문화적으로 혼합된 국가라고 인식한다. 미국의 제도와 민주주의는 단순히 유럽의 유산을 그대로 이어 받은 것이 아니라 서구의 개척자들에 의해서 창조되었다는 인식이다. 새로운 환경에 적응하기 위해서 인간의 동기는 변화한다는 것이 동화주의의 핵심으로서, 동화주의는 기본적으로 근대화와 공업화가 진행되는 가운데 인간의 가치와 동기가 변한다는 입장을 취하고 있다(구견서, 2003). 동화의 방식은 소수가 다수의 가치를 수용하는 형태로 진행되는데, Dworkin(1999)은 동화를 "소수자와 다수자 집단이 어떠한 전체사회로 서서히 변화하는 과정"이라고 정의하였다. 따라서 동화주의는 구별되고 열세에 있는 집단이 권력과 문화적 다수를 형성하는 집단의 가치에 흡수되거나 닮아가는 과정을 추구한다고 볼 수 있다.

동화이론의 가장 완성된 형태를 제시한 Gordon(1964)은 동화를 7단계로 구분하였다. 7단계는 문화적(cultural) 동화, 구조적(structural) 동화, 혼인적(interracial) 동화, 정체적(identification) 동화, 태도 수용적(attitude receptional) 동화, 행동 수용적(behavior) 동화, 시민적(civic) 동화가 그것이다. 7단계 동화에서 가장 중요한 것은 첫 번째와 두 번째 단계라고 볼 수 있다. 첫 번째 단계는 종교를 제외한 언어, 의복, 음악 등의 주류문화를 채택하는 단계이다. 그리고 두 번째 단계는 제일 중요한 단계로 소수민족이 사회단체, 친목단체, 공적기관, 마을공동체, 친구, 가족관계에 진입하기 때문이다. Gordon은 두 번째 단계에 도달하면 나머지 단계의 동화는 자연스럽게 이어진다고 강조하였다.

이러한 동화주의는 소수자의 변화를 전제로 하기 때문에 동화를 전제로 하는 통합은 다양성을 인정하는 다문화의 대척점에 있다고 할 수 있다. 즉 동화주의를 바탕으로 하는 동화모형은 이민자가 출신국의 언어·문화·사회적 특성을 완전히 포기하여 주류사회의 성원들과 차이가 없게 되는 것을 이상으로 삼는다는 것을 전제로 하기 때문이다(박진경, 2010). 이러한 변화를 전제로 하는 동화주의는 결국 이민자가 가지고 있던 기존의 가치가 주류사회의 가치에 흡수되어 사라진다는 것을 의미한다. 특히 미국에서 흑인이나 히스패닉(Hispanic)계, 중국계 등은 아무리 시간이 지나도 정치적, 경제적 예속 상태에서 벗어나지 못하는 것이 발견되고 있는데, 이는 구조적 동화가 이루어지지 않음을 의미한다. 또한 구조적으로 동화를 이룬

집단도 민족성이 유지되고 있다는 것이 발견되고 있다(윤인진, 2004).

따라서 이민사회는 구조적으로 동화되는 것이 아니라 이질적인 문화를 가진 두 사회가 지속적이고 직접적인 접촉을 통해 서로가 갖고 있는 문화에 변화를 일으키는 '문화접변(acculturation)'이 나타난다고 볼 수 있다. 이는 흡수를 전제로 하는 동화주의에서도 이미 제시된 바 있다.

Gordon에 따르면 구조적 동화가 이루어질 경우 세 가지 형태를 띠게 된다.

첫 번째, 두 문화가 상대방 문화를 받아들여 제 3의 문화를 창출하는 것이고,

두 번째 형태는 앵글로 일치화로 소수집단이 다수집단의 가치와 태도, 제도를 수용하는 것이다.

세 번째 형태는 소수집단이 해당 국가의 가치, 제도를 인정하면서도 자신의 특수한 가치, 태도를 유지하는 '문화다원주의'(cultural pluralism)의 형태이다.

즉 인종적, 종교적, 문화적 배경에 따라 상이한 구조적 동화과정이 나타난다는 것이다. 이는 동화주의에서도 다양한 동화의 방식이 상정됨을 의미한다(황미혜, 2012).

미국과 함께 대표적인 동화주의 국가인 프랑스의 경우에도 동화주의 모형은 이민자의 완전한 주류사회 흡수를 의미하는 것으로는 볼 수 없다. 최근까지 순차적으로 프랑스의 이민자통합모델로 제시되어 온 개념에는 다음 네 가지가 있다.

첫째, 적응(adaptation)은 남·동유럽출신의 초기 이민자와 관련된

것으로 산업사회의 노동, 기계, 시간, 리듬에 대한 적응을 함축하고 있는 개념이다.

둘째, 동화(assimilation)는 식민지 시대의 상황을 반영하고 있다.

셋째, 편입(insertion professionnelle)은 소수민족의 문제를 보편적인 고용과 노동자의 틀에서 고려한다는 것을 함축하는 개념이다.

이 모델에 따르면 주류사회와의 관계의 문제를 기술적인 문제에 국한시킨다. 동화와 편입, 즉 문화적 동화와 기술적인 차원의 직업적 통합은 이민 논의 대척점에 있는 듯 보이나 당시 프랑스 현실에서 이 두 경향은 대립되기 보다는 상호보완적 관계에 있었다. 그리고 1980년대 프랑스에서 이민문제가 본격화되면서 헤게모니를 장악한 통합(integration) 개념은 흡수를 전제로 하는 동화와 차이가 있다. 통합 개념은 사회에 온전하게 편입되지만 개인이나 집단의 정체성 전체를 부정, 포기하는 것은 아니라는 점에서 동화와 차이가 있는 것이다(Sayad, 1977; 엄한진, 2008).

이러한 점에서 동화주의 모형은 이민자의 정체성에 이르기까지 변화시킬 수 있다는 것을 전제로 하여 발전하였다. 그렇지만 이를 수용하는 과정에서 완전한 동화가 가능하다는 전제는 힘을 잃었다. 현재는 문화의 다원성과 다양성을 인정하면서도 주류사회가 존재한다는 것을 전제로 하는 통합이다. 즉 문화다원주의와 유사하다고 볼 수 있다. 따라서 동화주의는 완전한 흡수를 지향하던 과거 미국의 사례와 문화다원주의를 인정하는 최근의 동화주의로 구별되어야 할 것이다.

동화주의는 정책적인 면에서 차별적 요소가 금지되는 경향이 있으며, 이는 차별적 배제모형과 가장 큰 차이가 나타나는 점이라 할 수 있다. Martiniello에 따르면 동화주의는 동화대상 집단이나 개인들이 그 사회의 사회, 경제, 문화, 정치 영역에서 공평하게 참여하는 것이라고 주장하였다. 또한 모든 개인은 민족적·인종적 차이에 관계없이 신앙이나 문화적 관습에 관계없이 모두가 권리와 의무를 갖는 것으로 간주하였다. 공적인 관계에서는 국민으로서 국가에 속한다는 사실만이 전적으로 인정될 뿐 개별적 특수성은 사적 영역으로 간주된다(윤진 역, 2002).

외국의 경우 외국인정책 초기에는 대부분 동화를 우선적 정책방향으로 보는 것이 일반적이다(Kymlicka, 1995; Berry, 1997, 2001; Alexander, 2001; Negri and Hardt, 2001; Hartmann and Gerteis, 2005). 그러나 1980년대 유네스코가 각국 정부의 공식 문건에서 '동화 assimilation'이라는 용어 대신 '통합 integration' 혹은 '편입 incoporation'을 사용하길 장려하고 있다. 이는 통합의 의미는 일방적인 동화보다 이민자 혹은 소수자의 문화적 고유성을 인정하는 쌍방향적인 통합이라고 보고 이는 소수자 통합의 국제적 기준이 되고 있다(김희정, 2007; 박진경, 2010).

(1) 동화주의와 프랑스의 사례

프랑스는 전통적으로 이민자의 인종·문화적 다양성을 공동체가 추구하는 하나의 가치에 용해시키기 위한 동화 전략을 추구하고 있다(한승준, 2008). 프랑스 통합모델의 특징은 종족이라는 요인, 종족적 차이 및 차별을 공적 영역에서 고려하거나 거론하는 것을 금기시하는 것이다. 그러나 문제는 제도적 규정과 현실의 격차다. 프랑스는 인권선언(1789)에서 "국가의 눈에는 출생지에 관계없이 모든 프랑스 사람은 동등하며 차별할 수 없다"라고 규정한 바가 있으며, 국적에 있어서도 출생지주의(속지주의)를 택하고 있다. 특히 자유, 평등, 박애와 함께 소수자에 대한 관용, 인종·계급·종교를 뛰어넘는 광범위한 사회적 연대로 대표되는 프랑스는 외국인이라 하더라도 프랑스 사회에 편입된 이상 동등한 인권을 보장받는다고 말하여 왔다.

이는 프랑스가 이민자를 수용하는 기본적인 자세를 보여준다. 물론 이러한 인권선언이 견지하는 자세가 무조건적이고 차별적이지 않은 이민자의 수용을 의미하는 것은 아니다. 프랑스는 19세기 중반부터 이민자를 받아들인 국가로 비교적 오랜 이민의 역사를 지니고 있다. 프랑스의 이민자들은 19세기 후반부터 시작된 프랑스의 산업화 단계와 일치하고 있다. 이후 1, 2차 세계대전으로 인해 감소된 인구를 증가시키고 전후 복구를 신속하게 달성하기 위한 정책의 일환으로 외국인 노동 인력의 유입을 적극 추진하게 되었다. 그러나 1973년에 닥친 오일쇼크에 따른 경제공황으로 인해 프랑스 정부의 이민자 정책은 새로운 전환점을 맞게 되었다. 프랑스 정부는 1974년 7월 3일자 법안을 통해 가족 재결합과 정치적 망명의 경우에만 이민을 허용하고 일반 이민자들은 본국으로의 귀환을 권장하였다(박지현, 2008).

프랑스의 이민자 문제에서 과거 그들의 식민지 문제는 큰 역할을 한 것으로 보인다. 알제리, 튀니지, 모로코와 같이 지리적으로 가까운 식민지의 이민자로 인해 1970년대 프랑스는 이민자 통제 정책을 실시하였다. 1975년 베트남, 라오스, 캄보디아 등 19세기 후반 프랑스의 식민지에서 온 보트피플로 말미암아 정치난민 수가 늘어났다(박지현, 2008). 또한 프랑스는 가족재결합정책의 영향으로 1977년부터 프랑스의 구식민지 마그레브6) 지역 외국인근로자의 가족들이

입국함으로써 특히 여성과 미성년자의 이민인구가 급속하게 증가하였다.

　이러한 제한과 통합이라는 양면은 프랑스의 이민 수용이 인권에만 근거하는 것이 아니라 국가의 이익에 부합하는 방향임을 알 수 있게 한다. 제한과 통합이라는 법의 잣대는 현재까지도 프랑스 이민정책을 규정짓고 있다. 결국 프랑스 국경은 외국인근로자들에게 공식적으로 폐쇄되었다. 하지만 이민자의 수는 가족합류, 장기불법 체류자에 대한 합법적 지위 부여, 새로운 불법 이민자 유입 등으로 인해 매년 증가 추세를 보였다. 그리고 이때부터 지속적으로 늘어만 가는 외국인 인구에 대한 사회적 비용과 극심한 주거부족 문제는 사회 문제를 넘어 정치 문제로까지 확대되었다.

(2) 동화주의와 20세기 중반까지 미국의 사례

　미국은 건국 초기 동유럽 출신과 유대인 이민자를 통제하는 정책을 폈고, 남북전쟁 이후에는 백인과 흑인의 이분법적 분리법을 보였다. 이른바 1840년대 골드러시와 1870년대 철도건설의 일손을 위해 받아들인 중국인들의 이민은 1882년 마련된 중국인 이민금지법에 의해 1943년까지 금지된 바 있다. 또한 1924년의 국적법에 의한 연간 15만 명의 국가별 이민자를 제한하는 쿼터제는 1965년 폐지되면서 다양한 국가의 이민자들이 미국에 정착하게 되었다. 이민자 쿼터제가 폐기되기 전까지 미국에서 다양한 인구·사회학적 특성을 가

---

6) 마그레브(المغرب العربي)는 북아프리카 지역 국가를 일컫는 용어로 사용되며, 모로코, 알제리, 튀니지 등이 해당된다. 마그레브의 의미는 아랍어로 '해가 지는 지역' 또는 '서쪽'이란 뜻의 Al-Maghrib라는 단어에서 유래하고 있다.

진 민족들에 대하여 사회적 융화는 보수적인 관점에서 시행되었다. 이러한 관점에서 기독교를 믿고 영어를 사용하는 앵글로-개신교 문화로 동화되어야 한다는 용광로 문화가 주장되었다.

바로 동화주의의 핵심인 용광로 개념으로서 다양한 국가의 이민자들이 가지는 특질이 미국의 앵글로-개신교 문화에 녹고 용해되어 통합된 미국을 형성해야 한다는 것이다. 미국의 동화주의를 이해하는데 좋은 개념이 바로 문화적 용광로, 즉 멜팅폿(melting-pot) 개념이다. 이 개념은 기본적으로 과연 '미국인이란 누구인가'라는 문제의식과 맞닿아 있는데, 이는 국가적 원형질의 보존과 유지 그리고 국가정체성의 형성이라는 문제가 상호 연동되어 발현할 수 있음을 의미한다. 멜팅폿이란 용어가 생겨나고, 대중화되는 과정은 이를 잘 보여준다. 쟁윌(Izrael Zangwill)은 다른 인종적 배경을 가지고 미국에 온 이민자들을 기술하기 위해 멜팅폿이란 용어를 사용했는데, 미국에 이민 온 러시아계 유태인과 코사크 가족이 과거의 증오와 불관용이 지금은 존재하지 않음을 알게 된다는 교훈을 이야기하고 있다.

쟁윌은 멜팅폿에 대해 다음 네 가지의 주장을 하였다.

첫째, 유럽에서 이민 온 사람들은 구세계의 삶의 방식을 벗어던지고 미국인이 되고자 했다는 것이다.

둘째, 미국화는 큰 장애물 없이 매우 빠르게 그리고 수월하게 이루어졌다.

셋째, 미국화는 이민자들을 하나의 인종, 하나의 문화, 하나의 국가로 용해시켰다.

넷째, 이민은 미국화를 노력, 복종, 빈곤 등 구세계의 억압으로부터 해방으로 받아들였다고 주장하였다.

이런 점에서 멜팅폿 개념은 개별집단이 과거에 소지했던 습관이나 전통이 더 큰 문화에 흡수, 동화된다는 함축적 의미를 담고 있다고 할 수 있다. 20세기 초 토착 미국인들이 위대한 인종의 소멸과 미국의 잡종화를 한탄할 때도 동화를 이상화하던 미국 주류 역사가들과 작가들은 용광로와 새로운 인간형 신화를 고수하였다(김호연, 2010).

(3) 동화주의와 대만의 사례

대만은 한국처럼 문화적 단일성을 중시하는 국가이지만, 1980년대 후반 이후 경제적 발전과 동남아시아 각국과의 교류가 활발해지며, 국제결혼을 통한 이민자의 수가 증가하고 외국인근로자[7] 역시 크게 증가하였다(한승준 외, 2009). 대만 이민청 통계를 보면 1992년의 외국인근로자는 11,264명에서 급격히 증가하여 1996년 210,993명, 2000년 308,122명에 이를 정도로 급격하게 증가하였다. 대만의 외국인근로자는 이후 2019년 말 현재 367,766명 수준으로 전체인구의 1.4%에 달하고 있다. 대만 이민의 특징적인 것은 국제결혼의 비율이 매우 높다는 것인데, 국제결혼의 비중이 1998년 15.7%에서 2003년 약 32%로 증가하였다.

대만의 국제결혼은 외국인 배우자와 홍콩과 중국을 포함하는 대륙배우자로 구분할 수 있다. 1987년부터 2008년까지 22년간의 비대만인 배우자의 수는 402,701명으로 그중에 대륙출신자는 264,842

---

7) 대만이민청은 이들을 외국인 노동자(Foreign Labor)로 분류하지만 엔지니어를 별도로 관리하고 있기 때문에 본 연구에서 정의한 외국인근로자와 유사하다고 판단한다. 대만의 체류외국인 현황은 http://www.immigration.gov.tw/lp.asp?ctNode=29986&CtUnit=16677&BaseDSD=7&mp=2 참조.

명, 대륙출신자를 제외한 지역 출신은 137,859명에 이른다(주효진, 2010). 대만의 외국인근로자 증가는 서론에서 언급한 바와 같이 동아시아의 경제성장에 따른 이주의 측면에서 한국과 그 시기와 증가 추세만 다를 뿐 원인은 동일하다고 볼 수 있다. 즉 외국인근로자의 비중은 비슷하고 국제결혼은 활발하다고 볼 수 있는데 이러한 사회적 변화로 대만은 차별배제의 통합정책에서 다문화주의로 이동하는 과정으로 설명할 수 있다.

대만은 외국인 노동자를 받아들이는 정책은 다소 까다로운 반면 결혼이민자에 대한 정책은 적극적인 모습을 보이고 있다. 이민정책의 방향은 대만인들과 이민자들과의 조화로운 통합에 주력하고 있으며, 이에 따른 이민정책 역시 이러한 목적을 중심으로 시행되고 있다.

후술하겠지만 대만의 다문화주의 정책은 국제결혼에 한정된 경향이 있다고 할 것이다. 하지만 동화주의의 대표적 사례로 거론되는 프랑스의 동화주의 정책과 유사한 부분이 많이 발견된다.

3) 다문화주의

다문화주의 사회통합 이론은 다인종사회에서 소수자들의 권리문제가 부각되면서 나타났으며, 이민자 규모의 증가와 정주화 경향이 뚜렷해진 1970년대 이후 등장하기 시작하였다.

다문화주의의 등장과 이후 논쟁이 활발해질 수 있었던 것은 다양한 민족적 정체성을 가지는 국민들을 어떻게 하나의 '국민'으로 통합시킬 것인가에 대한 고민에서 출발한다. 이러한 다문화주의 논의가 활성화되고 정책으로 시행되는 데에는 민주주의의 신장과 관련이 있다. 민주주의의 과정에서 사회적 소수자 집단이 지속적으로 배제되고 있다는 것에 대한 문제 제기이다. 민주주의와 배제의 논리는 서로 양립할 수 없는 속성이기 때문에 민주주의의 원칙을 바꾸어야 한다는 것이다. 이러한 배경 속에서 다문화주의는 한편으로는 다문화주의 도입 초기 소수의견의 집단적인 표출과 적극적인 인정이라는 측면에서 발전을 했고, 다른 한편으로는 민주적 국가에서 모든 시민의 권리체계(Castles, 1992)로서 이해되면서 발전하였다.

버토벡(Steven Vertrovec)은 다문화주의를 샐러드 그릇에 비유하는데, 이것은 각기 다른 형태와 맛을 가진 채소와 과일이 공통의 드레싱에 의해 공평하게 뒤섞인 것과 같이 다양성을 인정하는 것을 넘어 다양성이 핵심이 되는 것이라 할 수 있다. 다문화주의는 그들 고유의 개별성과 또 다른 통합성을 이루어 내는 이른바 '샐러드 볼(salad bowl)'과 같은 유익한 공존을 내용으로 하는 다원적인 국민성을 상징하는 것이다(조정남, 2007). 버토벡은 다문화주의를 몇 개의 인접한 동질적인 소수자의 단위문화가 다수자의 단위문화를 배경으로 점점이 박혀있는 '모자이크'가 아니라, 이들 상호간의 이해와 존중, 대화와 신뢰를 바탕으로 하여 전체를 관통하는 다문화적 정체성을 수립하는 것이라고 설명한다. 또한 다문화주의는 동화주의와 근본적인 차이점이 있으며, 다문화주의는 한 국가에서 소수자의 문화를 존중하고자 하는 목적을 가지고 있다. 문화의 관점에서 다문화주의를 보면 정치적 및 사회적 문제 해결보다 중요한 것은 각 문화의 내재적 가치에 가깝다는 것이다. 각 문화의 내재적 가치를 유지함으로써 자동적으로 평화와 공존을 이룰 수 있다는 것이다. 다문화주의에서는 개인주의의 부정적 측면을 극복하고 소수자들 간의 소통을 통하여 가치와 의미를 유지할 수 있다(Veron, 1985).

이에 다문화주의는 앞서 살펴본 동화주의에서 문화다원주의와 맥락을 같이하는 것이라 볼 수 있다. 그러나 한국의 다문화담론에서 간과하는 것이 있는데, 다문화주의 모형에서는 다민족·다문화 통합에 있어 동화주의가 오히려 인종 간, 민족 간 분쟁의 원인이 된다고 한다. 또한 소수집단의 문화적·사회적 차이의 잠재력과 정당성을 받아들여 소수집단이 자신의 특수성을 버리거나 완전한 참여를 제한받지 않더라도 주류사회에 완전한 일원이 될 수 있다고 본다(Inglis, 1996; 한승준, 2008 재인용). 즉 다양한 문화에 대한 상호간의 이해와 존중, 대화와 신뢰를 바탕으로 전체를 관통하는 다문화적 정체성을 수립하는 것이다.

(1) 다문화주의와 캐나다의 사례

캐나다는 러시아 다음으로 세계에서 2번째로 큰 영토를 가지고 있으며, 남한의 거의 100배나 되는 광대한 영토이다. 1871년 캐나다에는 약 350만의 인구 구성을 가진 국가에 불과하였다. 산림을 비롯해 광산, 농작물 등 무한적이라고 할 정도로 자원이 풍족한 국토에는 이를 발전시킬 인력이 턱없이 부족하였다. 국가의 형태를 갖추기 위해서 우선 무엇보다도 사람이 필요하였다. 사람이면 누구라도 상관없었다고까지 할 정도였던 시기였다. 이러한 상황에서 이민유입은 피할 수 없게 되었으며, 이민자 대모집 캠페인을 시작하였다. 1871년부터 1971년까지 100년간에 걸쳐 약 350만에서 2,150만으로 증가되었다. 캐나다의 이민자 구성은 농사를 중심으로 이루어졌는데,

황무지를 개간하여 발전할 수 있는 건강한 농민을 필요로 한 시기였다. 이러한 시기에는 입국하는 데에 영어뿐만 아니라 어떤 기술도 필요하지 않았다.

그러나 이 시기까지만 하더라도 캐나다의 이민수급은 주로 유럽계 백인들을 최우선적으로 배려하였다는 것이다. 당시 캐나다의 인종과 문화에 대한 편견은 이민 선호 대상국에 대해서도 서열이 매겨져 있었다. 즉 캐나다에서 출생한 유색인종은 이방인 취급을 받았으며, 백인과 다르다는 의미뿐만 아니라 열등하다는 의미로 통용되었다. 따라서 당시의 상황은 차별적 배제모형에서 논의될 수 있다. 하지만 제2차 세계대전 이후 급속한 경제성장으로 인해 노동력 부족에 심각한 문제가 있음을 캐나다정부는 파악하였다. 그래서 그간의 인종차별적인 캐나다의 이민정책을 개혁하였다. 그리고 대외적으로 인종차별에 대한 우려를 불식시킬 수 있는 다문화주의 정책을 표방함으로써 전 세계로부터 이민을 받아들였다.

이로 인한 급격한 이방인의 대량 증가는 언어에 있어서 뿐만 아니라 외모, 피부색의 차이 정도, 종교, 의복, 식사, 남녀의 행동 패턴, 생활습관에 있어서 많은 차이가 나타났다. 이에 따라 서로에게 미지의 가치관인 생활신조가 연합되어 때때로 충돌하게 되었다. 그럼에도 불구하고 캐나다 정부는 급속도로 발전해 가는 경제성장으로 인해 숙련된 고급인력은 더욱 필요하게 되었다. 그 결과 2006년 캐나다 인구의 19.8%인 618만 6,590명은 외국 태생이며, 이것은 과거 75년 이래 가장 높은 숫자이다. 이 조사에서 외국태생은 13.6% 증가하고 있는 반면, 같은 시기 캐나다에서 출생한 인구 성장률은 3.3%에 지나지 않는다는 것이다. 2001년 1월 1일부터 2006년 5월

16일의 사이에 캐나다에 도착한 이민의 수는 110만 명이고 이것은 외국 태생 총수의 17.9%, 캐나다 전인구 3,120만 명의 3.6%이다. 중동을 포함한 아시아 국가출신 이민은 2006년 캐나다에 도착한 이민 중에서 최대 규모로 58.3%를 차지하고 있다. 이러한 이민자의 적극 유입 정책은 저스틴 트뤼도(Justin Trudeau) 캐나다 총리도 지속적으로 반영하고 있다. 2021년 아프가니스탄 난민 수용 확대, 2022년 우크라이나 난민 수용 등 정책적으로 시행하고 있는 것에서도 알 수 있다.

이와 같이 캐나다 정부는 국민은 저마다의 문화유산을 육성하는 권리를 가진다는 점에서 모두가 평등하고, 정부는 그 개별적인 일을 지원하는 차원에서 각 소수민족의 문화유산을 육성시키고 다문화주의 정책을 실현하기 위해 정부기관이 적극적으로 사회통합을 추진하고 있다.

(2) 다문화주의와 호주의 사례

호주는 1950년대 이후 남·동유럽인에 대해 개방적 이민정책을 실시함에 따라 언어적·문화적 이질성이 증가하기 시작하였다. 1954년에 호주 인구에서 해외출생자의 비율은 14.3%로 증가했고 이 중 비영어권국가 출신은 44%를 차지하였다. 비영어권국가 출신이 1947년에는 20%에 불과하였다는 점에서 급격한 유입이 이루어진 것이라고 할 수 있다. 호주는 이민자들에게 앵글로·켈틱의 언어와 문화를 받아들일 것을 요구하는 동화정책을 추진하였다. 이민자들에 대한 동화정책은 1960년대 중반까지 지속되었다. 동화 정책은 주로 교육제도를 통해 이루어졌는데, 호주정부가 직접 앵글로-켈틱

인종 중심적인 커리큘럼을 개발해 전국의 학교에 보급하였다. 이민자 자녀에 대한 특별한 배려나 지원프로그램은 제공되지 않았다. 기본적으로 이민을 왔다는 것은 이민국의 주류 가치와 문화를 수용하고 그 사회에 적응할 준비와 의사가 있음을 의미한다.

1960년대 중반에 호주는 일방적인 동화정책에서 통합정책으로 선회하였다. 1966년 호주정부는 인종과는 무관한 이민정책 시행을 선언하였다. 이는 호주사회의 언어적·문화적 다양성이 확대될 것임을 의미하는 것으로 그 계기는 호주사회에 적응하지 못하고 떠나는 이민자들이 많다는 점이었다. 당시 이민자의 약 22%가 6년 정도 호주에 머물렀고, 약 28%가 10년 정도 후에 호주를 영구히 떠났다는 것이다. 이에 따른 호주의 이민자 통합정책은 인구유출로 인한 노동력 부족이 원인임을 알 수 있다. 이 시기에 호주정부가 실시한 통합정책에는 이민자를 위한 무료상담, 공교육에서 이민자 어린이를 위한 지원으로 집중영어강좌를 지원하였으며, 수강기간 동안 생활비 제공하였다. 또한 무료전화통역서비스, 이민자단체의 자조프로그램 등 관련 지원을 제공하였다. 호주의 통합정책은 동화정책처럼 문화적 단일성을 강제적으로 요구하지 않지만 다문화주의 정책처럼 문화적 다양성을 적극적으로 인정하지도 않는다. 그러나 차이들의 조화로운 융합을 통해 새로운 동질체로 발전해 나아가야 한다는 것을 강조한다는 측면에서 동화정책의 한 변형이라고 볼 수 있다(이재형, 2009).

제2장

재한외국인의 사회통합 정책

I. 주요 용어의 정리

'외국인정책'의 도입 시 초기 개념은 다음과 같다.

① 대한민국으로 이주하고자 하는 외국인에 대해 일시적·영구적 체류자격을 부여하거나, 국내에서 살아가는 데 필요한 환경조성을 위해 정치·경제·사회 등 종합적 관점에서 다루는 정책이다.

② 이는 국경통제, 심사·체류관리·사회통합 정책 등으로 구분된다.

'사회통합정책'의 개념은 다음의 4가지로 구분된다.

① 이민자와 국민 간 갈등을 최소화하고, 상호 존중함으로써, 이민자가 한국사회 구성원으로 정치, 경제, 사회 각 영역에 참여하여 국가·사회발전에 기여해 나가도록 하는 정책이다.

② '사회통합'은 "국민과 외국인의 통합을 목표로 한다는 점"에서 국민의 다문화 포용성 및 감수성 향상을 통한 이민자에 대한 차별적 인식 및 편견해소도 사회통합 정책에 포함된다.

③ '외국인정책'이 외국인에게 일시적·영구적 사회구성원 자격을

부여하여 입국과 체류, 귀화 및 사회통합 등을 이루어 간다고
볼 때, 사회통합정책은 광의의 외국인정책 중 한 부분이다.

④ 이민자 사회통합정책은 질서 있는 이민관리로 사회 부적응 사
전예방, 경제생활 및 교육 등에서의 비차별과 인권침해를 예방
하고 구제함이며, 사회적응과 개인의 언어습득, 정보취득 등
능력발전에 대한 유도 및 지원을 말한다.

한편 Wirth(1945)는 이민자들이 자신의 종속적 지위에 대응하는
방식을 네 가지로 분류하였다.

첫째, 다원주의적 소수집단(pluralistic minorities)으로 자신의 문화
적 전통과 양식을 지키면서 주류사회의 주요 정치적·경제적 제도
에 참여하는 것이다.

둘째, 동화주의적 소수집단(Assimilationist Minorities)으로 자신의
문화적 전통을 유지하는 것보다는 주류사회에 적극적으로 동화되고
통합되려 하는 경우이다.

셋째, 분리주의적 소수집단(Secessionist Minorities)으로 동화나 문
화적 자치를 추구하기보다는 주류사회로부터의 정치적 독립을 추구
한다는 것이다. 대표적인 국가는 캐나다 퀘백주(Quebec)에 거주하는
프랑스계 캐나다인이 바로 이러한 집단으로서 이들은 프랑스어와
프랑스 문화를 유지하는 것 이외에도 퀘백주에서 자신들의 독립적
인 국가를 건설하려고 하였다.

넷째, 호전적 소수집단(Militant Minorities)은 분리주의적 소수집
단처럼 주류사회로부터 물러나는 것이 아니고 오히려 타집단을 지
배하여 자신들이 사회의 주인이 되려고 하는 경우를 말한다.

Portes(1996), Rumbaut(1994), Zhou(1997) 등은 이민자와 그 후손이 현지사회에 통합되는 방식은 단선적인 동화만이 아니라 여러 가지 분절되는 모습으로 나타난다고 주장하였다. 유럽계의 구이민자들의 경우에서처럼 점진적으로 주류사회와 문화로의 동화가 이루어지면서 사회경제적 신분상승을 통해 중류층으로 진입을 말한다. 하지만 주류사회의 기회구조에 진입하지 못하고 밑바닥 계층에 머물면서 실업, 빈곤, 일탈, 범죄 등의 사회문제로 고통 받고 2세는 기성질서에 반항하는 가치관과 행동양식을 갖게 되는 것이다. 다음은 Berry의 이민자 문화적응 변용에 관한 네 가지 방식이다.

첫째, 동화(Assimilation)는 이민자 집단이 자신의 문화나 정체성을 유지하지 않고 이주국 사회의 문화만 추구한다.

둘째, 고립(Isolation)은 자신이 본래 문화를 고수하고 발전시켜 가는데 가치를 두고 있지만 다른 사람과의 접촉을 회피하는 것을 말한다.

셋째, 통합(Integration)은 자신의 문화를 유지하는데 관심이 있으면서 다른 사람들과 접촉하고 있는 것이다. 이는 어느 정도 문화적 순수성도 유지되고 있으면서 동시에 전체사회 네트워크의 중요한 부분으로 참여해 가는 것을 나타낸다.

넷째, 주변화(Marginalization)는 문화적 유지에 관심이나 가능성도 없으면서 다른 사람과의 관계 유지에 관심이 없는 것이다.

한편 한국에서 사회통합정책 대상으로서의 이민자를 논하자면, 영구적 또는 일시적으로 사회구성원 자격을 부여 받고 대한민국으로 이주한 자를 말한다. 이민자에 대한 사회통합정책은 재원이 한정될 수밖에 없기 때문에 이민정책 대상별 우선순위 및 중점내용은 대상·내용·방식을 전략적으로 설정하게 된다는 것이다. 지원 대상 측면에서 보면 한국에 정착할 이민자를 대상으로 하는 것은 마땅하나, 한국사회에 초기 입국한 자 및 사회적응 능력이 떨어지는 자를 우선적으로 지원한다.

Ⅱ. 재한외국인을 위한 사회통합프로그램

법무부장관은 대한민국 국적 취득 및 대한민국에 영주할 수 있는 체류자격 등을 취득하려는 외국인의 사회적응을 지원하기 위하여 교육, 정보 제공, 상담 등의 사회통합프로그램을 시행할 수 있다. 사회통합프로그램은 이민자가 한국사회 구성원으로 적응, 자립하는데 필수적인 기본소양을 함양하는 데에 목적을 둔다. 사회통합프로그램은 한국어와 한국문화 및 한국사회 이해를 체계적으로 제공하는 사회통합교육으로, 이민자가 한국사회에 쉽게 융화될 수 있도록 지원하기위해 도입한 제도이다. 사회통합프로그램을 효과적으로 시행하기 위하여 필요한 전문인력 및 시설 등을 갖춘 기관, 법인 또는 단체를 사회통합프로그램 운영기관으로 지정하여 운영하고 있다. 이에 사회통합프로그램의 시행에 필요한 강사 등 전문인력을 양성하는 제도를 두고 있다. 사회통합프로그램은 한국어 교육, 한국사회 이해 교육, 그 밖에 외국인의 사회적응 지원에 필요한 교육, 정보 제공, 상담 등의 내용으로 구성되어 있다.

또한, 사회통합프로그램에 참여하려는 사람에 대한 사전 평가, 참

여하고 있는 사람에 대한 학습 성과 측정을 위한 단계별 평가와 중
간평가(KLCT: Korea Language and Culture Test)가 이루어지고 있
다. 사회통합프로그램을 마친 사람에 대해 이수 여부를 결정하는 종
합평가[8] 등을 실시하고 있다. 사회통합프로그램의 내용 및 개발, 운
영기관의 지정·관리 및 지정 취소, 그밖에 사회통합프로그램의 운
영에 필요한 사항에 대해서는 출입국관리법 시행령 제48조부터 제
51조에 규정하고 있다(법무부 출입국외국인정책본부).

1. 한국의 사회통합프로그램 도입 경과

1) 정책연구 및 자료 수집

① 사회통합프로그램 개발 연구용역(2007년 3월)

다문화사회 기반 구축을 위한 사회통합프로그램 개발 연구용
역 추진(숙명여자대학교 이유진 교수 등 추진. 07. 12. 27. 연
구 완료)

② 결혼이민자 대상 귀화필기시험 시험테스트(2007년 9월)

2년 이상 국내에 체류한 결혼이민자 중 혼인귀화를 신청한
100명을 대상으로 일반귀화자와 동일한 시험문제로 귀화필기
시험 시범 테스트(평균점수 47.1점, 합격률 42%)

---

8) 종합평가 종류: ① 영주형 종합형가(KIPRAT: Korea Immigration and Permanent Residence
Aptitude Test)는 5단계 기본과정을 수료한 사람, 5단계 기본과정을 수료하지 않았으나, 사전평
가에서 85점 이상 득점한 날로부터 2년 이내의 사람이 대상이다. ② 귀화형 종합평가(KINAT:
Korea Immigration and Naturalization Aptitude Test)는 5단계 전체과정(기본+심화)을 수료한 사
람, 2018년 3월 1일 이후 귀화허가 신청자(5단계 전체 과정 미수료자), 2018년 3월 1일 전 반
복 수료에 의한 귀화용 이수완료한 사람, 2012년 종합평가에서 5-~59점 득점으로 이수완료된
결혼이민자가 해당된다.

③ 전국 사회통합지원 프로그램 분석(2007년 10월)

각 중앙부처 및 지자체, 민간단체 등에서 추진 중인 이민자 정착지원 프로그램 현황 분석(247개 기관 대상)

2) 관계기관 의견 여론 수렴

① 광역자치단체 과장급 회의(2007년 11월)

전국 14개 광역자치단체 이민자 지원관련 부서 과장급 회의를 통해 이민자 사회통합프로그램 도입 등 의견수렴

② 중앙부처 및 유관단체 관계자 회의(2007년 11월)

행정자치부 등 6개 중앙부처 및 한국이민학회 등 3개 민간단체 관계자 회의를 통해 사회통합프로그램 도입 등에 대한 의견수렴 및 전국 14개 지역 순회 설명회를 통해 사회통합프로그램 세부내용 및 의견수렴

③ 사회통합프로그램 중앙자문위원회(2008년 4월 및 7월)

관계 중앙부처 과장급 및 민간위원으로 구성된 중앙자문위원회를 통해 사회통합프로그램의 기본 골격 재분석

④ 사회통합프로그램 도입 공청회(2008년 6월)

사회통합프로그램 도입 방안 및 결혼이민자 필기시험 부활문제, 인센티브 부여 등에 대한 의견 수렴

3) 관계법령 및 제도 정비

① 사회통합프로그램 도입안 마련(2007년 9월)

이민자 대상 한국어교육 등 지원프로그램을 표준화하는 내용

을 골자로 하는 사회통합프로그램 도입안 마련

② 사회통합프로그램 훈령 제정(2008년 3월)

법무부 훈령 제612호로『이민자 사회통합프로그램 및 그 운영 등에 관한 규정』제정

※ 2011. 01. 17. 제7차 개정(법무부 훈령 제813호)

③ 국적법 시행규칙 개정(2008년 4월)

사회통합프로그램 이수자에게 귀화필기시험을 면제하도록 하는 국적법 시행규칙 제4조 제1항 제5호 신설

※ 법무부장관이 정하여 고시하는 한국어 및 다문화사회이해 등에 대한 교육과 정보제공 등을 내용으로 하는 사회통합 프로그램을 이수한 자는 귀화필기시험 면제

④ 기본소양 평가관리규정 제정(2009년 6월)

사회통합프로그램의 각종 평가에 대한 평가항목, 평가방법 등 세부사항을 규정하는『사회통합프로그램 기본소양 평가관리 규정 제정』법무부 비공개 예규 제856호

⑤ 국적 면접 심사 실질화 조치(2010년 1월)

2010.02.01 이후 귀화신청자부터 혼인귀화 신청자를 포함한 모든 신청자에게 국적 면접심사 전면 실시

※ 단, 중국동포 1세의 배우자, 유공자 후손, 15세 미만, 국내 정규교육기관 3년 이상 수학자, 사회통합프로그램 이수자는 면접 심사 면제

⑥ 출입국관리법 개정(2012년 1월)

제39조: 사회통합프로그램 운영 근거, 운영기관 지정 근거, 인력양성 및 예산 지원 근거 등 명시

제40조: 사회통합프로그램 이수자에 대한 사증발급, 체류관련 각종 허가 등에 있어서 우대 근거 마련

4) 전문 인력 양성

① 다문화사회 전문가 2급 강사 양성

2008년 12월 전국 20개 ABT대학에서 총 398명의 '다문화사회 전문가 2급' 최초 양성(총 40시간 과정)

※ 2009년 제주지역 20명, 농협 33명 신규양성

2010년 8월 전국 10개 ABT대학 총 150명의 강사 신규양성

※ 2010년 3월 다문화사회 전문가 2급 양성과정 개편(총 80시간, 31개 과목)

② 2012년 이후 다문화사회 전문가 2급 전문 인력 양성과정은 시행하지 않으며, 2급 및 1급은 다문화사회 전문가 교과 과정을 개설한 대학 및 대학원을 중심으로 운영하고 있다.

2. 사회통합프로그램 도입 배경 및 개요

1) 이민자의 국적취득 시 기본소양 측정 곤란

① 일반귀화자는 필기시험과 면접을 통해 국적취득을 하고 있으나 국민으로서 갖추어야 할 소양을 검증하는데 한계

- 외국인의 한국 국적 취득요건: 5년 이상 한국에 거주 및 20세 이상 성년으로 생계유지 능력을 갖추고 있는 자로 법무부장관이 시행하는 귀화적격심사를 받아야 하며, 이 경우 필기시험과

면접심사를 치루고 있음

- 다만 귀화신청자 중 미성년자, 60세 이상인자, 국내 출생자로 초·중·고 또는 대학을 나온 자, 국민과 결혼한 자 등에 대해서는 필기시험 면제

② 한국 국적을 취득하기 위해서는 귀화필기시험 등 귀화적격 심사를 통해 최소한 국어능력과 기본소양 등을 평가 받아야 하나 일반귀화자의 경우에도 예상문제집을 단순 암기하는 등 국민으로서 갖추어야 할 자격 요건을 검증하는 데 한계

③ 결혼이민자는 귀화필기시험을 면제하고 있어 한국어, 다문화 사회 이해 등 기본소양을 갖추지 못한 상태로 국적을 취득하고 한국사회에 정착함에 따라 본인은 물론, 그 2세까지도 학업·취업 등 사회적응에 어려움을 겪고 있는 실정

- 결혼이민자와 이민 2세가 교육과 취업의 기회에서 소외되어 사회적·경제적 취약 계층으로 전락, 사회비용 초래

2) 이민자 사회통합교육 미비 및 이민자 참여율 저조

① 우리 사회 제도, 생활, 문화 등 국내 정착에 필요한 기본소양을 받을 수 있는 교육시스템 부재

② 부처별로 이민자를 위해 추진하고 있는 다양한 지원 사업이 체계적이지 못하고 이민자들의 참여와 관심 저조

이에 따라, 국적취득을 통해 한국에 정착하려는 이민자들에게 체계적 한국어 능력, 우리사회·문화·제도 이해 등 기본적 소양 교육을 받을 수 있도록 함으로써 보다 안정적으로 한국사회에 적응할 수

있도록 하고자 사회통합프로그램 도입

3) 사회통합프로그램 도입 개요

사회통합프로그램은 이민자를 위한 표준화한 한국어 및 한국사회 이해 교육과정으로, 법무부 장관이 지정한 운영기관을 통해 이를 이수한 경우, 국적취득 과정에서 혜택을 부여함

1) 교육과정:

① 한국어와 한국문화 과정 ② 한국사회 이해 과정

2) 참여대상

① 동포, 유학생, 외국인근로자, 결혼이민자, 난민, 전문인력 등 대한민국에 체류하는 모든 이민자(의무적 참여가 아닌 자율참여임)

3) 참여혜택

① 귀화신청 시 혜택

- 국적필기시험면제(2008.4.4시행) 및 국적면접심사 면제(10.7.1시행)

- 국적심사 대기기간 단축(2009.4.1시행)

② 체류관리 시 혜택

- 점수제에 의한 전문인력의 거주 자격(F-2)변경 시 가점(최대 28점) 부여 등(2010.02.01시행)

- 일반 영주자격(F-5) 신청 시 한국어능력 제출 면제(2011.03.27시행)

- 국민의 배우자 및 미성년자녀 영주자격(F-5) 한국어능력 제출 면제 (2012.07.17)

- 외국인근로자의 특정활동(E-7) 체류자격 변경 시 한국어능력시험 면제(2011.10.10. 시행)

- 장기체류 외국인의 거주(F-2)자격 변경 시 한국어능력 제출 면
  제(2012.04.17)

4) 이수시간

① 총 515시간

② 한국어 과정 최대 415시간 + 한국사회이해 과정 기본 70시간 +
  심화 30시간

5) 운영기관 주요 연혁 :

(2012년 8월 기준), 법무부 장관이 지정한 293개 기관

(2023년 2월 기준), 법무부 장관이 지정한 372개 기관

3. 사회통합프로그램 주요 내용

1) 사회통합프로그램의 표준화 내용

① 과정별 세부단계 및 이수시간 등

 ※ 2013년 1월 1일부터 도입된 결혼이민자 한국어 중급(3, 4단계)
  변경 전 구분 표

② 2013.1.1 부터 변경 후 사전평가 점수대별 단계 배정표

③ 참여신청 : 모든 이민자

<표 1> 변경 전 사회통합프로그램

구분 \ 단계	0단계	1단계	2단계	3단계	4단계	5단계
과정	한국어 기초	한국어 초급1	한국어 초급2	한국어 중급1	한국어 중급2	한국사회 이해
이수시간	15시간	100시간	100시간	100시간	100시간	50시간
사전평가	구술 3점 미만 (지필점수무관)	3점~ 20점	21점~ 40점	41점~ 60점	61점~ 80점	81점~ 100점

출처: 법무부 출입국외국인정책본부

   - 국적취득과 관련이 없는 이민자는 물론, 이미 국적을 취득한 이민자일지라도 본인이 원할 경우에는 사회통합프로그램 신청 가능, 단 외국인의 경우 체류기간이 유효한 외국인등록증 또는 거소 신고증 소지자일 것

<표 2> 변경 후 사회통합프로그램[9]

구분 \ 단계	0단계	1단계	2단계	3단계	4단계	5단계	
과정	한국어 기초	한국어와 한국문화 초급1	한국어와 한국문화 초급2	한국어와 한국문화 중급1	한국어와 한국문화 중급2	한국사회 이해	
총 교육 시간	15시간	100시간	100시간	100시간	100시간	기본 70시간	심화 30시간
평가	없음	1단계평가	2단계평가	3단계평가	중간평가	영주용 종합평가	귀화용 종합평가

출처: 법무부 출입국외국인정책본부

---

9) 2016년 기준 변경 사항: 사회통합프로그램 중 한국사회이해는 기존 50시간에서 80시간으로 늘어났으며, 단 영주권 취득자에 한해서는 기존 50시간을 유지한다. 2023년 기준 한국사회이해는 전체 100시간으로 운영되고 있다.

④ 신청 방법 : 인터넷(사회통합정보망)을 통한 온라인으로만 신청 가능

　※ 사회통합정보망(www.socinet. go.kr)에 회원 가입 후, 『사회통합프로그램』 신청란에 참가신청(신청완료 후 마이 페이지에서 접수증 출력)

　- 참가신청 후, 취소하고자 할 경우에도 마이 페이지에서 신청

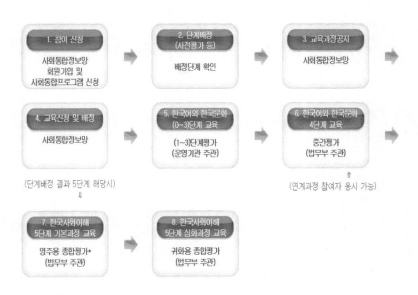

출처: 법무부 사회통합정보망 Soci-Net https://www.socinet.go.kr /soci/contents

<그림 2> 사회통합프로그램 단계별 진행

2) 강사의 표준화, 전문화

<표 3> 다문화사회 전문가 인정 요건

※ 한국사회 이해 교육 강사를 할 수 있는 다문화사회 전문가 인정 요건 및 이수 과목

○ 다문화사회 전문가 인정 요건: 다음 각 목의 어느 하나에 해당하는 사람

가. 출입국관리법 시행규칙 제53조의 제2항 제1호에 따른 한국어 교육 강사로 제2호에 따른 다문화사회 전문가 양성과정의 교과목 및 교육시간을 이수한 사람

나. 「고등교육법」 제29조 및 제30조에 따른 대학원에서 제3호에 따른 다문화사회 관련과목(이하 이 표에서 "관련과목"이라 한다) 중 필수과목을 9학점, 선택과목을 6학점 이상 이수하고 석사학위를 취득하거나 박사과정을 수료하고 법무부장관이 정한 교육을 이수한 사람. 다만, 대학(「고등교육법」 제2조 제1호부터 제6호까지의 규정에 따른 대학을 말한다. 이하 같다)에서 관련과목 중 필수과목을 이수한 경우에는 선택 과목 학점으로 필수과목 학점을 대체할 수 있다.

다. 대학에서 관련과목 중 필수과목을 15학점 선택과목을 9학점 이상 이수하고 학사학위를 취득한 사람으로서 법무부장관이 정하는 교육을 이수한 사람

라. 가목부터 다목까지의 어느 하나에 해당하는 사람 중 다음의 어느 하나에 해당하는 사람으로서 법무부장관이 정하는 교육을 이수한 사람

　　1) 법무부장관이 정하는 이민·다문화사회통합과 관련된 업무에 3년 이상 종사한 경력이 있는 사람

　　2) 「고등교육법」 제29조 및 제30조에 따른 대학원에서 관련과목 중 필수과목을 9학점, 선택과목을 6학점 이상 이수하고 박사학위를 취득한 사람

※ 다문화사회 전문가 인정요건 및 이수과목 개정 안내(출입국관리법 시행규칙 개정, 별표 2)

　1) 학과(전공)를 기준으로 '계열' 구분

-학과(전공)의 특성에 맞는 다문화사회 전문가 양성을 우해 '교육계열'과 '일반계열'로 구분, 계열별 이수과목 차등 적용

-(교육계열) 교원 또는 교육전문가 양성을 위해 고등교육법에 따른 교육대학(원), 종합교원양성대학, 대학의 사범대학에 개설된 학위 과정

-(일반계열) '교육계열' 이외의 대학(원)에 개설된 학위 과정

　2) 과목구분 기준변경

-전체 과목을 전공필수, 전공선택, 일반선택으로 구분하고, 전공필수에 해당하는 과목은 이수 의무화(시행시기: 2021. 9.26.)

구분	전공필수	전공선택	일반선택
학사	교육: 3학점(1과목) 일반: 6학점(2과목)	교육: 15학점(5과목) 일반: 12학점(4과목)	교육: 12학점(4과목) 일반: 12학점(4과목)
석박사	교육: 3학점(1과목) 일반: 6학점(2과목)	교육: 12학점(4과목) 일반: 12학점(4과목)	교육: 6학점(2과목) 일반: 3학점(1과목)

출처: 법무부 출입국외국인정책본부

<표 4> 다문화사회 전문가 관련 과목(제3호)

구분	과목명	이수 과목 및 학점	
		대학원	대학 및 전문대학
전공 필수 과목	이민정책론, 이민법제론	2과목 6학점 (과목당 3학점) 이상	2과목 6학점 (과목당 3학점) 이상
전공 선택 과목	다문화사회 교수방법론, 한국사회의 다문화현상 이해, 이민·다문화가족 복지론, 국제이주와 노동정책, 지역사회와 사회통합, 국경관리와 체류의 이해, 난민법의 이해, 국적법의 이해, 이민·다문화 현장실습	4과목 12학점 (과목당 3학점) 이상	5과목 15학점 (과목당 3학점) 이상
일반 선택 과목	아시아사회 이해, 해외동포사회 이해, 이주노동자 상담과 실제, 다문화가족의 상담과 실제, 다문화(사회)교육론, 노동법, 국제인권법, 국제이주와 사회통합, 다문화교육현장 사례연구, 국제이주와 젠더, 석·박사논문연구	과목 6학점 (과목당 3학점) 이상	4과목 12학점 (과목당 3학점) 이상

1. 전공선택과목 중 이민·다문화 현장실습은 운영기관에서 50시간 이상 하여야 한다.
2. 전공선택과목의 학점이 이수학점을 초과한 경우 그 학점은 일반선택과목의 학점으로 인정할 수 있다.
3. 대학원에 재학 중인 사람이 다문화사회 전문가 학위과정이 개설된 대학 또는 교육대학 등에서 전공필수과목을 이수한 경우에는 전공선택과목 학점으로 전공필수과목 전공 과목 학점을 갈음할 수 있으며, 전공선택과목을 이수한 경우에는 일반선택과목 학점으로 전공선택과목 학점을 갈음할 수 있다.<신설>
4. 과목명이 같지 아니하더라도 교과 내용이 같다고 법무부장관이 인정하는 경우에는 같은 과목으로 본다.

출처: 법무부 출입국외국인정책본부

3) 교재의 표준화

: 교재는 "이민자 사회통합프로그램 및 그 운영 등에 관한 규정"
제19조 및 별표 5호에 명시

<표 5> 한국어와 한국문화 교재 및 한국사회이해 교재

1) 한국어와 한국문화 과정 및 한국사회 이해 과정
① 0단계 : 법무부 사회통합프로그램(KIIP) 한국어와 한국문화 기초
② 1단계 : 법무부 사회통합프로그램(KIIP) 한국어와 한국문화 초급 1
③ 2단계 : 법무부 사회통합프로그램(KIIP) 한국어와 한국문화 초급 2
④ 3단계 : 법무부 사회통합프로그램(KIIP) 한국어와 한국문화 중급 1
⑤ 4단계 : 법무부 사회통합프로그램(KIIP) 한국어와 한국문화 중급 2
⑥ 5단계 : 사회통합프로그램(KIIP) 한국사회 이해(기본, 심화)
2) 기타과정 : 법무부장관이 따로 지정하는 교재
※ 5단계 교재는 기본과정과 심화과정 두 권으로 나누어져 있음

출처: 법무부 출입국외국인정책본부 사회통합정보망 Soci-Net

4. 사회통합프로그램 운영성과 및 기대효과

1) 성과

① 이민자 지원 프로그램 표준화

② 이민자 지원 전문인력 양성 표준화 및 수준향상

③ 지원정책에 대한 이민자의 자발적 참여 확대

④ 정책 추진에 따른 객관적인 성과 도출

⑤ 사회통합프로그램 필요성 및 확대 여론

2) 기대효과

① 이민자 지원 정책 표준화

② 이민자의 기본소양 함양을 통한 사회비용 감소

③ 지원정책에 대한 이민자의 자발적 참여 확대

④ 이민자에 대한 일방적 지원의 한계 극복

5. 이민자 사회통합프로그램 및 운영 등에 관한 규정

<표 6> 사회통합프로그램 제개정 연혁

- 제정 2008. 03. 12. 법무부훈령 제612호
- 개정 2008. 11. 07. 법무부훈령 제656호
- 개정 2009. 04. 16. 법무부훈령 제683호
- 개정 2009. 08. 26. 법무부훈령 제715호
- 개정 2009. 11. 24. 법무부훈령 제746호
- 개정 2010. 06. 15. 법무부훈령 제781호
- 개정 2011. 01. 17. 법무부훈령 제813호
- 개정 2012. 01. 27. 법무부훈령 제850호
- 개정 2012. 03. 27. 법무부훈령 제856호

출처: 법무부 출입국외국인정책본부 KIIP

<표 7> 사회통합프로그램 제1장 총칙

제1조(목적) 이 규정은 『재한외국인 처우 기본법』의 목적을 구현하기 위하여 재한외국인 및 귀화자와 그 자녀, 대한민국 국민 등에 대한 사회통합프로그램을 표준화하여 시행하고 그 운영기관을 지정·관리하기 위한 기본적인 사항을 정함을 목적으로 한다.
제2조(정의) 이 규정에서 사용하는 용어의 정의는 다음과 같다.
1. "사회통합프로그램"이란 재한외국인, 귀화자와 그 자녀 및 국민 등 (이하 "이민자 및 국민 등"이라 한다)이 서로를 이해하고 존중하는 다문화사회 환경을 만들어 이민자의 대한민국 사회 적응을 지원하고 개인의 능력을 최대한 발휘하도록 하기 위한 한국어, 한국사회 이해 등에 대한 교육, 정보제공 및 상담 등의 제반 활동을 말한다.
3. "한국사회 이해"란 한국의 제도, 법률, 역사, 풍습, 공동생활, 언어, 생활정보 및 문화 등에 대한 이해 증진을 위한 제반 활동을 말한다.

<표 8> 사회통합프로그램 훈령

[출입국관리법 시행령]
제48조(사회통합 프로그램의 내용 및 개발)
① 법 제39조제1항에 따른 사회통합 프로그램(이하 "사회통합 프로그램")은 다음 각호의 내용으로 구성한다.
　　1. 한국어 교육
　　2. 한국사회 이해 교육
　　3. 그 밖에 외국인의 사회적응 지원에 필요하다고 법무부장관이 인정하는 교육, 정보 제공, 상담 등
② 법무부장관은사회통 합 프로그램에 참여하는 사람(이하 "사회통합 프로그램 참여자"라 한다)에 대하여 다음 각 호의 평가를 실시할 수 있다.
　　1. 사전 평가
　　2. 학습 성과 측정을 위한 단계별 평가
　　3. 이수 여부를 결정하는 종합평가
③ 법무부장관은 사회통합프로그램의 표준화・체계화・효율화를 위하여 노력하여야 한다.
④ 법무부장관은 필요한 경우 관련 분야에 전문성을 가진 대학, 법인, 기관, 단체 등에 사회통합프로그램의 개발 또는 사회통합 프로그램 참여자에 대한 평가를 위탁할 수 있다.
⑤ 제1항부터 제4항까지에서 규정한 사항 외에 사회통합 프로그램의 개발 및 운영에 필요한 사항은 법무부장관이 정한다.
제49조(운영기관의 지정)
① 법 제39조제2항에 따른 사회통합 프로그램 운영기관 (이하 "운영기관")으로 지정받으려는 기관, 법인 또는 단체는 다음 각 호의 요건을 갖추고 법무부령으로 정하는 바에 따라 운영계획서 등을 첨부하여 법무부장관에게 신청하여야 한다.
　　1. 상시 활용이 가능한 사무실 및 교육장소의 확보
　　2. 법무부령으로 정하는 전문 인력의 확보
　　3. 시설물 배상책임보험 및 화재보험 가입
　　4. 그 밖에 운영인력 확보 등 운영기관의 지정에 필요한 사항으로서 법무부장관이 정하여 고시하거나 인터넷 홈페이지에 게시하는 요건
② 법무부장관은제 1항에 따라 지정신청을 받은 때에는 다음 각 호의 사항을 고려하여 지정여부를 결정하여야 한다.
　　1. 사회통합 프로그램 관련 업무 수행경력 및 전문성
　　2. 전문 인력의 확보 및 교육시설・기자재 등의 구비 수준
　　3. 운영계획서의 충실성 및 실행가능성
　　4. 최근 3년 이내에 제50조제3항에 따라 지정 취소된 사실이 있는지 여부
　　5. 운영재원 조달 방법 및 능력
　　6. 그 밖에 사회통합 프로그램 참여자들의 접근성 및 이용의 편리성 등 법무부장관이 중요하다고 인정하는 사항
③ 법무부장관은 다음 각 호의 어느 하나에 해당하는 기관, 법인 또는 단체가 국가 나 지방자치단체로부터 사회통합 프로그램을 운영할 수 있는 충분한 경비 지원을 받는 경우 제2항제5호의 요건을 판단할 때 가점을 부여할 수 있다.
　　1. 지방자치단체 및 그 소속기관
　　2. 「다문화가족지원법」 제12조에 따른 다문화가족지원센터

3. 「사회복지사업법」 제34조의5에 따른 사회복지관 중 같은법 제34조의2에 따라 둘 이상의 사회복지시설을 통합하여 설치·운영하거나 둘 이상의 사회복지사업을 통합하여 수행하는 사회복지관
4. 「고등교육법」 제2조제1호부터 제6호까지의 규정에 따른 대학 및 그 소속기관
5. 그 밖에 법무부장관이 제1호부터 제4호까지에 준한다고 인정하는 기관, 법인 또는 단체
④ 운영기관의 지정기간은 2년 이내로 한다.
⑤ 지정된 운영기관은 다음 각 호의 업무를 수행한다.
1. 사회통합 프로그램의 운영
2. 출입국·외국인정책 관련 정보 제공 및 홍보
3. 외국인 사회통합과 다문화 이해 증진
4. 그 밖에 외국인의 사회적응 지원을 위하여 필요한 업무
⑥ 제1항부터 제5항까지에서 규정한 사항 외에 운영기관의 지정에 필요한 사항은 법무부령으로 정한다.
제50조(운영기관의 관리 및 지정 취소)
① 법무부장관은 운영기관의 사회통합프로그램 운영 실태를 파악하기 위하여 필요한 경우 운영기관에 관련 자료의 제출 또는 보고를 요구할 수 있다.
② 법무부장관은 법을 위반하거나 제1항에 따른 자료 제출 또는 보고 요구에 응하지 아니하는 운영기관에 대하여 경고하거나 시정을 요구할 수 있다.
③ 법무부장관은 운영기관이 다음 각 호의 어느 하나에 해당하는 경우 운영기관 지정을 취소할 수 있다.
1. 거짓이나 부정한 방법으로 운영기관으로 지정받은 경우
2. 제49조제1항 각 호의 요건을 갖추지 못하게 된 경우
3. 법 제39조제4항에 따라 지원받은 경비를 부당하게 집행한 경우
4. 제2항에 따른 시정 요구에 정당한 이유 없이 불응한 경우
5. 제2항에 따른 경고나 시정 요구를 받은 사항을 반복하여 위반하는 경우
④ 제2항에 따른 경고 및 시정 요구와 제3항에 따른 지정 취소의 처분기준 등 운영기관 관리 및 지정 취소에 관한 세부 사항은 법무부령으로 정한다.
제51조(전문 인력의양성 등)
① 법무부장관은 법 제39조제3항에 따라 사회통합프로그램 시행에 필요한 전문 인력을 양성하기 위하여 다문화사회 전문가 등 전문 인력 양성과정을 개설·운영한다.
② 법무부장관은 전문 인력의 자질 향상을 위하여 필요한 경우 보수교육을 실시할 수 있다.
③ 법무부장관은 전문 인력의 효율적인 양성을 위하여 「고등교육법」 제2조제1호 부터 제6호까지의 규정에 따른 대학이나 사회통합 프로그램 관련 분야에 전문성을 갖춘 기관, 법인 또는 단체에 제1항의 전문 인력 양성과정이나 제2항의 보수교육을 위탁할 수 있다<개정 2015.6.15.>.
④ 제1항부터 제3항까지에서 규정한 사항 외에 전문 인력의 양성에 필요한 사항은 법무부장관이 정한다.

출처: 법무부 출입국외국인정책본부

6. 결혼이민자 등의 조기적응 지원을 위한 프로그램

법무부장관은 대한민국에 결혼이민자 등의 자격으로 입국하려고 하거나 최초로 입국한 외국인의 한국사회 조기적응을 지원하기 위하여 체류허가·영주자격·국적 신청 및 기초생활 법질서 등의 교육, 정보 제공 및 상담 등의 프로그램을 시행할 수 있다.

<표 9> 이민자 조기적응 프로그램

◇ (이민자 조기적응프로그램)

결혼이민자, 외국국적동포, 중도입국자녀, 외국인연예인, 유학생 등 국내에 처음 입국하는 외국인을 대상으로 한국사회 조기적응 정보 및 대한민국의 기초법제도 교육 제공
- (내용) 한국어 또는 외국어로 체류유형별 맞춤형 정보, 상담, 교육을 제공
- (공통내용) 초기 정착에 필수적인 기초법과 제도, 생활정보 등 조기적응에 필요한 기초 정보 및 체류, 영주 등 출입국관련 규정
- (특수내용) 각 체류유형에 특화된 내용 제공
  (중도입국자녀) 교육제도 소개 등 미래진로, (결혼이민자) 헌법 가치 함양, (외국인연예인) 인권침해 구제 절차 등 인권보호, (회화지도강사) 기초법·제도 등 준법정신 함양, (난민) 기초생활 정보 및 한국문화

출처: 법무부 출입국외국인정책본부

이민자 조기적응프로그램은 외국인유학생, 외국국적동포, 결혼이민자 등 국내에 합법적으로 체류하고 있는 등록외국인을 대상으로 하고 있다. 이 프로그램을 통해 생활정보, 기초적인 법과 제도, 본국의 가족 등의 초청에 관한 사항, 영주자격 및 국적취득에 관한 사항을 배운다. 인권침해를 받은 경우, 구제요령 등 한국생활 적응에 필요한 기초적인 사항을 내용으로 하여 교육하고 있다. 결혼이민자의 경우에는 이 프로그램을 이수하면 최초 2년의 체류기간을 부여하는 혜택도 주고 있다. 한국어 포함 총 13개 언어로 강의를 제공하고 있다.

Ⅲ. 외국인정책 기본계획(초기 단계)

1. 외국인정책 5개년 기본계획의 의의

제1차 외국인정책의 기본계획상 개념은 대한민국으로 이주하고자 하는 외국인과 그 자녀 등에 대해 영구적 또는 일시적 사회구성원 자격을 부여하거나, 국내에서 살아가는 데 필요한 제반 환경조성에 관한 사항을 종합적인 관점에서 다루는 정책이다. 제1차 외국인정책 기본계획 수립 당시 '이민'이라는 용어에 대해 국민들이 '해외 이민'과 혼동할 우려가 있어 '이민정책' 대신 '외국인정책'으로 호칭하기로 한국정부 내에서 합의하여 사용하는 한계가 있었다. 이후에 외국인정책, 다문화정책, 다문화가족정책, 결혼이민자정책 등의 용어 혼용 사용으로 정책의 혼선과 중복 등을 야기하였다. 외국인정책은 국제사회에서 통용되고 있는 국경(Border)과 이민자(Migrant)를 대상으로 하는 이민정책(Immigration Policy)의 개념과 사실상 일치한다. 나아가 외국인정책 기본계획상 개념은 국경 및 출입국관리, 국적부여 정책과 이민자 사회통합 정책을 포괄하는 개념으로 이민정책(Immigration Policy, 국민의 해외 이주는 제외)을 의미한다.

1) 외국인정책 기본계획의 의의

외국인정책 기본계획의 법적 근거 및 절차는 「재한외국인 처우 기본법」 제5조에 따라 법무부장관이 5년마다 관계부처의 기본계획(안)을 종합하고, 외국인정책위원회(위원장 : 국무총리)의 심의·의결을 거쳐 확정한다.

<표 10> 재한외국인 처우 기본법 제5조

제5조(외국인정책의 기본계획)
① 법무부장관은 관계 중앙행정기관의 장과 협의하여 5년마다 외국인정책에 관한 기본계획(이하 "기본계획"이라 한다)을 수립하여야 함
② 기본계획에는 다음 각 호의 사항이 포함되어야 함 　- 외국인정책의 기본목표와 추진방향 　- 외국인정책의 추진과제, 그 추진방법 및 추진시기 　- 필요한 재원의 규모와 조달방안 　- 그 밖에 외국인정책 수립 등을 위하여 필요하다고 인정되는 사항
③ 법무부장관은 제1항에 따라 수립된 기본계획을 제8조에 따른 외국인정책위원회의 심의를 거쳐 확정하여야 함
④ 기본계획의 수립절차 등에 관하여 필요한 사항은 대통령령으로 정함
⑤ 법무부장관은 기본계획을 수립함에 있어서 상호주의 원칙을 고려함

출처: 법무부 재한외국인처우기본법

　　외국인정책 기본계획의 의의는 대한민국 이민정책에 관한 범 정부 차원의 국가계획이자, 정책지침서이며, 향후 5년간의 정책추진에 관한 기본설계도이다. 이와 같이 기본계획 수립관련 해외사례로는 미국과 캐나다 등 전통적 이민국가의 경우에도 총괄부처의 실행계획으로서 이민정책을 추진하고 있다. 또한 독일 등 비전통적 이민국가의 경우, 범정부적 이민정책 계획을 수립하는 경향을 보인다.

2) 외국인정책 기본계획의 추진 경과

　　외국인정책 기본계획의 추진은 먼저 재한외국인 처우 기본법이 제정(2007.07.18)에 의거해 외국인정책의 기본방향 및 추진체계를 규정하였다. 이에 따라 국무총리를 위원장으로 하여 14개 부처의 장 및 민간위원 7인으로 구성된 외국인정책위원회가 출범하였다.

<표 11> 제1차 외국인정책 추진 경과

◇ 제1차 외국인정책 기본계획 수립 및 시행(2008년~12년)
- 제4회 외국인정책위원회에서 심의·확정(2008.12.17)
- 외국인정책의 4대 정책목표 및 169개 세부과제 선정
◇ 제2차 외국인정책 기본계획 수립 추진 경과
- 2차 기본계획 수립을 위한 연구용역 발주 (2011년 12월)
※「외국인정책 기본계획 수립 방향 및 주요 정책의제 연구」
IOM 이민정책연구원
-「이민정책자문위원회」 (2012.04.13), 유관기관 간담회 개최 (2012.04.30)
- 신규과제 발굴을 위한「릴레이 토론」 개최 (2012.04.24)
-「기본계획 작성지침」 통보 (2012.05.25)
- 기본계획 수립을 위한 주요 과제 관련부처 검토회의 (2012.09.18)
※ 사회통합 프로그램과 복지의 연계, 기초질서 위반 외국인 제재, 문화다양성 증진 등
◇ 제2차 외국인정책 기본계획 수립 추진 경과
- 기본계획(안) 부처별 의견수렴(1차) (2012.09.28.~10.12)
- 기본계획 의견수렴을 위한「이민정책자문위원회」 개최 (2012.10.12)
- 기본계획(안) 부처별 의견수렴(2차) (2012.11.02.~11.08)
- 기본계획 수립을 위한 공청회 개최 (2012.11.09)
- 외국인정책실무위원회 개최 (2012.11.20)
- 외국인정책위원회 개최 (2012.11.28)
◇ 제3차 외국인정책 기본계획 수립 추진 경과(2018년~2022년)
◇ 제4차 외국인정책 기본계획 수립 추진 경과(2023년~2027년)

출처: 법무부

2. 제1차 외국인정책 기본계획 평가(2007년~2012년)

1) 추진 개요

2007년 7월 제정된「재한외국인 처우 기본법」에 따라 2008년부터 2012년까지 5년 단위의「제1차 외국인정책 기본계획」이 수립·시행되었다. 또한 2009년부터 2012년까지 매년 각 부처 및 지자체에서 연도별 시행계획을 수립·추진하고 그 추진실적에 대한 평가결과를 외국인정책위원회에서 심의·의결하였다.

정책 목표	1. 적극적인 이민 허용을 통한 국가경쟁력 강화
	2. 질 높은 사회통합
	3. 질서 있는 이민행정 구현
	4. 외국인 인권 옹호
중점 과제	1-1. 우수인재 유치를 통한 성장동력 확보
	1-2. 국민경제의 균형발전을 위한 인력 도입
	2-1. 다문화에 대한 이해 증진
	2-2. 결혼이민자의 안정적 정착
	3-1. 외국인 체류질서 확립
	3-2. 국가안보 차원의 국경관리 및 외국인정보 관리
	4-1. 외국인 차별 방지 및 권익보호
	4-2. 보호 과정의 외국인 인권 보장

비전:
세계인과
더불어
성장하는
활기찬
대한민국

출처: 법무부, 제1차 외국인정책기본계획

<그림 3> 제1차 외국인정책 기본계획 비전 및 목표

2) 추진 실적 및 성과

시행계획 과제 및 예산에서 다음의 그림은 중앙행정기관의 추진
과제 수에 관한 것이다. 2012년도에 추진과제가 감소한 사유는 시행
계획 기간 중 법·제도정비 등 단기과제 완료에 기인했기 때문이다.

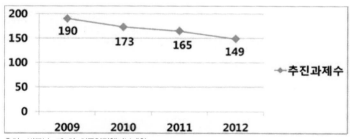

출처: 법무부, 제1차 외국인정책기본계획

<그림 4> 중앙행정기관의 연도별 추진 과제 수

다음의 <그림 5>는 시행계획 과제 및 예산에서 지방자치단체의 추진과제 수에 관한 것이다. 2012년도 추진과제가 중앙행정기관에 비해 증가하였음을 알 수 있다. 증가 사유는 체류외국인 증가로 인한 지방자치단체의 역할 증대에 기인하였다.

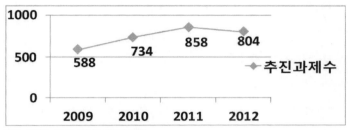

출처: 법무부, 제1차 외국인정책기본계획

<그림 5> 지방자치단체의 연도별 추진 과제 수

3) 정책 목표별 주요 추진성과

제1차 외국인정책 기본계획의 네 가지 목표는 국가경쟁력 강화, 질 높은 사회통합 분야, 질서 있는 이민행정 분야, 인권옹호 분야로 추진되었다. 먼저 국가경쟁력 강화 분야는 외국의 우수인재를 쉽게 구하여 활용하고자 하는 시대적 요구에 부응하여 국가 차원의 우수 인재 유치 전략을 처음으로 도입하였다. 예를 들어 Contact Korea, Hunet Korea 시스템 구축 및 전문직 취업비자 심사기준 완화, 영주 자격 요건 완화, 우수 인재의 제한적 복수 국적 허용 등이 해당된다. 두 번째, 질 높은 사회통합 분야는 정부 및 민간 등 사회 전 분야에서 이민자 지원에 대한 관심과 사업이 급증하고 수혜의 기회가 확대되었다. 이에 따라 부처 간 개별적으로 추진되었던 이민자 지원사업을 범정부 차원에서 추진하는 등 체계적인 지원 노력을 지속하였다. 예를 들어 사회통합프로그램 시행 및 사회통합정보망(Soci-net) 구축 등이 이에 해당된다. 세 번째, 질서 있는 이민행정 분야를 보면 국익 위해자(危害者) 입국을 차단하고 외국인범죄 등에 효과적으로 대처하기 위한 국경관리 과학화와 고객만족의 출입국심사 서비스를 제고하였다. 마지막으로 인권분야는 난민법 제정 등 국제적 인권수준에 부합하기 위한 정부의 노력이 가시화되고 있고, 인종차별은 잘못된 것이라는 국민적 공감대가 빠르게 형성되기도 하였다. 2012년 4월 19일 한겨레 기사 내용에서 "이자스민 인종차별 공격 1%, 차별반대 등 84%" 기사의 SNS 분석에 따르면 이자스민 당선자가 언급된 트위터 544만여 개 가운데 인종차별에 반대하는 의견이 84%에 달하는 것에서 인권분야의 약진을 알 수 있다(한겨레, https://www.hani.co.kr/arti/politics/2012, 04.19)

4) 정책 환경 분석

최근 정책관련 국민의 인식에 대한 방면은 개방을 통해 국가경제적 이익을 확대하고자 하는 열망과 외국인 범죄, 인종적·문화적 갈등에 대한 우려가 병존하였다. 예를 들어 2012년 6월 21일 조선일보의 기사의 내용에서 "같은 술 마시고… 고향선 고분고분, 한국선 주폭(酒暴) 되는 중국인" 이라는 제목만 봐도 이러한 우려가 염려된다(조선일보, https://www.chosun.com/site/data/, 2012. 06.21). 이러한 반(反)다문화현상의 표출 및 외국인에 대한 균형 잡힌 정책의 요구 또한 대한민국의 정체성에 대한 위기감을 증대시킬 수 있다는 것이다. 하지만 이민정책의 환경 전망에서 보면 경제활동 인구 감소에 따른 성장동력 및 내수시장축소에 대한 위기감 고조는 이민정책의 활성화를 기대할 것이다. 이러한 이민정책의 활성화는 체류외국인 정주화에 따른 사회적 비용이 증가한다는 것이다. 즉 결혼이민자·외국인근로자 등 체류외국인의 증가와 향후 이들의 정주화·고령화에 따른 복지지원, 갈등관리 등 사회적 비용의 증가가 예상된다. 제1차 외국인정책 기본계획에 대한 구체적인 내용은 제1차 외국인정책기본계획자료를 참조하기 바란다(제1차 외국인정책 기본계획, http://www.onnuri.org/wp-content/uploads/2013/08/2009.pdf.)

Ⅳ. 외국인정책 기본계획(초기 단계 이후)

1. 비전 및 핵심 가치

1) 정책 목표

2013년부터 시행된 제2차 외국인정책 기본계획의 비전과 핵심가치는 세계인과 더불어 성장하는 활기찬 대한민국에 초점을 맞추었다. 다음의 <그림 6>은 제2차 외국인정책 기본계획의 정책 목표로 개방, 통합, 인권, 안전, 협력의 5가지의 핵심가치를 나타내고 있다.

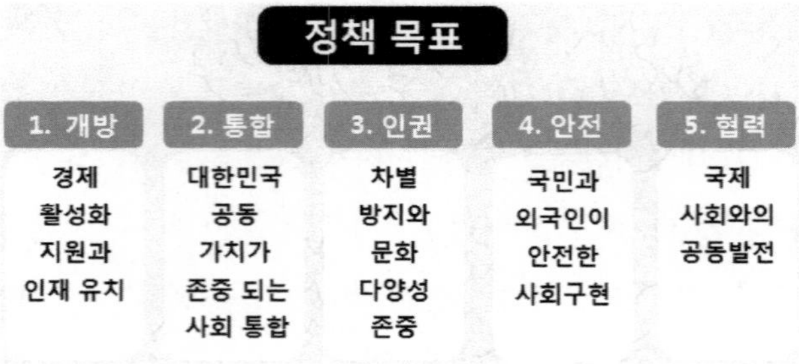

출처: 법무부

<그림 6> 제2차 외국인정책 기본계획 정책 목표

제1차 외국인정책 기본계획은 우수인재 유치 및 이민자 사회적응 지원 등 새로운 정책 분야가 도입되어 기반을 조성한 것이 핵심가치였다. 반면 제2차 외국인정책 기본계획은 국민의 다양하고 상반된 요구들을 최대한 반영하여 균형 잡힌 정책 기조 유지로 안정적인 미래 준비의 핵심가치가 제1차 외국인정책 기본계획과 차별성이 있다. 그리고 제1차 기본계획이 인권·다문화·민원편의 제공 등의 가치를 강조하였다면, 제2차 외국인정책 기본계획은 제1차 외국인정책 기본계획 가치의 지속추진과 함께 질서와 안전, 이민자의 책임과 기여를 강조하는 국민 인식을 반영한 것에 차별성을 두었다.

정책목표		중점과제
1. **개방**	경제 활성화 지원과 인재유치	1. 내수 활성화 기여 외래 관광객 유치 2. 국가와 기업이 필요한 해외 인적자원 확보 3. 지역 균형발전을 촉진하는 외국인 투자 유치
2. **통합**	대한민국의 공동 가치가 존중되는 사회통합	1. 자립과 통합을 고려한 국적 및 영주제도 개선 2. 체계적인 이민자 사회통합프로그램 운영 3. 국제결혼 피해방지 및 결혼이민자 정착 지원
3. **인권**	차별 방지와 문화 다양성 존중	1. 자립과 통합을 고려한 국적 및 영주제도 개선 2. 체계적인 이민자 사회통합프로그램 운영 3. 국제결혼 피해방지 및 결혼이민자 정착 지원
4. **안전**	국민과 외국인 이 안전한 사회구현	1. 이민자 인권존중 및 차별방지 제도화 2. 다양한 문화에 대한 사회적 관용성 확대 3. 국민과 이민자가 소통하는 글로벌 환경조성
5. **협력**	국제사회와의 공동발전	1. 안전하고 신뢰받는 국경관리 2. 질서 위반 외국인에 대한 실효적 체류관리 3. 불법체류 단속의 패러다임 다변화

(좌측 세로 제목: 정책 목표 및 중점 과제)

출처: 법무부

<그림 7> 제2차 외국인정책 기본계획 정책 목표 및 중점과제

2. 주요 추진 과제

앞의 <그림 6>과 <그림 7>에서 나타나듯이 제2차 외국인정책 기본계획의 주요 추진과제는 다섯 가지로 구분되어 있다. 경제활성화 지원과 인재 유치, 대한민국의 공동가치가 존중되는 사회통합, 차별방지와 문화 다양성 존중, 국민과 외국인이 안전한 사회구현, 국제사회와의 공동발전 국가경쟁력 강화로 정책목표로 삼았다.

1) 경제활성화 지원과 인재 유치: 개방

첫 번째 정책목표인 경제활성화 지원과 인재유치는 외국인의 투자, 소비, 관광 활성화를 위한 개방 확대이다. 최근 3년간 관광산업이 성장하고 있는 등 현재 나타나고 있는 문호개방의 긍정적 효과가 투자, 소비, 고용촉진 등 내수활성화로 이어질 수 있도록 구매력을 가진 외국인의 유입을 촉진하는 것이다. 또한 대한민국 국익에 기여할 수 있는 글로벌 인재의 유치 지원에서는 기업과 사회에 필요한 전문외국인력에 대해 인센티브를 제공한다. 그러나 미숙련인력 도입은 내국인 고용대체와 산업경쟁력을 고려하여 적정한 규모로 결정한다. 반면 잠재적 한국형 인재인 유학생을 적극적으로 유치하기 위해 범정부적 종합 대책 추진하고 있다.

다음의 <표 12>에서 <표 13>은 첫 번째 정책목표인 경제활성화 지원 인재유치 중점과제에 대한 내용이다.

<표 12> 내수 활성화 기여 외래 관광객 유치

◎ 출입국심사 서비스 고도화
 - 지문·얼굴인식 등을 통한 신속·편리한 출입국심사 서비스 기반 확충(법무부)
 - 외국과의 협정체결을 통한 자동출입국심사 상호이용 확대(법무부)
 - 외국인 환승 관광 활성화(법무부, 문화부, 국토부)
◎ 비자제도 개선을 통한 외국인 유입 촉진
 - 무비자입국제도 확대(법무부)
 - 공항만 도착비자 발급 확대(법무부)
 - '비자신청대행서비스' 확대 운영(법무부, 외교부)
 - 국·내외 청년의 상호 문화·관광체험 기회 확대(외교부, 법무부)
◎ 글로벌 헬스케어 활성화 지원
 - 의료관광 비자 제도 개선(법무부, 문화부)
 - 의료관광 유치업체 지원(복지부, 문화부, 법무부)
 - 의료관광 전문인력 양성 확대(복지부, 문화부)
 - 의료관광객 유치 기반 구축(복지부, 문화부)
 - 한국 의료서비스 대외 인지도 제고(복지부, 문화부, 법무부)

<표 13> 국가와 기업이 필요한 해외 인적자원 확보

◎ 해외 전문인력 유치 지원
  - 우수인재에 대한 온라인 비자 발급(법무부, 지경부)
  - 기업수요에 부응한 해외 전문인력 유치 활동 전개(지경부)
  - 기초과학 분야 우수 과학자 및 연구자 유치 지원(교과부)
  - 우수기술인력의 한국생활 적응 지원(법무부)
◎ 중소기업 외국인력 도입 합리화
  - 비전문인력의 숙련기능인력으로의 발전 지원(법무부, 고용부)
  - 중소기업 기술개발에 필요한 인력발굴 지원(중기청, 법무부)
  - 비용·편익분석을 통한 인력도입 규모 결정(고용부, 법무부)

<표 14> 미래 성장동력 확충을 위한 유학생 유치

◎ 우수 외국인 유학생 유치 기반조성
  - 국제장학프로그램(GKS: Global Korea Scholarship)의 전략적 추진(교과부)
  - 우수유학생 유치 전담기관 지정·육성(교과부)
  - 유학생 한국생활 여건 개선(교과부, 문화부)
  - 해외 유수의 교육기관 및 해외학자 유치 확대(교과부)
◎ 유학생 관리 및 활용 강화를 위한 기반 확충
  - 외국인 유학생 유치·관리역량 인증제 정착(교과부, 법무부)
  - 글로벌 유학생 채용박람회 개최(교과부, 지경부)

<표 15> 지역 균형발전을 촉진하는 외국인 투자 유치

◎ 투자이민제도 확대
  - 투자이민제도 적용지역 확대(법무부, 지경부)
  - 투자이민제도 투자 유형의 다양화(법무부, 지경부)
◎ 외국인 투자여건 개선
  - 글로벌 수준에 맞는 규제완화 지속 추진(지경부)
  - 성과 중심의 외국인 투자 개발 활성화(지경부)
  - 한국형 경제자유구역 개발모델 도출 및 확산(지경부)
---

2) 대한민국의 공동가치가 존중되는 사회통합: 통합

대한민국의 공동가치가 존중되는 사회통합으로 이는 건전한 국가 구성원 육성을 위한 사회통합 기반을 강화하는 것이다. 이에 따른 영주 및 귀화제도의 개선을 통해 외국인들이 건전한 국가구성원으로 편입될 수 있도록 국가정체성을 제고한다. 그렇지만 다수의 귀화자가 국민으로서의 귀속감보다는 장기 체류, 가족초청 또는 복지혜택 수급 등을 목적으로 귀화하고 있는 것이 현실이다. 이러한 현실에서 이민자 사회통합을 위하여 기본소양을 강화하고 국가구성원이 되는 과정을 체계화하는 등 '사회통합프로그램 이수제'의 활성화이다. 또한 체계적이고 균형 잡힌 이민자 정착 지원은 결혼이민자에게 편중되고 있는 이민자 지원 문제를 해결하고 국민이 공감할 수 있도록 지원대상의 다양화 및 체계화에 중점을 두고 있다. 아울러 지역사회 및 자기발전을 위해 자발적인 통합의지를 가진 이민자에 대해 복지지원 등 혜택을 부여한다. 이민자 2세 자녀의 성장기적 특수성을 감안하여 정체성 혼란 없이 성장해갈 수 있도록 교육·복지·생활환경을 조성한다. 다음의 <표 16>에서 <표 17>은 두 번째 정책 목표인 대한민국의 공동가치가 존중되는 사회통합에 대한 중점과제 내용이다.

<표 16> 자립과 통합을 고려한 국적 및 영주제도 개선

◎ 국적취득 시 기본소양 등 자격요건 강화
 - '영주자격 전치주의' 도입(법무부)
 - 귀화허가 신청자 기본소양 평가 강화(법무부)
◎ 국적절차와 사회통합프로그램 연계 강화
 - '한국이민귀화적격시험 (KINAT)*' 개발 운영(법무부)
  ※ 한국이민귀화적격시험(KINAT; Korea Immigration and Naturalization Aptitude Test) :
   사회통합프로그램 종합평가를지 칭하며, 합격자에게 KINAT 증서 발급
◎ 사회통합프로그램 운영기반 확충
 - 사회통합프로그램 운영기관 확대(법무부)
 - 사회통합프로그램 운영기관의 기능 강화(법무부)
 - 사회통합프로그램 전문인력 양성체계 정비 및 표준화(법무부, 문화부)
 - 사회통합프로그램 온라인 교육 확대(법무부)
◎ 사회통합프로그램 운영관리 종합시스템 구축
 - 사회통합정보망(Soci-Net) 운영 활성화(법무부)
 - 전자지문 출·결석 관리 시스템 도입(법무부)

◎ 비자심사 강화 및 결혼중개업체 관리 강화
- 국제결혼 비자심사 기준 강화(법무부)
- 위장결혼 방지를 위한 체류관리 강화(법무부)
- 결혼중개업체에 대한 관리감독 강화(법무부, 여가부)
◎ 결혼이민자의 한국생활 초기적응 지원
- 결혼이민자에 대한 개인별 맞춤 지원(여가부)
- 결혼이민자 가족 초청 및 취업 허용 추진(법무부)
- 결혼이민자에게 자녀 양육관련 정보제공(여가부)
◎ 결혼이민자의 경제자립 역량 강화 지원
- 결혼이민자 맞춤형일자리 참여 확대(고용부, 여가부, 문화부)
- 농촌지역 결혼이민자의 영농정착 교육(농식품부)
- 취업교육 참여자에 대한 재정지원(고용부)
- 일자리 창출에 기여한 사회적기업에 재정지원(고용부)

<표 17> 이민배경 자녀의 건강한 성장환경 조성

◎ 이민배경 자녀의 초기적응 지원
- 이민배경 자녀를 위한 한국어 교육(문화부, 교과부)
- 이민배경 자녀의 공교육 진입 강화(교과부, 법무부)
- 중도입국자녀의 한국사회 적응 지원(법무부, 교과부)
◎ 이민배경 청소년의 진로·진학지도 강화
- 이주배경 청소년을 위한 'Rainbow School*' 운영(여가부, 문화부)
  ※ Rainbow School : 이주배경 청소년(9세~24세)을 대상으로 전일제(주 5일, 4개월),
    방과후 과정, 여름과정, 주말과정을 운영하고 있으며, 교육 내용은 한국어, 한국생
    활문화, 정체성, 편입학 및 진로지도, 취업연계 등
- 이민배경 청소년의 직업교육 강화(고용부, 교과부)
- 이주배경 청소년의 참여 및 교류 비율 가이드라인 마련(여가부)
- 지역사회에서의 이주배경 청소년에 대한 상담·복지 확대(여가부)
- 이민배경 청소년의 진로·진학상담 활성화(교과부)

<표 18> 사회통합을 위한 기금 조성 등 인프라 구축

◎ 사회통합 관련 재원 마련
- '사회통합기금(가칭)' 제도 마련 중장기 추진(법무부)
◎ 이민자 사회참여 기반 확대
- 정책결정 과정 참여 확대 노력(부처 공통)
- 출신국가별 자발적 자조모임 형성 및 쌍방향 사회통합(법무부)
◎ 지역사회 주민으로서의 외국인주민 정착지원
- 지자체 외국인주민 전담부서의 업무 전문성 제고(행안부, 법무부)
- 사회통합프로그램과 각종 지원시책 연계(법무부, 행안부)

3) 차별방지와 문화다양성 존중: 인권

제2차 외국인정책 기본계획의 세 번째 정책목표는 차별방지와 문화다양성 존중으로 갈등해소를 위한 외국인 차별 방지 제도화 정착이다. 이는 외국인의 체류자격에 따른 법적지위를 명확히 하는 한편출신지역·인종 등에 따른 차별을 방지하기 위한 법제정을 추진하여 우리 사회 내 잠재적 갈등 요인 해소 및 미래지향적 사회통합을위한 토대를 마련한다. 또한 다양한 문화에 대한 사회적 관용성을제고하여 이민자의 증가에 따라 수반되는 차이와 다양성을 공감하는 것이다. 국민과 이민자 간에 발생할 수 있는 갈등과 편견을 조정하고 해소할 수 있도록 체계화된 방송·교육프로그램을 개발하고문화적 소통 공간을 마련하는 데에 있다. 다음의 <표 19>에서 <표 20>은 세 번째 정책목표인 차별방지와 문화다양성 존중에 대한 중점과제 내용이다.

<표 19> 이민자 인권존중 및 차별방지 제도화

이민자 인권존중 및 차별방지 제도화
◎ 이민자 차별방지를 위한 법·제도 개선
　- 「차별금지 기본법(가칭)」 제정(법무부)
　- 「외국인처우 영향평가제(가칭)」 도입(법무부)
　- 체류자격에 따른 외국인 권리와 의무 규정(법무부)
◎ 이민자 인권침해 예방 및 구제 절차 강화
　- 인권침해 외국인에 대한 체류허가 확대(법무부)
　- 외국인근로자의 인권보호(고용부, 법무부)
　- 여성이민자의 인권보호(법무부, 복지부, 여가부)
　- 이민배경 아동의 인권보호(법무부, 교과부, 문화부, 복지부, 여가부)
◎ 인도주의적 지원 확대
　- 인도적 외국인 의료서비스 제공(복지부, 법무부)
　- 행려 외국인 등에 대한 관리 체계 구축(법무부, 복지부, 행안부)
　- 정부합동 고충상담 실시(법무부, 교과부, 행안부, 고용부, 여가부, 농식품부)

<표 20> 다양한 문화에 대한 사회적 관용성 확대

◎ 문화다양성 이해 제고
 - 문화다양성 교육 프로그램 확충(문화부, 법무부, 여가부, 농식품부)
 - 초·중·고 및 대학의 문화다양성 이해 역량 강화(교과부, 문화부)
 - 부처간 다문화 인식개선 사업 협력체계 구축(문화부, 법무부)
 - 이민자와 국민 간 문화예술 네트워크 구축(문화부)
◎ 지역주민과 함께하는 '세계인의 날' 활성화
 - 지자체 중심의 '세계인의 날' 운영(법무부, 행안부)
 - '세계인의 날' 중장기적 활성화 방안 마련(법무부, 문화부, 행안부)
◎ 문화다양성 컨텐츠 개발·활용 지원
 - 방송 등 미디어를 활용한 문화다양성 이해 증진(문화부)
 - 문화다양성 관련 우수사례 발굴 지원(문화부)
 - 문화다양성 관련 자료의 데이터베이스 구축 및 활용(문화부)

<표 21> 국민과 외국인이 소통하는 글로벌 환경조성

◎ 외국인 집중거주지 생활환경 개선
 - 외국인주민 밀집지역 종합·체계적 지원(행안부)
 - 외국인주민 밀집지역에 대한 특화발전 유도(행안부)
◎ 외국인 생활편의 제공을 위한 민원제도 개선
 - 외국인종합안내센터(1345) 서비스 개선(법무부)
 - 외국인을 위한 전자민원 서비스 강화(법무부)
 - 민원서류 외국어지원서비스 확산(행안부)

4) 국가 안정을 위한 과학적이고 효과적인 국경관리: 안전

제2차 외국인정책 기본계획의 네 번째 정책목표는 국가 안전을 위한 과학적이고 효과적인 국경관리이다. 즉 테러·밀입국 등 초국가적 외국인 범죄에 대한 효과적인 대응체제를 구축하기 위해 공항 도착 이전에 승객정보를 분석한 후, 문제 인물의 입국을 사전에 차단하기 위한 사전관리 체제를 강화하는 것이다. 아울러 해상을 통해 이루어지는 밀·출입국 방지를 위한 취약 항·포구 관리 시스템개발, 유기적인 밀입국방지 대책 수립 등 외국인 범법 행위 예방을 위한 대응능력을 강화 또한 국경관리의 일환이다.

이에 따라 법질서가 지켜지는 체류환경을 조성하여 외국인의 공공질서 준수 및 공중도덕 의식 함양을 위한 지속적인 교육·홍보 및 사회·경제 질서위반 행위를 방지하기 위한 실효적인 체류관리 수단을 마련한다. 또한 사업주가 불법체류외국인를 고용하지 않도록 불법고용 예방을 위한 교육과 홍보를 강화하고 불법체류외국인 고용사업장에 대해서는 적극적인 단속을 추진하여 불법체류 및 불법고용 방지를 위한 환경 조성에 중점을 두었다.

<표 22> 안전하고 신뢰받는 국경관리

◎ 공항 출입국관리 강화
- 환승구역 관리 강화(법무부)
- 위험인물 탑승 사전방지를 위한 시스템 도입(법무부)
- 안전하고 효율적인 공항 출입국심사 관리(국토부, 법무부)
◎ 항만 출입국관리 강화
- 체계적인 선박 출입국심사 시스템 구축(법무부)
- 유기적인 밀입국방지 대책 수립(해경청, 법무부)

<표 23> 질서 위반 외국인에 대한 실효적 체류관리

◎ 질서위반 외국인의 실효적 제재를 위한 기반 구축
- 관계기관간 기초질서 위반 정보 공유(법무부, 행안부, 경찰청)
- 기초질서 위반자 및 체납자에 대한 체류관리 강화(법무부)
◎ 외국인 대상 법질서 교육 강화
- 체류외국인 '기초 법·제도 안내프로그램' 시행(법무부)
- 고용허가제 근로자에 대한 기초질서 교육 및 홍보(고용부, 법무부)
◎ 외국인 집중 거주지에 대한 질서 확보
- 기초질서 준수에 대한 계도 및 홍보 강화(경찰청, 법무부, 행안부)
- 외국인 집중지역 대상 치안활동 강화(경찰청, 법무부, 행안부)

<표 24> 불법체류외국인 단속 패러다임 다변화

◎ 불법체류외국인 단속역량 강화
 - 불법체류외국인 단속 사전예고제 병행 추진(법무부)
 - 광역 단속시스템 및 기동단속팀 운영(법무부)
◎ 불법고용 근절 기반 조성
 - 외국인 불법고용주 제재 강화(법무부)
 - 외국인근로자 불법 직업소개 근절(고용부, 법무부, 행안부)
◎ 외국인 불법행위에 대한 기획조사 강화
 - 불법체류 브로커, 허위초청 등에 대한 기획조사 강화(법무부)
 - 단속·조사 직원의 수사 역량 강화(법무부)

<표 25> 외국인에 대한 종합적인 정보관리 역량 제고

◎ 외국인 주민 현황(통계) 관리 정확성 제고
 - 체류지 정보 정확성 확보방안 마련(법무부)
 - 지자체의 외국인주민 현황(통계) 관리 강화(행안부, 법무부, 경찰청)
 - 체류외국인 실태조사(법무부)
◎ 통합이민정보시스템 구축 등 외국인 정보의 체계화
 - 법무부와 재외공관과의 비자업무 시스템 일원화(법무부, 외교부)
 - 통합이민정보시스템 구축(법무부)

5) 국제사회와의 공동발전: 협력

제2차 외국인정책 기본계획의 다섯 번째 정책목표는 국제사회와의 공동발전으로 개도국과의 공동번영을 고려하는 이민정책의 추진을 목표로 삼았다. 우리나라는 원조를 받던 최극빈 개도국에서 공여국으로 전환된 최초의 국가로서, 우리나라 정책이 개발도상국에 미치는 영향을 고려하여 '공동번영'할 수 있는 이민정책 영역을 발굴하고 연계 필요성이다. 이에 따른 난민 등 소수자 권익보호 향상 및 동포사회와의 교류 확대와 난민신청자의 지속적 증가에 대응하여 국격에 부합하는 난민 정책 추진 및 관련 인프라를 구축한다. 아울러 재외동포사회와의 교류와 협력을 확대함으로써 국가발전의 인적

자원으로 육성하고, 그들이 본국의 발전에 기여할 수 있는 방안 마련한다. 다음의 <표 26>에서 <표 27>은 세 번째 정책목표인 국제사회와의 공동발전에 대한 중점과제 내용이다.

<표 26> 이민자 출신국, 국제기구 등과의 국제협력 강화

◎ 이민관련 국제 협의체 참여 확대
- 출입국 다자간 국제협력체계 유지(법무부)
- 인적교류 활성화를 위한 이민당국간 협력 강화(법무부)
◎ 귀환 이민자의 성공적 본국 재정착 지원체계 구축
- 취업기간이 만료된 외국인근로자의 자진귀국 유도(고용부, 법무부)
- 고용허가제 만기도래자 귀국에 대한 송출국 책임 강화(고용부, 법무부)
◎ 개발도상국 우수인재 양성 지원
- 인적자원 개발을 위한 인재양성 프로그램 단계적 개발(외교부, 법무부)
- 개도국 우수인재 초청연수·교육 지원(외교부, 교과부)

<표 27> 국가 위상에 부합하는 난민정책 추진

◎ '재정착희망난민'제도 도입
- '재정착희망난민' 수용 추진(법무부, 외교부)
- 국내 정착이 허용된 재정착희망난민에 대한 적응지원(복지부, 행안부)
◎ 체계적 난민심사 시스템 구축
- 난민신청자의 절차적 권리 보장(법무부)
- '난민심사관' 제도 도입(법무부)
- 난민이의신청 전담기구 설치(법무부)
- 난민심사 전문교육 및 훈련프로그램 운영(법무부)
◎ 난민신청자 등에 대한 국내 정착지원
- 난민신청자와 난민인정자의 처우 개선(법무부, 복지부, 교과부)
◎ 외국국적 동포의 자유로운 출입국과 귀환지원
- 외국국적동포의 자유왕래 및 경제활동 보장 확대(법무부)
- 외국국적동포 대상 '맞춤형' 귀환지원 프로그램 시행(법무부)
◎ 국내와 재외동포 사회와의 교류확대 지원
- 국내기관과 재외동포사회와의 인적 교류 확대(외교부)
- 국외입양인의 모국과의 관계유지 강화(복지부)
- 재외동포에 대한 모국어 등 민족문화 교육사업(외교부, 문화부)
- 재외동포 우수인력 데이터베이스 운영 및 활용(외교부)

이와 같이 제2차 외국인정책 기본계획까지 살펴보았다. 제2차 외국인정책 기본계획의 구체적인 내용은 대한민국 정책브리핑 사이트 자료를 참조하기 바란다. (https://www.korea.kr/archive/expDocView.do?docId=33468).

이와 같이 초기의 외국인정책 기본계획의 수립을 살펴보는 것은 한국의 이민정책의 방향성이 어떻게 출발하였는지에 대해 판단할 수 있다. 그래서 본 고에서는 초기 외국인정책 기본계획을 비교적 구체적으로 법무부의 제1, 2차 외국인정책 기본계획의 내용을 충실하게 반영을 하였다. 이후 외국인정책 기본계획에 대한 상세한 자료는 법무부 출입국·외국인정책본부 https://www.immigration.go.kr/immigration/index.do 사이트를 참조하기 바란다.

제3장

한국의 결혼이민자 정책

Ⅰ. 결혼이민자의 특성

1. 결혼이민자의 정의

결혼이민자의 개념은 다양하게 정의된다. 먼저 국내법에서는 이민자에 대해 남녀의 구분을 하지 않고 '결혼이민자'라는 용어를 사용하고 있다. 재한외국인 처우기본법의 제2조 제3호는 결혼이민자를 대한민국 국민과 혼인한 적이 있거나 혼인관계에 있는 재한외국인으로 정의하고 있다.

한국인 남성과 결혼하여 국내에 거주하는 외국인 여성을 의미하는 말은 '여성 결혼이민자', '결혼이민자 여성', '결혼이주여성', '외국인 주부', '외국인 출신 주부', '국제 결혼한 외국인 여성', '다문화가정 주부'와 같은 여러 가지 용어로 사용되고 있다. 이 중에서 가장 많이 사용되는 용어는 '다문화가정 주부', '결혼이민자'와 '이주여성'을 들 수 있다.

김민정 등(2006)은 최근 한국 상황에서는 결혼을 통해 한국에 온 외국인 배우자가 여성인지 남성인지에 따라 결혼의 성격이 크게 차이가 나기 때문에 성별이 구분되는 용어가 보다 적합할 수 있다고 하였다. 아울러 외국인 아내의 경우 결혼을 선택한 맥락에서 이주가 중요한 요인이므로 '결혼이주여성'이란 용어를 사용한다고 하였다. 결혼을 통한 이주가 곧바로 국적취득과 같은 이민의 성격으로 이어지지 않는 상황과 초국가적 성격이 강해지는 이주자의 정체성을 고려할 때 '이민자'라는 용어의 사용은 좀 더 논의해 볼 여지가 있으며, 따라서 '결혼이주여성'이라는 용어가 유용하다고 하였다. 이러한 견해는 국가 간 이동이 과거에는 노동 송출국에서 노동 유입국 유형의 한 방향으로, 영구적으로 움직이는 이민이 대표적인 현상이었다고 볼 수 있다. 그러나 최근에는 양방향으로, 그리고 일시적으로, 움직이는 이주가 대표적인 현상이 되었기 때문에 이주라는 용어를 사용하는 것이 적절하다는 이혜경(2005)의 주장과 일치한다.

이에 반해 설동훈 등(2005)은 국내인권단체에서 '이주여성'이라는 용어를 흔히 사용하지만 이주여성은 여성 외국인근로자, 여성 결혼이민자, 성매매 종사 외국인(또는 이민자) 여성, 국제적 인신매매 피해 여성을 아우르는 복합 개념이라고 하였다. 그래서 결혼이민자를 지칭하는 용어로 적절하지 못하며, '결혼이주여성'이라는 표현을 사용할 수밖에 없다고 하였다. 하지만 이렇게 되면 그 대립쌍인 '남성 결혼이민자'를 '결혼이주남성'이라고 표현할 수밖에 없으므로 이런 용어상의 문제점을 해결하기 위해 국제 용례를 쫓아 '결혼이민자'라는 개념을 채택하였다고 한다. 한건수(2006)도 결혼이민자라는 용어를 사용하고 있는데, 이 용어를 사용하는 이유는 첫째, 공식적인 이민을 허용하지 않는 한국사회에서 실질적 이민이 진행되고 있다는 점이다. 둘째, 이들이 한국 국민으로서 한국사회에 편입되고 있는 현실을 강조하고 있다. 셋째, 기존 연구들에서 한편으로 간과되어온 이민자가 겪는 사회문화적 갈등과 적응을 강조하려는 의도에서라고 설명하였다. 따라서 '결혼이민자'라는 표현은 법적용어로서의 의미뿐만 아니라 성비불균형에 따라 국제결혼이 지속될 것으로 보이는 한국의 국제결혼을 감안하는 사회통합 정책에도 부합한다.

2. 국제결혼의 특성

국제결혼은 한국사회의 주류적인 현상이 아니었기 때문에 그에 대한 연구나 제도적 기반이 취약한 상태였다. 그러나 2000년대 이후 국제결혼이 증가하면서 국제결혼에 대한 학계의 관심도 높아져 인류학, 사회학, 사회복지학 등의 분야를 중심으로 다양한 연구가 수행되고 있다. 국제결혼에 대한 이론은 '결혼'이라는 특성과 '국제 이민자'라는 특성이 동시에 고려한다. 이에 대한 이론은 Cretser와 Leon(1982)이 사회적 차원에서 국제결혼을 이해하기 위한 4가지 주요한 접근방향으로 동화이론적 관점, 다원론적 관점, 심리학적 관점, 인구통계학적 관점에서 논의할 수 있다. 그러나 다원론적 관점은 미국인의 가치에 가장 일치하는 것으로서 Glazer(1993)는 다른 인종에게 적용될 수 없는 것이라고 비판한 바 있다.[10] 이는 수용할 만하기 때문에 동화이론적 관점과 심리학적 관점, 인구통계학적 관점에 대해 살펴보겠다.

---

[10] 다원론적 관점은 구차순(2007), "결혼이주여성의 적응에 관한 근거이론연구", 부산대학교 대학원 박사학위논문, pp.54-56 참조.

1) 동화이론적 관점

동화이론적 관점의 국제결혼은 앞서 살펴본 동화이론의 관점에서 흡수를 전제로 하는 동화주의와 밀접한 관련이 있다. Gordon(1964)은 소수 집단이 지배사회에서 직업의 기회나 다른 기회를 획득하려고 경쟁하기 위해서는 앵글로 일치주의(Anglo-conformity)를 강조한다.

첫 번째 단계는 지배문화를 배워야한다는 것을 강조하였다. 이것은 직장에서 옷을 제대로 차려 입는 것, 인사하는 법, 말을 거는 법, 자신의 사업 분야에서 특정사람과 상호작용하는 법을 배워야하는 것을 의미하며, 직업과 관련한 노골적이면서도 은유적인 많은 규칙을 의미한다.

두 번째 단계는 구조적인 동화다. 이차 구조적 동화는 소수 집단이 거대한 관료구조와 교육적, 정치적 제도로 진입하는 것을 말한다. 반면 일차 구조적 동화는 소수집단이 지배집단과 보다 친밀해지는 것으로, 예를 들면 지배집단 내의 친구집단이나 파벌집단으로 들어가는 것을 말한다. 이와 같이 구조적인 동화가 이루어지면 다음 단계인 결혼 동화가 잇따라 나타나게 된다. 왜냐하면 사람들은 그들의 주된 관계에서 배우자를 선택하기가 쉽기 때문이다.

세 번째 단계는 정체성 동화로 주류 국가에 기반을 둔 국민의식이 특징이다. 태도수용 동화는 편견이 없는 것으로 특징지어지며, 행동수용 동화는 차별이 없는 상태에서, 마지막으로 시민으로서의 동화는 가치 갈등이 없는 상태에서 이루어진다.

Marson(1950)은 Gordon 동화모델의 단선적인 관점을 비판하였다. 만약 문화적응과 결혼동화 관계가 엄밀한 것이라면, 국제결혼은 미국에서 가장 오래 거주한 집단들 간에서 가장 많이 이루어져야 한다는 것을 강조하였다. 대신 Marson의 연구에서는 Scotch-Irish가 비교적 높은 내부결혼(inmarriage)을 유지하고 있음을 발견하였다. 그리고 국제결혼을 촉진하는 요인으로 높은 교육수준, 중산층, 중간소득, 전문직과 재산이 있는 부유한 직업인, 2세대와 3세대, 그리고 시골의 비농 거주인 등임을 보고하였다. 또한 결혼은 사회적 지위와 종교에 의해 조성된다고 믿었다. 그리하여 사회적 지위의 수준과 종교적으로 수준이 같은 결혼은 배우자의 인종, 민족, 국적배경에도 불구하고 계속 유지되는 것으로 기대된다.

2) 심리학적 관점

이민족간 결혼에 대한 심리학적 관점을 가진 학자들은 국제결혼의 원리가 동화나 인구통계학 또는 계층적 특성보다는 심리적인 요인과 더 관계가 있다고 믿는다. 본질적으로 이 이론은 국제결혼을 하나의 일탈유형으로 보고 정신병리학이 그 원인을 제공한다고 간주한다.

Grier와 Cobb(1968)은 심리학적인 관점에서 국제결혼은 부적절하게 억압된 결과이며, 반대 성의 부모에 대한 잠재의식이 표출된 것이라고 보았다. 즉 반대 성의 부모와 다른 인종과 결혼하는 것은 사회적으로 용납되지 않는 충동을 피하기 위한 방법이라는 것이다(Shon, 2001). Biegel(1966)과 Brayboy(1966)는 각각 자부심과 죄의식이 국제결혼의 핵심이라고 주장하였다. 즉 손상된 자존심을 가진 백인이 타인종과 결혼을 할 경향이 보다 많은데, 왜냐하면 그는 단지 백인이 아닌 배우자하고만 결혼할 자격이 있다고 느끼기 때문이라는 것이다. 또한 타인종과 결혼한 백인은 주류집단의 한 구성원으로서 소수민족 집단에 대한 편견의 역사, 인종차별, 그리고 억압에 대한 책임을 지고 처벌을 받아야 한다고 느끼기 때문이라는 것이다.

이에 대해 Cretser와 Leon(1982)은 심리학적 관점이 대부분 사변적(思辨的)이며 부적절하게 정의된 개념을 가지고 있다고 지적하였다. 또한 Porterfield(1978)는 흑인과 백인 간 결혼 표본을 통해 이 집단의 결혼 동기는 전통적인 결혼을 하는 사람들과 다른 점이 나타나지 않는다고 지적하여 타인종 간 결혼의 원인을 심리학적인 관점으로 해석할 수 없다고 하였다. 실질적으로 이러한 심리학적인 설명을 실증해 내기는 어렵다. 만약 국제결혼한 사람들에 대해 자기보고를 통해 조사한다면, 이들이 그들 결혼의 주요한 심리적인 이유에 대해 자기반성으로 인식할 수 있는 능력을 지니고 있어야 한다.

3) 인구통계학적 관점

인구통계학적 관점에 기초했을 때 동화이론과 가장 관계있는 이론은 근접성(Propinquity)이론이다. 근접성이론은 집단 간의 물리적인 근절이 상호작용과 집단 간의 결혼을 촉진한다는 이론이다. 이 이론의 가설은 Kitano 등(1998, p.250)이 지적한 것처럼 그 지역에 오래 거주하면 문화적응이 된다는 것이다.

인구통계학적 관점에서는 타민족과의 결혼이 성비율이나 지역사회의 집단크기와도 관계가 있다고 본다. 이것은 타민족 간의 결혼을 동종집단 내의 성비와 소수집단 크기의 불균형의 결과로 보는 것이다. 예를 들면 특정 인종이나 민족배경을 가진 집단에서 남성보다 여성의 수가 지나치게 많은 경우에는 그 집단 내에서는 짝이 맞지 않아 국제결혼에 대한 요구가 높아질 것이다. 한국사회의 국제결혼 성립과정 즉 결혼이민자는 배우자 선택과정의 원리인 '결혼경사 현상(marriage gradient)'으로 설명될 수 있다. 결혼경사 현상이란 배우자를 선택할 때 대부분의 여성이 사회·경제적인 측면과 그 외의 여러 가지 면에서 자신보다 나은 수준의 남성을 배우자로 찾는 경향을 말한다. 즉 최상계층의 여성들은 자신들이 갖고 있는 개인적 자원을 통해 결혼에 대해 자유로운 선택과 반응을 보이는 반면, 최하 계층의 남성들은 많은 여성들이 배우자를 선택할 때 원하는 자원을 상대적으로 갖고 있지 못하다는 것이다. 그래서 같은 민족과 국가 안에서 배우자를 찾는데 많은 어려움을 겪게 된다. 한국 남성들은 배우자를 선택할 때 작용하는 개인적 자원의 부족으로 자신의 결혼상대를 국내에서 찾기 어렵게 되면서 한국보다 국가경쟁력이 낮은 국가에서 결혼상대자를 선택하게 된다. 한국의 결혼시장에서 개인적인 자원이 열악한 이들에게 국가적 자원의 우월성은 배우자를 선택할 수 있는 유용한 자원으로 작용하게 되어 독신을 면할 수 있는 하나의 대안으로 국제결혼을 선택하게 되는 것이다. 이러한 현상은 국제결혼을 하는 남성들의 특징을 통해 확인될 수 있다. 국제결혼이 국내의 동질 집단 내에서 결혼 성립이 용이하지 않은 집단, 즉 결혼적령기를 넘긴 높은 연령, 낮은 학력, 초혼보다는 재혼, 도시보다는 농촌, 그리고 낮은 경제적 수준의 남성에게서 빈번히 일어나는 데에 있다. 그래서 결혼경사 현상이 국제결혼에서의 특징이라는 것을 확인할 수 있다(김경신, 2006; 윤형숙, 2004).

Ⅱ. 결혼이민자 정책 도입

1. 결혼중개업 관리

한국의 외국인정책 변화는 크게 세 가지로 구분할 수 있다. 첫째, 국가 간 인적 교류 활성화 및 체류 외국인의 증가이다. 둘째, 저출산과 고령화 등으로 인한 외국 인력 수요의 필요성이며, 마지막으로는 외국인 국내 체류 유형의 다양화와 정주화 현상을 들 수 있다. 이에 따라 사회통합정책 및 다문화수용 등에서 새로운 정책인 사회통합정책에 대한 체계적 수립과 시행이 요구되었다. 결혼이민자, 외국인 투자자, 전문인력, 유학생, 난민, 외국국적동포 등이 영주권 또는 국적을 취득하는 사례가 점점 증가함에 따라 이들에 대한 사회통합정책의 체계적이고 효율적인 수립의 필요성이 대두되었다. 이에 따라 2007년에 재한외국인 처우 기본법 제정이 되었다.

재한외국인 처우 기본법의 제2조 용어의 정의에서 결혼이민자에 대한 정의가 규정되어 있다. 재한외국인은 대한민국의 국적을 가지지 아니한 자, 대한민국에 거주할 목적을 가지고 합법적으로 체류하고 있는 자를 말한다. 또한 재한외국인에 대한 처우는 국가 및 지방자치단체가 재한외국인을 그 법적 지위에 따라 적정하게 대우하는 것이다. 결혼이민자는 대한민국 국민과 혼인한 적이 있거나 혼인관계에 있는 재한외국인을 말한다. 결혼이민자에 대한 재한외국인 처우 기본법의 조문 취지는 이 법에 사용된 주요 용어에 대한 뜻을 명확히 규정함으로써 법률 해석상 혼란 야기를 방지하는 데 있다. 결혼이민자가 국민과 혼인한 적이 있는 자를 포함하는 이유는 다음과 같다. 결혼이민자의 귀책사유 없이 국민과 혼인생활 할 수 없는 경우와 결혼이민자의 귀책사유로 인한 혼인이 종료되었더라도 미성년자를 양육할 경우에 해당된다(국적법 제6조 제3항 및 제4항 규정).

결혼이민자에 대한 정책의 시작은 한국의 농촌 남성의 국제결혼과 도시 빈곤층 등의 국제결혼에서 비롯되었다. 결혼중개업체를 통한 결혼이민자 유입 주요국가로는 중국, 베트남, 필리핀, 몽골, 캄보디아, 태국 등이다. 이에 따라 국제결혼중개업체의 증가도 자연스럽게 이어졌는데, 1992년 한중 수교로 인한 농어촌 남성들과 중국동포 여성들간의 이해관계 일치 현상에서 '농촌총각 장가보내기 운동'[11] 이 지자체의 간접적인 지원으로 이루어졌다. 아울러 한류 및 한국 경제 발전의 영향으로 필리핀 등 동남아 국가 여성들의 결혼 이주로 전체 결혼 건수의 약 10%가 국제결혼으로 나타났다(통계청, 2015). 이에 따른 결혼이민자의 사회 문제도 등장하기 시작하였으며, 2007년 베트남 출신 결혼이민자 여성인 '후안 마이' 사망 사건이 발생하였다. 사망 사건을 계기로 2007년 유엔성차별철폐위원회에서는 한국의 국제결혼을 두고 인신매매성 성격을 가지고 있다는 우려를 표명하였다. 그리고 결혼중개업자의 영세성과 영리 목적의 결혼중개업소가 주를 이루다보니, 수익을 위해 최대한 많은 결혼 성사율을 높여야 했기에 이로 인한 부작용이 발생하기도 하였다. 대부분의 결혼중개업자들은 충분하고 정확한 정보의 제공을 의도적으로 배제하기도 하였다. 게다가 한국 남성의 거액 가입비와 쇼핑식 국제결혼이

---

11) 영화 '파이란': 위장 국제결혼을 엿볼 수 있는 영화로 주인공은 중국 출신으로 한국에 살고 있는 이모를 찾아가라는 어머니의 유언대로 한국에 불법으로 입국한다. 그러나 영화 속 주인공이 찾으려는 이모는 이미 다른 나라로 이민을 간 상태에서 한국에서 불법체류하는 과정을 그린 영화이다. 당시 한국사회의 국제결혼의 또 다른 면모를 알 수 있는 영화로 글쓴이가 독자들에게 한 번 감상하는 것을 권유하고자 한다.

한국사회의 문제로 나타나게 되었다. 결혼이민자는 이렇듯 초기에는 한국으로 유입되는 경로는 주로 결혼중개업을 통해 이루어졌다. 그러나 결혼이민자의 한국사회 정착이 장기화되어감에 따라 결혼 경로는 다양해져서 친구, 친척, 선후배 등을 통한 국제결혼도 증가하기 시작하였다. 2012년 보건복지부의 통계에 따르면 국제결혼중개업자에 의한 국제결혼 비율이 13.4%로 나타났다. 한국에서의 국제결혼은 위장결혼 등으로 인한 인권침해의 문제도 발생하였다. 이러한 문제의 핵심에는 일부 국제결혼중개업자의 영리 목적의 개입이 주를 차지하기 때문에 결혼중개업자의 규제에 대한 요구가 대두되었다. 이러한 원인으로 한국 정부는 2007년에 '결혼중개업의 관리에 관한 법률'이 제정되었다. 이 법의 제1조에는 결혼중개업을 건전하게 지도 관리하고 결혼중개업 이용자의 피해를 예방하여 그 이용자를 보호함으로써 건전한 결혼문화 형성에 이바지함을 목적으로 한다고 명시되어 있다(개정 2016.3.2.). 해외 현지국가의 관계법령에 살펴보면, 베트남, 필리핀 등에서 영리를 목적으로 행해지고 있는 결혼중개업은 불법으로 규정되어 있다.[12] 국제결혼중개행위 불법화 주요 대상국은 국가로는 중국, 베트남, 필리핀, 캄보디아, 몽골이다. 그럼에도 불구하고 결혼중개업은 당시 약 1,000개 정도로 추산되고 있으며, 이들을 통해 외국 현지에서 이루어지고 있는 불법적인 영리를 목적으로 하는 결혼중개업이 사실상 방치되다시피 하였다. 이러한 문제점에 따라 법률 등을 강화하여 2023년 기준 국제결혼중개업체는 346개소에서 운영되고 있다(여성가족부, 2022년 10월말 결혼

---

12) 베트남 68호 명령 제2조: 1. 국제결혼의 보호, 국제결혼을 통한 인신매매, 노동착취, TGJD 폭행 기타 착취행위 금지 2. 이윤을 목적으로 한 결혼중개금지(2007, 한국인권보고대회 자료집)

중개업체 공시 현황).[13]

국제결혼중개업자는 현지 해당 국가 법령을 준수하여야 한다고 '결혼중개업의 관리에 관한 법률'에 명시되었다. 동법 제11조에 따르면 외교부장관은 국제결혼중개업자가 외국의 현지 형사법령을 위반한 경우 이를 보건복지부 장관에게 통보하여야 한다. 또한 동법 제18조 2항에 따라 보건복지부 장관은 이를 다시 시·도지사 또는 시장, 군수, 구청장은 해당 중개업자의 등록을 취소하거나 1년 이내의 기간을 정하여 영업의 정지를 명할 수 있도록 하고 있다. 2010년에는 국제결혼중개업체의 이용자 보호 강화를 위해 동법을 개정하여 결혼이민자의 국내 입국 전 사전정보 제공을 위한 현지 교육프로그램 운영을 3개국 5개 도시에서 운영되었다.

한편 여성가족부 제4차 다문화가족정책 기본계획(2023년~2027년) 초안에서 정착주기별 맞춤형 지원, 자녀 성장단계별 학업 및 진로 지원, 인권보호 및 차별 해소, 다문화가족 지원 기반 강화 등 4대 정책 과제를 추진한다. 국제결혼중개업의 건전성 강화를 위해 법과 제도를 개선하고 국제결혼중개업 관리 및 감독 강화 및 교육을 확대한다. 이에 따른 국제결혼이민관[14]의 역할을 내실화하기 위해 주재국 관계기관과의 협력을 강화하는 차원에서 결혼이민자가 많은 국가에 국제결혼이민관 파견을 확대하는 방안을 검토한다.

---

13) 여성가족부 http://www.mogef.go.kr/mp/pcd/mp_pcd_s001d.do?mid=plc503&bbtSn=704935

14) 국제결혼 피해를 막기 위한 정책 강화의 방안으로 여성가족부는 2011년~2015년까지 베트남 하노이에서 국제결혼이민관을 운영하였다. 잠시 중단하기도 하였으나, 불법 국제결혼 중개와 인권침해 실태를 감시하고 예방하기 위해 2018년부터 국제결혼 비중이 높은 베트남에 다시 국제결혼이민관이 파견되었다. 현재 베트남에 있는 대한민국대사관에 파견 중인 국제결혼이민관을 통해서 베트남 현지에서 일어나는 결혼중개업법 위반사항을 지속적으로 조사하는 등 인권침해 행위에 대해서는 모니터링을 강화하고 있다. 국제결혼이민관은 주베트남 대한민국대사관(하노이) 1명이 파견되어 있다(대한민국 정책브리핑, www.korea.kr).

한국과 결혼이민자 유입형태가 유사한 사례로는 대만을 들 수 있다. 대만은 결혼중개업에 관해서는 영리목적 국제결혼중개업제도를 폐지하고 재단법인이나 비영리사단법인에 의한 결혼중개제도를 도입하여 시행하고 있다. 대만의 출입국 및 이민법에 따르면 국제결혼중개는 영리를 목적으로 할 수 없으며, 보수를 약정하거나 요구하여서도 아니 되고 국제결혼중개와 관련된 광고를 할 수 없도록 규정하고 있다. 이러한 대만의 사례는 한국의 국제결혼중개업에 대하여 시사점을 줄 수 있다.

Ⅲ. 다문화가족지원센터 현황과 프로그램

1. 다문화가족지원센터 현황

1) 다문화가족 현황

<표 28> 한국의 체류외국인 총괄현황

(2022.12.30. 현재, 단위: 명)

구 분	총 계	장기체류			단기체류
		소 계	등 록	거소신고[15]	
2021년 12월	1,956,781	0	1,093,891	475,945	386,945
2022년 12월	386,945	1,569,836	1,189,585	499,270	557,057
전년대비 증감률	14.8%	7.6%	8.7%	4.9%	44.0%
구성비	100%	75.2%	53.0%	4.9%	44.0%

출처: 법무부 출입국외국인정책본부 2022. 12. 통계월보

---

15) "외국국적동포" 거소신고 현황.

<표 29> 결혼이민자 현황 연도별 증감 추이

(2022.12.30. 현재, 단위: 명)

연 도	2017년	2018년	2019년	2020년	2021년	'21년 12월	'22년 12월
인 원	155,457	159,206	166,025	168,594	168,611	168,611	169,633
전년대비 증감률	2.0%	2.4%	4.3%	1.5%	0.0%	-	0.6%

출처: 법무부 출입국외국인정책본부 2022. 12. 통계월보

<표 30> 결혼이민자 국적별 및 성별 현황

(2022.12.30. 현재, 단위: 명)

국적 구분	총계	중국	한국계	베트남	일본	필리핀	태국	미국	캄보디아	기타
전체	169,633	59,499	21,923	39,136	15,366	12,253	7,506	4,801	4,641	26,431
	100%	35.1%		23.1%	9.1%	7.2%	4.4%	2.8%	2.7%	15.6%
남자	33,392 (19.7%)	14,022	8,395	4,031	1,307	580	129	3,350	668	9,305
여자	136,241 (80.3%)	45,477	13,528	35,105	14,059	11,673	7,377	1,451	3,973	17,126

출처: 법무부 출입국외국인정책본부 2022. 12. 통계월보

<표 31> 결혼이민자 거주 지역별 현황

(2022.12.31. 현재, 단위: 명)

계	경기	서울	인천	경남	충남[16]	경북	부산	전남
167,522	51,997	27,339	11,939	10,586	9,773	7,881	7,293	6,611
	전북	충북	대구	강원	광주	울산	대전	제주
	5,921	5,506	5,475	3,845	3,754	3,357	3,355	2,890

출처: 법무부 출입국외국인정책본부 2022. 12. 통계월보

---

16) 세종특별자치시 840명 포함.

2. 다문화가족지원센터 프로그램

1) 한국어교육

한국어교육의 내용은 생활언어를 익히고 문화를 이해할 수 있도록 체계적, 단계별 한국어교육을 실시하는 것이다. 한국어교육의 대상은 결혼이민자와 부모의 재혼으로 인해 중도에 입국하는 자녀들인 중도입국자녀가 주 대상이다. 방문교육은 입국 5년 이하 결혼이민자 및 중도입국자녀 만 24세 미만이 해당된다. 중도입국자녀는 외국에서 태어나 성장하다가 부모의 재혼에 따른 신분상의 변화로 부모를 따라 동반 입국하는 국제결혼 재혼가정 자녀로 한정하고 있다.

세부내용으로는 공통필수와 집합교육필수(한국어교육 1단계, 2단계) 및 방문 한국어 교육이 있다. 선택(예시)은 한국어교육 3,4,5단계, 기초반, 한국어능력시험 대비반 등을 운영하고 있다. 운영방법을 살펴보면, 먼저 집합교육 운영은 1단계에서 4단계 과정 및 특별반 운영하고 있으며, 1단계에서 4단계는 각 100시간으로 총 400시간 운영하고 있다. 반의 구성은 1개 반이 4명 이상으로 구성되고 있으나 군 단위센터는 3명 이상도 교육이 가능하다. 두 번째 방문교육 운영은 운영시간이 주 2회를 하며, 회당 2시간씩 서비스를 제공한다. 서비스 제공기간 1회에 10개월까지를 원칙으로 하고 있으나, 특별한 사유(3자녀 이상의 다자녀 가정, 가족 구성원 중 장애가 있는 가정, 기초수급대상가정, 한부모 가정)가 인정되는 경우는 시/군/구장의 승인 후 추가 1회에 최대 5개월까지 연장이 가능하다.

다문화가족의 국내정착과 자립을 돕기 위해 결혼이민자 정착단계별 지원패키지, 성평등·인권교육 등 기본프로그램과 함께 방문교육

서비스 등 특성화 프로그램을 제공하고 있다. 기본프로그램은 가족, 성평등·인권, 사회통합, 상담 등의 분야 교육을 통해 다문화가족의 국내정착을 지원하고 있다.

다문화가족의 한국어 의사소통 능력 함양 및 사회생활 적응을 지원하고 있다. 이용대상은 결혼이민자, 중도입국자녀에게 서비스제공을 하고 있으며, 센터 또는 지자체 위탁기관에서 운영하고 있다.

방문교육서비스는 지리적 여건 등으로 센터 이용이 어려운 다문화가족을 대상으로 자녀양육 및 자녀생활 지원·한국어교육 등 맞춤형 서비스를 제공한다. 이용대상은 다문화가족 자녀(만3～만12세)에 해당되며, 비용은 이용가족의 소득수준에 따라 자부담이 발생한다.

이중언어 환경 조성은 부모코칭·부모-자녀 상호작용프로그램 등 이중언어를 가정 내에서 활용할 수 있는 다양한 프로그램을 지원하고 있다. 이용대상은 영유아 자녀를 둔 다문화가족에 해당되며, 비용은 무료이다.

자녀 언어발달 지원은 언어발달 지연을 보이는 다문화가족 자녀 대상으로 언어평가 및 1:1 언어 촉진교육을 제공하고 있다. 이용대상은만 12세 이하 다문화가족자녀로 지원기간은 1회에 6개월이며, 최대 3회까지 연장 가능하다(최대 총24개월).

통·번역 서비스는 한국말이 서툰 결혼이민자 및 외국인을 위해 일상생활 및 공공 영역에서 필요한 통·번역(센터별 1～4개 언어) 서비스를 제공하고 있다. 이용대상은 다문화가족 및 다문화가족을 직·간접적으로 지원하는 개인 또는 기관이 대상이다.

사례관리는 다문화가족의 복잡하고 다양한 문제 해결을 위해 대상자를 발굴하여, 심리검사·법률상담·위기가족 긴급지원·외부자원 연계 등 종합적인 서비스를 제공하고 있으며, 이용대상은 센터 이용자가 해당된다.

2) 다문화가족통합교육

다문화가족통합교육의 주요 내용은 첫 번째, 다문화가족구성원 간 가족 내 역할 및 가족문화에 대한 이해 향상교육과 두 번째, 가족, 배우자, 부부, 자녀 등 대상을 세분화하여 적합한 가족관계 증진교육 제공과 세 번째, 언어, 문화차이 등으로 자녀양육에 어려움을 겪고 있는 결혼이민자를 대상으로 하는 부모교육 서비스 제공이다. 마지막으로 학업성취가 낮고 자아, 정서, 사회성 발달에서 어려움을 겪고 있는 다문화가족 자녀에게 자녀생활서비스를 제공하는 데 있다. 다문화가족통합교육 집합교육 대상은 다문화가족으로 방문 부모교육서비스로 생애주기별로 임신/신생아기, 유아기, 아동기로 각 1회 지원하고 최대 15개월까지 총 3회를 지원한다. 세부 내용 중 집합교육시간은 60시간으로 가족교육, 배우자/부부교육, 부모자녀교육, 다문화이해교육이 있고 방문은 부모교육서비스와 자녀생활서비스가 운영되고 있다.

Ⅳ. 다문화가족지원센터 추진체계

1. 용어의 정의

재한외국인 처우에 관한 정책 추진 배경에서의 다문화가족과 관련된 용어의 정의는 다음과 같다.

- 다문화가족: 다문화가족지원법 제2조제1호에 따라 결혼이민자·귀화자와 대한민국 국적 취득자로 이루어진 가족
  해체된 다문화가족의 구성원이었던 자녀에 대하여는 동법 적용 (다문화가족지원법 제14조의 2)
- 한국건강가정진흥원: 전국 다문화가족지원센터에서 시행하는 사업에 대한 프로그램 및 매뉴얼 개발·보급, 인력 양성, 사업 관리 및 평가지원 등 전국 사업 관리 기관
- 다문화가족지원센터: 다문화가족지원법 제12조제1항, 제2항에 의해 설치·운영되는 시·군·구 단위 센터
- 다문화가족지원센터(일반형): 다문화가족지원법 제12조(다문화가족지원센터의 설치·운영 등)에 따라 다문화가족지원사업을 수행하는 기관
- 다문화가족지원센터(확대형): 다문화가족지원법 제12조(다문화가족지원센터의 설치·운영 등)에 따라 다문화가족지원사업 및 기타 법령*에 의한 가족지원사업을 수행하는 건강가정·다문화가족지원 통합서비스 운영기관
  * 기타 법령: 건강가정기본법, 한부모가족지원법 등
- 거점센터: 센터 설치지역을 전국 16개 광역으로 구분하여 센터·

관련기관 간 네트워크 구축, 방문교육지도사 교육, 관할지역 센터 사업지원 등을 수행하기 위해 지정·관리하는 센터

- 다문화가족지원센터 회원: 다문화가족지원센터를 이용하는 결혼이민자, 배우자, 시부모, 자녀(중도입국자녀 포함), 친인척, 외국인근로자, 외국인유학생, 북한이탈주민, 기타 등
- 외부지원사업: 국가 또는 지방자치단체로부터 지원 받아 운영하는 사업을 제외한 모든 사업을 의미함[17]

다문화가족지원센터는 가족센터 등으로 확대되어 운영되고 있으며, 시기와 정책 추진 환경에 따라 기능과 역할이 변화하고 있다.

2. 다문화가족지원 포털 다누리

다문화가족지원 포털 다누리는 한국생활 적응에 필요한 기본정보와 다문화 관련 정보를 13개의 언어로 제공하고 있다.

출처: https://www.liveinkorea.kr/portal/main/intro.do#

<그림 8> 다누리 포털 13개 언어 지원

---

17) 나머지 용어의 정의는 "2020년 여성가족부다문화가족지원사업안내" 자료 참조.

이와 같이 다문화가족지원센터의 사업 목적은 다문화가족의 한국 사회 조기적응 및 사회, 경제적 자립 지원을 도모함에 있다.

<표 32> 다문화가족의 안정적인 정착과 가족생활을 지원

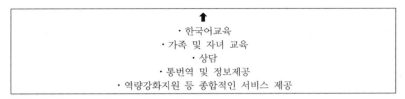

출처: 2021 다문화가족지원센터 별도지원사업 연간결과보고서

<그림 9> 다문화가족지원 체계도

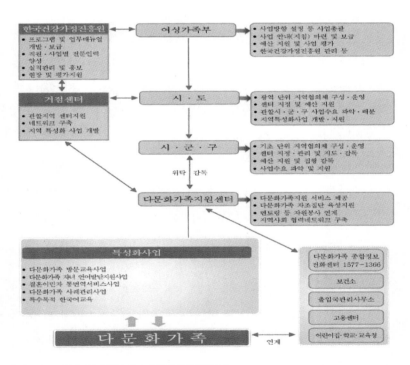

1) 예산 지원방법

다문화가족지원센터의 예산 지원방법은 지자체 경상보조 및 국비(서울 50%, 지방 70% 지원)로 운영되고 있다. 구체적인 사항은 다음과 같다.

- 센터 기본운영비(국비+지방비)
- 차등지원기준(14년): 사업식 실적 70%(센터 이용 실인원 50%, 연인원
- 20%, 관할지역 결혼이민자 및 자녀수 30%
- 방문교육 기본사업비: 방문지도사
- 다문화가족사례관리사 배치 시범사업

다문화가족지원센터의 제12조와 관련된 설치기준은 다음과 같다.
- 입지조건: 다문화가족지원센터는 시설의 적정한 분포와 보건, 위생, 급수, 안전, 환경 및 교통편의 등을 충분히 고려하여 쾌적한 환경에 설치해야 함
- 구조: 센터의 구조 및 설비는 그 시설을 이용하는 사람의 연령별 특성에 맞도록 하고, 일조, 채광, 환기 등 이용자의 보건위생 및 재해 방지 등을 고려해야 함(사무실, 상담실, 교육장, 언어발달교실, 비상재해대피시설

다문화가족지원센터의 운영 유형은 법 제12조 제1항에 따른 지방자치단체가 직접 운영하는 직영센터와 국가 또는 지방자치단체가 센터를 설치하고 운영하는 전문 기관(법인, 단체 등)인 위탁센터를 둔다. 위탁계약기간은 최대 3년이다.
- 사회복지사업법 제2조 제3호에 의한 사회복지법인

- 민법 제32조에 의한 비영리법인
- 공익법인의 설립, 운영에 관한 법률 제2조에 의한 공익법인
- 비영리 민간단체 지원법 제2조에 의한 비영리단체
- 고등교육법 제2조에 따른 학교 및 여성가족부장관이 다문화가족
  지원을 위한 시설 및 전문인력을 갖추었다고 인정하는 법인, 단체

2) 다문화가족지원센터 수탁기관 선정

수탁기관 선정은 공개모집으로 하며, 위탁운영기관 선정절차는
다음의 <그림 10>과 같다.

<그림 10> 위탁운영기관 선정 절차

다문화가족지원센터 수탁기관 선정위원회 구성은 학계, 민간 전
문가, 공무원 등을 포함하여 최소 5명 이상이어야 한다. 단 위탁운영
을 신청한 법인, 단체와 이해관계가 있는 자는 위원에서 배제하며,
위원회의 원활한 회의 운영을 위해 지자체 다문화가족지원사업 부
서장이 당연직 간사를 담당한다.[18]

---

18) 선정기준은 시행령 제12조의 2를 참조.

다문화가족지원센터의 주요 내용은 다문화가족 및 지역사회 주민을 대상으로 제공한다. 교육사업으로는 한국어교육 1단계와 2단계 및 공통필수와 선택 등이 있다. 다문화가족 통합교육으로는 가족의 사소통, 가족관계 향상, 부부/배우자교육, 아버지교육, 다문화 이해 및 인식교육, 법률과 인권교육, 방문 부모 교육서비스, 방문 자녀 생활 서비스가 공통필수로 들어간다. 또한 다문화가족을 위한 취업연계 및 교육지원으로는 취업기초 소양교육과 워크넷 등록 및 연계하고 있다. 이외에 상담사업과 문화사업, 홍보 및 정보제공, 방문교육 서비스 대상자 선발 및 서비스 제공을 원칙으로 한다.

제4장

한국의 외국인근로자 정책

I. 외국인근로자 인력 정책

외국인근로자를 일컫는 용어로서 외국인 노동자(foreign worker), 이주 노동자(migrant worker), 미등록 노동자(nonregistered worker) 등의 표현이 사용된다(전영평 외, 2010).

노동인력이 국외에서 유입되는 경우는 대체로 다음과 같은 다섯 가지로 구분할 수 있다.

첫 번째, 정식이민에 의한 이동으로 미국과 캐나다, 호주 등은 이미 숙련된 노동자이거나 친지가 해당 국가에 정착해 있는 경우 등의 일정한 자격을 요구하고 있다.

두 번째, 단기간의 체류를 빌미로 입국이 허가되는 계약노동자이다.

세 번째, 전문직 종사자로서 다른 국가에서 일하는 숙련 노동자를 말한다.

네 번째, 밀입국하거나 취업과 상관없는 비자, 혹은 비자가 완료되었음에도 귀국하지 않고 불법으로 체류하는 노동자이다.

다섯 번째, 난민이나 비호신청자(refugee and asylum seeker)[19]이다.

우리나라는 사실상 이민이 한정된 국가이기 때문에 첫 번째를 제외한 집단은 한국사회에 일정한 영향을 미치는 인원이라 할 수 있다. 위의 두 번째와 네 번째에 해당하는 외국인근로자는 숙련노동자가 아니기 때문에 한국 실정에서는 저임금의 단순 기능직 종사자로 볼 수 있고 사회정책의 구체적 대상이 될 수 있다. 국제사회에서는 1990년 12월 18일 "모든 외국인근로자와 그 가족의 권리 보호에 관한 국제협약(International Convention on the Protection of the Rights of All Migrant Workers and Members of Their Families, 이하 외국인근로자권리협약이라 약칭함)"을 채택하여 2003년 7월 1일부로 발효한바 동 협약은 외국인근로자와 그 가족을 권리의 향유 주체인 사회적 실체로 인정하고, 그들의 권리 보호를 구체화하고 명문화한 첫 번째 협약이다. 외국인근로자권리협약은 1970년대부터 논의된 불법적인 고용과 처우문제 등에서 비롯되었다. 그리고 협약의 전문에서 나타나듯이 "이주와 관련된 문제들은 불법이주(irregular migration)의 경우에 한층 심각하다는 점에 유의하여, 그들의 기본적 인권의 보호를 보장함과 동시에 외국인근로자의 은밀한 이동과 불법거래를 방지하고 제거하기 위해서는 적절한 조치가 취하여져야 함을 확신하고"라는 부분에서 알 수 있다. 이것은 한 사회에서 차별적인 대우를 받거나 사회적 문제가 야기될 수 있는 점을 제거하고 보호하자는 측면이 강하다고 할 수 있다. 이는 인권뿐만 아니라 정책과도 밀접한 관계를 가질 수 있으며, 외국인근로자는 한국사회에서 정책적 접근이 필요한 외국인 노동자 집단과 일치한다고 할 수

---

19) 난민의 지위에 관한 협약(Convention relating to the Status Refugees)은 정치적 의견을 이유로 박해받을 우려가 있는 사람들을 말하며, 비호신청자는 법적지위와 관계없이 자신의 안녕과 안전을 위해 이주한 사람으로서 보다 포괄적인 의미를 가진다. 따라서 우리사회의 북한이탈주민은 비호신청자(asylum seeker)에 속한다고 볼 수 있다.

있다. 한국사회에서 주로 갈등의 대상이며, 이민정책의 주요대상인 방문인력 및 비전문취업인력을 본 장에서는 법무부 체류외국인 통계에 제시된 용어인'외국인근로자'로 정의하고자 한다.

1. 외국인근로자의 숙련 유형별 구분

한국의 외국인력 제도를 숙련성에 기초한 비자유형에 따라 분류하면 보편적으로 전문취업과 비전문취업으로 나눌 수 있다. 전문취업 비자는 E-1 비자부터 E-7 비자까지를 지칭하고 주로 대졸이상의 자격과 경력요건을 필요로 하나, E-6 비자 중 일부는 제외된다. 그리고 비전문취업은 고용허가제와 방문취업제로 입국한 인력을 의미하고 특별한 기능을 요구하지 않고 수행하는 단순기능인력을 말한다. 숙련 유형별 구분에서 보면 노동시장의 다양한 숙련수요를 감안할 때 숙련에 따른 양분적 구분이 갖는 한계가 존재하며, 전문인력으로 통칭되는 비자 체계 내에서도 다양한 스펙트럼이 존재할 수 있다.

한편 고숙련을 정의하는 일반적인 방법으로는 교육 수준(Borjas, 2003), 직업(Bouvier & Simcox, 1994; Cornelius, Thomas J. Espenshade & Salehyan, 2001)으로 정의하였다. 전문인력 혹은 고숙련 인력은 광범위하게 "고등학교 이후의 교육(tertiary education; 직업 교육 혹은 대학 등과 같은 고등학교 교육)을 이수했거나 전문직 경험이 있는 기술 및 지식 소유자"로 정의되고 있다(Vertovec, 2002). 또한 숙련 유형별 구분에서 전문직은 건축, 회계 및 금융 전문가, 엔지니어, 기술자, 연구자, 과학자, 요리사, 교사, 건강 및 의료 전문가, IT관련 전문가 및 엔지니어 등을 포함한다. 게다가 국제이주기구(International

Organization for Migration)도 전문기술인력 개념을 "입국하려는 국가가 특혜를 제공할 만하다고 인정하는 기술을 보유하고 있는 노동자로서 거주기간, 고용변동 및 가족 재통합에 있어서 제한 요건이 낮은 대우를 받는 사람들을 의미한다."고 광범위하게 정의하고 있다.

외국의 숙련 유형별 구분 사례를 살펴보면,

프랑스는 과학자나 예술가 그리고 IT전문가 및 전문직 인력 등을 학력, 해당 분야의 실제 경력 및 무전과 기록과 같은 특정 요건을 충족시키느냐에 따라 판단하고 있다. 또한 기술분야 범주 외에 기타 전문가로는 과학 혹은 학문연구기관에서 연구 또는 교수를 위해 입국하는 외국인에게 과학분야 체류허가를 주고 있다.

영국 또한 고급기술외국인력 프로그램(HSMP: Highly Skilled Migrant Programme)의 인력 유치를 위한 여러 가지 조치들이 도입되었다. HSMP 프로그램은 교육수준, 직장경력, 과거 수입 및 기타성취를 바탕으로 점수를 매기는 점수제를 기반으로 전문인력을 판단한다. 그러나 이 프로그램은 영국에 필요한 기술을 적절히 유치하지 못하였다는 비판이 제기되었다. 이에 따라 2003년에 직장경력을 보다 강조하는 방식으로 수정되었고 저소득국가 출신자들에게는 소득 하한선을 조정하여 적용하였다.

독일은 2000년 정보통신 분야의 고급전문인력에 대한 취업허가 시행령을 통해 그린카드제를 도입하였다. 고급전문 인력을 판단하기 위해서는 대학이나 전문대학에서 정보기술관련 학과를 전공하여 졸업하였거나 사용자와 근로계약에 연봉 최하 51,000유로를 합의한 것을 증명하도록 되어 있다.

캐나다의 경우는 독립기술인력 프로그램(Independent Skilled Wonder

Program)을 시행하고 있으며, 학력과 직장경험이 있고 정착할만한 잠재력을 지닌 기술 이주자를 선별하고 있다. 미국은 다중 우선순위 제도를 통해 취업이민 비자를 우선순위에 의해 배분하고 있고 순위를 5개의 등급으로 분류하여 각 등급마다 필요한 자격 요건들을 달리하고 있다.

한편 아시아 국가인 일본의 숙련 유형별 구분은 1999년 제9차 고용대책기본계획에서 IT 분야 등 전문직 및 기술직 분야의 외국인 근로자는 적극적으로 유치하는 대신 비숙련 단순기능 인력은 국내노동시장에 부정적인 영향을 미치지 않도록 신중한 접근을 하고 있는 국가라고 할 수 있다.

대만의 사례를 보면 특정 부분을 선정하여 이 부분에만 외국인의 취업이 가능하도록 제한하고 있다. 전문기술인력과 관련된 6개 부문과 단순기능 인력과 관련된 3개 부분을 지정하고 이 부분에만 외국인이 취업하는 것을 허용하고 있다. 아울러 몇몇 국가들은 노동시장에서의 근로자의 시장가치를 전문기술인력을 판단하는 기준으로 삼고 있다.

싱가포르의 경우는 좀 더 체계적으로 숙련 유형을 구분하고 있다. 근로자를 월급수준에 따라 구분하고 있고 월급이 2,500 싱가포르 달러 이상인 근로자를 전문기술직으로 하고, 그 이하를 비숙련직 근로자로 구분하여 비자발급절차나 취업조건 등을 달리하고 있다. 반면 전문기술직 근로자의 경우 이민국이 이민법에 의하여 취업사증(Employment Pass)을 발급하고 있으며, 이들은 입국 및 취업, 체제기간에 제한이 없고 영주권도 희망하면 취득할 수 있는 조건으로 구분하고 있다.

이러한 외국의 외국인력 제도의 유형을 살펴보면, 공급주도적인 외국인력제도외국인력의 유입과정은 인력공급자인 외국인근로자에 의해 주도되며 외국인이 이주를 희망하면 이주를 희망하는 잠재적인 외국인 풀(the pool of potential immigrants)로부터 양질의 외국인력을 선별하기 위한 수입국의 선별절차가 이루어진다. 전문기술, 언어 능력, 자산상태, 교육수준 등 일정한 자격요건을 갖춘 인력을 대상으로 점수제(point system)를 통해 일정 점수 이상인 외국인에 한해 영주와 취업자격이 주어진다. 반면에 수요주도적 외국인력의 수요자인 수입국의 고용주가 외국인의 고용을 허가해 줄 것으로 정부 당국에 요청함으로써 외국인력의 도입과정이 시작되었다. 수입국의 정부는 외국인의 고용이 내국인의 일자리를 잠식하지 않고 내국인의 임금이나 근로조건에 부정적인 영향을 미치지 않는 경우에 외국인의 고용을 허가하며, 고용허가를 받은 고용주는 외국인력을 허가 받은 분야에 허가 받은 인원의 범위 내에서 고용주의 책임하의 외국인을 선별하여 고용한다. 한국의 경우도 수요주도적 국가로 구분되고 있으나 구분이 명확하게 이루어지는 것은 아니다. 저숙련 외국인력으로 일컬어지는 고용허가제는 수요주도적 시스템에 의해 운영되며, 전문기술외국인력제도의 도입 절차도 수요주도적 특징을 갖고 있으나 노동시장 테스트 등의 요건을 부과하지는 않았다.

Ⅱ. 저숙련 외국인력 정책과 고용허가제

1. 저숙련 외국인력 정책 전개과정

한국은 1960년대에서 1970년대까지는 이민송출국으로 독일, 베트남, 중동 등지에 많은 근로자를 송출하여 국내의 취업기회 부족을 메우고 외화를 벌어들인 국가 중의 하나였다. 이러한 국외로의 취업은 빈곤으로부터의 탈출을 위해 이른바 3D 업종도 마다하지 않고 취업하려는 단순기능인력이 많았었다. 그렇지만 1980년대 중반 이후에는 한국인의 소득수준 향상과 더불어 학력 신장에 따른 3D[20] 업종에 취업하려는 사람들이 급격히 감소하기 시작하였다. 그래서 1980년대 중반 이후 단순기능인력에 대한 인력 부족이 본격화되었으며, 1990년대에 접어들었을 대는 3D 업종의 인력부족 현상이 더욱 심화되었다. 또한 이에 따른 불법취업 외국인도 따라 급증하기 시작하였다. 불법취업 외국인을 고용할 수밖에 없는 환경에 처해 있는 중소기업체에서 외국인근로자의 채용을 합법화시켜 줄 것을 요구하였다. 그러나 단순기능 외국인력의 국내 취업 금지원칙을 고수하며 유휴노동력의 활용을 통한 3D 업종 인력난에 대한 해소 정책을 추진하였다.

이러한 상황 하에서 중소기업의 인력난이 심화되고 불법취업 외국인이 계속 증가하자 한국정부는 1991년 11월에 해외투자업체 연

---

20) 3D 업종(業種, three D types of industry): 더럽고(Dirty), 힘들고(Difficult), 위험한(Dangerous) 직업의 머리글자로 1980년대 이후 소득 수준 및 생활수준이 대폭 향상됨에 따라 근로자들이 일하기를 꺼려하는 업종을 지칭하는 용어이다. 주로 노동집약적이고, 복지후생이 낮은 중소기업 등이 많이 포함된다(출처: 다음 검색, 인적자원관리용어사전).

수제도를 도입을 하였으며, 1993년 12월에는 '외국인산업기술연수제도'를 도입하였다. 그러나 이러한 한국정부의 정책에도 불구하고 불법취업 외국인은 계속 증가하였다. 1993년에 도입한 외국산업기술연수생제도는 외국인력을 사실상 노무에 종사하게 하면서 근로자 신분이 아닌 연수생 신분으로 활용함이 많은 문제를 가져 왔다. 즉 외국인력의 편법활용, 사업장 이탈과 체불임금, 외국인근로자의 인권침해 등의 문제를 야기하였다는 것이다. 이러한 편법적인 산업연수제도의 한계 때문에 합법적인 외국인력 공급이 제대로 이루어지지 않아 불법체류외국인을 양산하는 주요 요인으로 작용한다는 비판이 한국사회에서 지속적으로 제기되어 왔다. 이에 따라 2003년 1월 한국내 체류 외국인력 36만 3천 명 중 불법체류외국인이 약 28만 7천명(약 79.1%)에 달하는 등 노동시장의 외국인 현상이 심화되었다. 이러한 불법체류외국인들의 문제를 해결하기 위한 한 방편으로 법무부에서는 한시적으로 '자진출국 불법체류외국인 한시적 입국금지 면제 제도'(이하 자진출국 제도라 함)를 시행하기도 한다.[21]

2. 고용허가제

산업연수생제도의 많은 문제점으로 인해 1990년대 중반에는 산업연수생제도의 문제점을 해결하기 위해 외국인 고용허가제의 도입을 지속적으로 시도하였으나, 경영계의 반대로 뜻을 이루지 못하였다.

---

21) 자진출국 제도(법무부): 불법체류외국인(미등록외국인)이 자진출국하면 기존 불법체류 기간에 따라 입국금지했던 불이익을 전면 면제하는 제도이다. 유효한 여권, 항공권을 갖고 출국시 공·항만출입국관사무소에 가서 신고만 하면 되며, 신고 시 비용은 전혀 들지 않는다. 법무부는 불법체류외국인 감소 정책에 효과가 있어 연장하기도 하였다(출처: 법무부, 2021 통계연보).

이에 따른 방편으로 2000년 4월 한국정부는 연수취업제를 시행하여, 산업연수생이 일정기간 연수생으로 근무한 후 근로자 신분으로 전환하여 취업할 수 있도록 허용하였다. 이를 허용한 시기 초에는 연수취업기간을 연수2년+취업1년으로 하였으나, 2002년 4월 18일에 개정된 출입국관리법 시행령 및 시행규칙(2002.4.27) 개정으로 '연수1년+취업2년'으로 조정되었다. 이러한 개정은 1년 또는 2년의 취업기간에는 근로자 신분으로 취업하기 때문에 사실상 고용허가제적 성격을 지니고 있었다. 아울러 여전히 증가하고 있는 생산직 인력난을 완화하고 외국인력 고용관리체계의 기틀을 확립하기 위한 방안으로 고용허가제의 도입 필요성이 요청되었다. 이에 대한 근간으로 2003년 8월 16일에 '외국인근로자의 고용 등에 관한 법률'을 제정하였다. 그래서 2004년 8월 17일부터 실질적으로 고용허가제를 시행하였다.

한편 외국국적동포에게 방문동거 체류자격을 부여하고 국내에서 취업활동을 하도록 한 취업관리제는 고용허가제에 흡수 통합되었다. 기존의 산업연수생제도는 2006년까지는 고용허가제와 병행하여 시행하고 2007년 1월 1일부터 고용허가제로 통합되었다.

고용허가제는 국내 인력을 구하지 못한 기업에게 외국인근로자를 합법적으로 고용할 수 있도록 허가해 주는 제도로 외국인근로자의 도입과 관리를 정부(공공)에서 관장하도록 하고 있다. 고용허가제 시행의 절차는 매년 고용허가제를 통한 외국 인력의 도입규모, 업종 및 송출국가 선정 등 주요 정책 결정은 국무총리실에 설치된 외국인력정책위원회(위원장: 국무총리실장)에서 심의 의결한다.

<표 33> 외국인근로자의 선정 도입 절차

---

1) 외국인근로자의 선정 도입 절차
· 국가 간 양해각서(MOU)를 체결함
· 외국인 구직자 선발조건·방법·기관, 상호 간 권리 및 의무사항 등을 규정 외국인 근로자 도입 과정에서 민간기관의 개입을 배제함
· 송출국 정부 또는 공공기관은 한국어성적 및 경력 등 객관적 지표를 활용하여 외국인 구직자 명부를 작성하여 우리나라에 송부
· 노동부 고용지원센터에서 내국인 구인노력(3-7일) 의무 등을 이행한 사업주에게 고용허가서를 발급하여 외국인근로자 고용을 허용함
· 외국인 고용관리 전산망(EPS)을 통해 외국인 구직자를 추천하고 사업주는 필요한 적격자를 직접 선정
· 근로자 출입국지원업무(근로계약 체결 대행 등)는 한국산업인력공단이 수행하고, 취업교육은 한국산업인력공단 및 민간 업무대행기관, 국제노동협력원이 수행함

출처: 고용노동부

Ⅲ. 외국인근로자 도입의 시기별 구분

외국인근로자 도입의 시기별 구분은 크게 네 가지로 분류할 수 있다. 첫 번째 시기는 산업연수생제도 도입 초기의 시기이다.

두 번째 시기는 산업연수생제도와 고용허가제의 병행 실시 및 고용허가제로의 일원화 시행까지를 포함한 단기순환정책을 공식적으로 표방한 시기이다. 단기순환 정책은 외국인근로자를 3년 내외의 단기간으로 취업시킨 후에 출신국으로 돌려보내면 그 자리에 다른 외국인근로자를 새로 취업시키는 것이었다.

세 번째 시기는 단기순환정책에 대한 예외가 본격화되면서 그 정책기조에 변화가 시작되는 시기로 성실근로자 재입국취업제도 등을 통해 이미 시작되고 있었다.

1. 첫 번째 시기: 산업연수생제도

산업기술연수 자격이 외국인력 도입의 편법적 수단으로 활용되면서부터 도입기간도 늘어나고 도입요건도 점차 완화되었다. 1991년 10월 법무부 훈령 제255호인 '외국인 산업기술연수사증 발급 등에 관한 업무처리지침'에 의해 산업기술연수생제가 본격적으로 활용되었는데, 이때 사용기간은 1년으로 연장되었다. 산업기술연수생의 연수기간은 6개월이나 법무부장관이 인정 범위 내에서는 6개월이 추가로 인정되었다. 1991년 11월부터 본격적으로 전개된 산업기술연수생제의 시스템 하에서는 기업체당 연수인원을 50명을 한도로 하고 상시 근로자수의 10% 이내로 하여서 그 이전보다 요건이 크게 후퇴되기도 하였다. 이러한 초기의 지침은 해외투자기업 연수생만이 수혜대상이었으나, 1992년 하반기부터는 중소기업의 3D 업종에 대한 노동력 공급으로서의 성격이 분명하게 되었다. 일시적으로 산업연수생의 추가도입이 중단되기도 했으나, 산업기술연수생제는 고용기간을 계속 늘어났다. 그러나 김영삼 문민정부 초기에 산업기술연수생제도의 중단을 결정한 시기가 있었으나, 이미 입국한 연수생에 대해서는 체류기간을 종전의 1년에서 2년으로 연장하였다.

또한 중소기업의 인력난의 계속되자 중소기업중앙회를 '주무부처의 장이 지정하는 산업체유관 공공단체의 장'이 추천할 수 있도록 하는 등 연수생의 도입이 본격화되었다. 새로운 연수생제도에 의해 1994년 5월 말부터 중국, 베트남, 필리핀 등 한국정부와 양해각서(MOU)를 체결한 국가에서 연수생의 입국이 대량으로 이루어졌는데, 이때에는 3년까지의 연장이 가능해졌다. 즉 연수생의 국내체류

기간은 입국신고일로부터 2년이었으나 연수업체의 신청이 있는 경우에는 1년을 한도로 1회에 한해 연장할 수 있게 되었다. 즉 앞의 내용처럼 첫 번째 시기는 외국인근로자에 대한 고용기간이 6개월 내지 1년으로부터 2년으로, 다시 3년으로 연장된 것이다. 다시 말하면 최장 3년 동안의 고용기간은 한동안 유지되었다는 것이다.

2. 두 번째 시기: 산업연수생제도와 고용허가제

두 번째 시기는 단기순환정책을 공식적으로 표방한 때로 단기순환 정책은 외국인근로자를 3년 내외의 단기간으로 취업시킨 후에 출신국으로 돌려보내면 그 자리에 다른 외국인근로자를 새로 취업시키는 것이었다. 산업기술연수생제 하에서도 연수취업기간을 도입하는 등, 외국인력의 취업을 부분적으로 인정하였으며, 고용허가제를 도입함으로써 단순기능 외국인력의 사용을 공식화하였다. 두 번째 시기를 고용허가제 도입 때부터 잡을 수도 있으나, 이미 산업연수생제하에서도 연수생의 취업을 공식적으로 인정하고 노동관계법을 적용했기 때문에, 공식적 인정시기를 그 이전으로 소급할 수도 있다.

이른바 연수취업기간을 제도적으로 인정한 것으로 일정기간 산업연수 후 기술자격검정 등의 절차를 거쳐 근로자신분으로 연수취업자격을 인정했기 때문이다. 아울러 1997년 12월부터 연수취업 자격의 근거가 출입국관리법에 삽입되어 1998년 4월부터 관련 시행령과 시행규칙이 시행되었다. 이에 따라 외국인연수생은 연수 2년을 마친후에 일정한 절차를 거쳐 추가로 1년 동안의 취업을 하게 되었다.

그러나 산업연수생제의 편법성이 부각되면서 2002년부터 연수기간 1년 후에 검정을 거쳐 2년 동안의 연수취업기간으로 전환되었다. 즉 '연수기간 2년 + 연수취업 1년'으로부터 '연수기간 1년 + 연수취업 2년'으로 전환한 것이다.

1) 산업연수생제도와 고용허가제 병행

산업기술연수생제가 완전히 고용허가제로 전환된 것은 2007년 1월부터였으나, 고용허가제는 한동안 산업연수생제와 병행 실시되었다. 산업연수생제가 연수를 가장하여 사실상의 근로를 시키는 제도라는 비판을 꾸준히 받았으며, 또한 이 제도가 불법체류외국인을 양산하는 계기가 된다는 지적을 받았다. 이러한 편법을 막기 위한 방안으로 2003년 8월에 '외국인근로자 고용 등에 관한 법률'(이하 '외국인고용법')이 제정되고 1년 뒤인 2004년 8월 17일부터 이미 고용허가제가 실시되기 시작한 것이다. 두 번째 시기가 시작될 즈음의 한국의 외국인력에 대한 논의와 쟁점은 고용허가제인지 아니면 산업연수생제인지의 관한 것이었다. 이 시기의 외국인 국내취업기간은 산업연수생제의 기간인 3년이었다.

2) 고용허가제

제정 당시의 재취업 제한기간은 1년이었기 때문에, 국내 재취업을 원하는 외국인은 1년간 외국에 나갔다가 다시 입국을 하는 유형이었다. 기본적인 정책 의도는 외국인근로자가 3년간 취업하다가 돌아가고 새로운 외국인이 다시 취업하는 단기순환의 형태에 있었다. 즉

3년간 국내취업 후 1년간 출생국으로 귀환하였다가 다시 재취업을 하는 규정도 단기순환정책을 전제로 한 것이었다.

그러나 새로운 시스템을 시작하자마자 재취업을 위한 대기기간이 너무 길고, 1회 입국자를 3년만 취업시키는 것에 대한 중소기업계의 불만이 나오기 시작하였다. 그리하여 외국인을 고용하던 중소기업의 인력난을 해소한다는 명분 아래, 외국인근로자의 재취업제한기간을 1년에서 6월 이내로 단축하는 법 개정이 곧바로 뒤따랐다. 3년의 취업기간 만료로 출국하는 외국인근로자 중 출국 전에 당해 외국인근로자를 고용하고 있던 사용자의 추천이 있는 자에 대하여는 6월 이내의 재취업제한기간을 단축할 수 있도록 한 것이었다.

실질적으로 3년의 취업기간이 너무 단기간이라는 논의는 이전부터 꾸준히 제기되었다. 해당된 업무에 숙련공으로 변모되고 취업한 사업장의 사정에 익숙해진 외국인근로자의 취업기간이 제한되는 것은 외국인근로자는 물론이고 해당 사업주 역시 원하지 않았던 바였기 때문이다. 이에 따라 사용자의 인력 수요에 적합한 외국인근로자를 안정적으로 고용할 수 있도록 한다는 명분 하에, 3년의 취업활동기간이 만료된 외국인근로자로서 취업활동기간 만료 전에 사용자가 재고용을 요청한 외국인근로자에 대해서는 2년 미만의 범위에서 계속 고용할 수 있도록 하였다(외국인고용법 제18조의2).

한편 외국인근로자에 대한 고용허가제는 국가간 양해각서(Memorandum of understanding)를 체결하여 시행하고 있는 제도 이다. 양해각서 체결 국가는 다음과 같다.

(1) 민간기업, 또는 국가 간에 교환하는 합의문서나 합의 자체

① 외국인력 모집 및 송출과정의 투명성 확보와 양국 정부의 책임 강화를 위해 송 출국가 정부와 우리 정부 간에 체결한 것으로 양해각서를 체결하는 것

② 양해각서 체결 16개 국가: 필리핀, 몽골, 스리랑카, 베트남, 태국, 우즈베키스탄, 파키스탄, 인도네시아, 캄보디아, 중국, 방글라데시, 키르키즈스탄, 네팔, 미얀마, 동티모르, 라오스

3) 세 번째 시기: 성실근로자 재입국취업제도

세 번째 시기는 단기순환정책에 대한 예외가 본격화되면서 그 정책기조에 변화가 시작되는 시기이다. 이는 성실근로자 재입국취업제도 등을 통해 이미 시작되고 있음을 알 수 있다. 성실근로자 재입국제도에 따르면, 외국인근로자가 3개월의 귀국기간을 제외하고 9년 8개월까지의 장기간 취업도 가능해졌다는 것이다. 이전까지는 대체로 외국인근로자를 5년 미만으로 취업 시킨다는 것을 전제로 운용되었다. 이러한 운용은 영주권을 취득할 수 있는 법적인 기간인 5년의 조건에 부합하지 않게 하기 위해서이며, 즉 취업체류기간 5년을 넘기지 않으려는 의도이다.

일반고용허가제나 특례고용허가제로 입국하는 외국인근로자의 취업기간을 4년 10개월로 운용한 것도 이러한 5년을 의식한 조치였다.

2012년에 시작된 성실근로자 재입국취업제도에 의해 단기순환정책에 대한 예외가 본격화되었지만, 부분적인 예외는 그 이전에 시작되었다는 것도 알 수 있다. 이미 2009년 법 개정에서 국내취업기간

이 3년에서 4년 10개월로 연장되었으며, 2005년 법령개정에서는 외국인근로자의 재입국 취업제한 기간이 6개월 이내로 단축할 수 있도록 되었기 때문이다. 2005년 개정된 외국인고용법 제 18조에서는 재입국 제한규정이 종래의 1년에서 6개월 이내로 단축시키며, 게다가 동법 제18조의2에서는 출국 전에 사용자의 요청이 있는 경우에는 시행령에 따라 이를 더욱 단축시킬 수 있도록 하였다. 취업제한 기간이 1년에서 6개월 이내로 단축됨으로써 단기순환정책에 이미 균열이 일어나기 시작하였다고 보는 것도 가능하였다. 2016년 취업 제한기간이 3개월로 단축된 것만 보더라도 외국인근로자에 대한 완화정책이 시작되었다고 생각해볼만 하다. 과거에도 3년이나 4년 10개월간 취업하고 다시 재취업이 가능하였었기 때문이다.

Ⅳ. 외국인근로자 고용법 개정

1. 재입국 특례 외국인근로자 취업제도(구 성실근로자 재입국 취업제도)

외국인고용법은 2012년 법개정을 통해 3개월의 귀국기간을 제외하고 최대 10년 가까이 국내취업이 가능할 수 있는 길을 열었다는 것을 앞에 제시한 바가 있다. 바로 '성실근로자 재입국 취업제도'를 통해 외국인근로자의 장기간 고용을 허용하도록 하였다는 것이다. 앞에서 언급하였듯이 외국인근로자가 현재 고용허가제 아래에서 4년 10개월까지의 연속 취업이 가능한데, 이 성실근로자의 재입국방법을 통해 추가적인 4년 10개월의 취업이 가능해져서, 중간에 3개월의 기간을 제외할 때 합계 9년 8개월의 취업도 가능해졌다. 외국인근로자가 5년 이상 장기취업이 가능함으로써 송출국을 떠나 사실상 우리 사회의 일원이 된다고 보아야 할 것이다. 법제처가 제공하는 정부의 법령정보는, 개정이유를 "외국인근로자의 정주화 방지를 위한 단기순환 원칙을 견지하면서도 기업에는 숙련인력의 계속 사용을, 외국인근로자에 대하여는 성실근로와 자진 귀국을 유도하기 위하여…" 라고 요약 설명하였다. 이러한 개정이유를 보더라도 정부도 인정했듯이 성실근로자 재입국 취업제도를 도입한 가장 큰 이유는 숙련근로자의 계속 사용을 보장하고 외국인근로자의 성실근로, 즉 이 두 가지를 유도하는 것임을 분명히 한 것이다.

그러나 단기순환 원칙을 견지하였다고 보는 것은 정확하지 않은 수사(修辭)라고 보면 된다. 한 국가에서 10년 가까이 취업을 하는 근로자가 어떻게 단기 체류자라고 할 수 있을지에 대해 의문을 품을 만하다. 외국인고용법 제정 당시에는 3년 정도의 취업을 하고 귀국시켰는데, 이러한 경우에는 단기에 해당된다고 할 수 있다. 그리고 제정 당시에는 귀국한 근로자가 1년이 지나야만 다시 입국할 수 있었기에 단기순환정책이 유지되었다고 할 수도 있었다. 하지만 3개월 후 재입국에서 1개월 재입국이 가능하게 됨으로써 국내에서 9년 8개월까지의 취업이 계속되고 잠시 중간에 고국에 의 짧은 기간을 다녀온 것을 두고 단기순환원칙을 견지하였다는 것은 무리가 따른다. 그래서 이미 단기가 아닌 장기체류의 단계에 들어갔으며, 실질적으로 다른 근로자로 순환(rotation)하는 시스템을 벗어난 것이다.

이와 같이 2012년 2월에 개정되어 같은 해 7월 2일부터 시행된 재입국 취업 제한의 특례를 규정한 외국인고용법 제18조의4와 재입국 취업 제한의 특례에 관한 절차를 규정한 외국인고용법시행규칙 제14조의3에 따라, 재입국한 경우에도 동법 제18조의4 제3항에 따라 3년의 취업기간과 제18조의2의 2년 미만의 연장이 또다시 개시되는 것으로 4년 10개월의 추가 취업이 가능해졌다. 이러한 재취업은 1회에 한하여 허용되기 때문에 현재에는 9년 8개월까지의 취업만 가능하다는 것이다. 재입국한 외국인에 대해서는, 재입국 후의 고용허가 신청과 재입국 취업활동에 관련하여 외국인고용법 제6조인 내국인 구인노력의무에 대한 규정, 동법 제7조 제2항 한국어능력시험 의무에 대한 규정, 동법 제11조인 제2항의 사전 취업교육 의무를 적용하지 아니한다.

한편 이러한 혜택은 모든 고용허가 사업장에 해당한 것은 아니다. 다음의 요건 즉 "외국인정책위원회가 도입 업종이나 규모 등을 고려하여 내국인을 고용하기 어렵다고 정하는 사업 또는 사업장에서 근로하고 있을 것(앞의 법 제2호)", "재입국하여 근로를 시작하는 날부터 효력이 발생하는 1년 이상의 근로계약을 해당 사용자와 체결하고 있을 것(앞의 법 제3호)"과 함께 재입국 이전의 "취업활동 기간 중에 사업 또는 사업장 변경을 하지 아니하였을 것(제1호)"의 요건을 충족해야 한다. 다만, 휴폐업 등 외국인근로자의 책임이 아닌 사유로 인해 사업 또는 사업장을 변경한 경우에는, 재입국 후의 고용허가를 신청하는 사용자와 취업활동 기간 만료일까지의 근로계약 기간이 1년 이상일 것이 요건으로 되어 있다.

2012년 9월 13일에 열린 외국인력정책위원회는 2013년도에 도입할 외국인근로자(E-9) 도입 규모를 2012년 5천 명이 늘어난 6만2천 명으로 결정하였다. 업종별로는 인력난이 심하고 한국인의 고용가능성이 적은 제조업, 농축산업, 어업을 중심으로 배정하였다. 전체 인원 중에서 재입국자가 차지하는 비중은 산업마다 달라서 제조업은 18.1%, 농축산업은 6.7%, 어업은 6.5%, 서비스업은 10%, 건설업은 2.5%임 제조업이 전체 배정 인원도 많으며, 총 인원 중에서 재입국자가 차지하는 비중도 높은 편이다. 대상자는 농축산업, 어업, 100인 미만 제조업 및 서비스업에 근무하는 외국인근로자에 해당된다. 냉장·냉동 창고업, 건설폐기물처리업, 재생용 재료수집 및 판매업, 서적·잡지 및 기타 인쇄물 출판업, 음악 및 기타 오디오물 출판업에 해당된다.

재입국 후 근로를 시작하는 때부터 1년 이상의 근로계약을 체결하고 있어야 한다. 비전문취업(E-9), 선원취업(E-10) 체류자격을 합산하여 국내 체류한 기간이 5년 미만에 해당되어야 한다. 주요혜택은 사용자는 내국인 구인노력 의무 면제, 외국인노동자는 한국어시험 (기능시험 및 직무능력평가 포함) 및 취업교육 의무가 면제된다. 기간은 점차 줄어들어 2023년 기준 1개월 후 한국으로 재입국하여 종전 사업장에서 근무할 수 있도록 하는 제도라는 것이다. 이와 같이 재입국 특례는 1회에 한하여 허용, 취업활동 기간은 다시 3년+1년 10개월간 허용하고 있다는 것이다.

4년 10개월 이후에 재입국하여 취업하는 또 다른 방법은 한국어능력시험(일명 '특별한국어시험제도')을 통해 재입국하여 근로를 할 수 있다. 성실근로자 재입국 제도의 요건은 쉽지는 않으므로, 이 요건을 충족하지 못하면 특별한국어시험을 통해 6개월 이후에 재입국할 수 있도록 한 것이다. 특별한국어시험제도는 2011년 12월부터 태국과 베트남을 시범실시하고, 2012년부터 다른 국가로 확대 실시하였다. 이 제도는 성실근로자 재입국취업제도와는 차이가 있으며, 기존에 일하던 업종이나 사업장 규모와 관계가 없다는 것이다. 또한 사업장 변경 사실이 있더라도 재입국할 수 있다는 것이다. 이때 출국 전 사업장에서 1년 이상 일한 경우에는 사용자와 재입국하려는 외국인근로자의 동의를 얻어 그 사업장에 우선 알선하도록 하는 제도이다.

특별한국어시험제도는 취업활동기간 내에 자진 귀국한 외국인근로자에 대해, 해당 국가에서 특별한국어시험을 치르도록 하였다. 이는 취업기간이 만료된 외국인이 불법체류하지 않고 자발적으로 귀국할 수 있도록 함과 동시에 한국내 사정에 익숙한 외국인을 계속 사용하려는 정책적 방안을 엿볼 수 있다. 특별한국어시험제도는 별도의 법령상의 근거가 없이 기존 제도의 법령의 틀 내에서 실시되고 있다. 따라서 6개월 이후에 재입국한 외국인은 기존의 사업장이나 다른 사업장에서 근무를 할 수 있게 되며, 근로조건 등은 기존의 고용허가제에 대한 설명이 그대로 적용된다.

2. 외국인근로자 장기취업제도

고용허가제 등으로 들어온 외국인근로자도 다른 체류자격으로의 변경을 통해서 국내취업이 가능하다. 대표적인 것이 단순기능인력을 숙련생산기능 외국인력으로 전환시켜서 체류자격을 변경하는 방법이다. 이 제도는 4년 이상 국내 취업을 한 외국인근로자로서 일정한 기술, 기능 자격증을 취득했거나 국내근로자의 평균적 임금보다 많은 임금을 받는 경우에는 거주(F-2)자격이나 특정활동(E-7) 자격으로의 비자변경을 허용하는 제도를 말한다.

1) 거주(F-2)와 특정활동(E-7)의 체류자격을 통한 국내취업

거주(F-2)자격으로의 변경은 거주자격 취득자도 사업장 이동의 자유가 보장된 것은 아니며, 종전 체류자격에 해당하는 분야 이외의 분야에는 취업할 수가 없다(위 법무부훈령 제8조). 제조업, 건설업, 농업 또는 어업의 해당 분야에 한정된 체류자격으로 제조업 등 3D 업종에서 숙련된 외국인근로자를 거주 자격을 통해 체류연장을 할 수 있는 정책이다.

체류자격변경제도는 외국인근로자가 매우 까다로운 요건을 모두 갖춘 경우에만 거주자격으로의 체류자격을 가질 수 있도록 하고 있다. 현재의 출입국관리법 시행령의[별표 1]을 보면, "비전문취업(E-9), 선원취업(E-10) 또는 방문취업(H-2)자격으로 취업활동을 하고 있는 자로 과거 10년 이내에 법무부장관이 정하는 체류자격으로 4년 이상의 기간 동안 취업활동을 한 사실이 있는 자"가 일정한 요건을 갖춘 경우에 거주체류자격이 발급된다. 앞의 법령 기준에 부합한 조건으로 발급받을 수 있는 자는 위의 세 가지 체류자격 비전문취업, 선원취업, 방문취업으로 실제 취업을 해야 한다. 또한 과거 10년의 기간 동안에 4년 이상 제조업, 건설업, 농업 또는 어업에 종사해야 한다. 즉 4년의 기간 중에 3년 이상은 동일한 산업분야에서 종사해야 한다는 것이며, 기술, 기능자격 요건이나 임금요건을 충족해야 한다. 또한 "본인 또는 생계를 같이하는 가족이 2천만 원 이상의 자산을 보유하는 등 생계유지능력을 갖추고 있어야 한다."(법무부훈령 제3조 제2항).

기술기능자격 요건은 한국산업인력공단에서 실시하는 검정을 통해 법무부훈령 제843호 별표상의 공조냉동기계, 사출성형 산업기사 등 제조업의 33개 자격, 콘크리트 산업기사 등 건설업의 9개 자격, 유기농업, 축산의 농업의 2개, 수산양식 등 어업의 9개 자격을 말한다. 임금요건은 최근 2년간 받은 연평균 임금소득이 근로자 연간 '임금총액(12개월분 임금총액을 합산한 금액)' 이상을 의미한다. 2천만원 이상의 자산이 있다는 것을 증명하기 위해서는, 최근 1년 이상 2천만 원 이상의 예금 잔고가 유지되었음을 증명할 수 있는 서류를 제출한다. 아니면 2천만 원 이상에 해당하는 부동산등기부등본, 부동산전세계약서사본 또는 기타 이에 상당하다고 법무부장관이 인정하는 서류로서 본인 또는 생계를 같이하는 가족이 생계유지능력을 갖추고 있음을 증명하는 서류를 제출해야 한다(법무부훈령 제5조 제1항). 민법상 성년에 해당되는 자이고 일정한 한국어 실력을 갖추고 있어야 한다. 한국어 실력은 국립국제교육원 시행 한국어 능력시험에서 3급 이상 등급을 취득한 자일 것으로 규정되어 있다. 다만 앞에서 소개한 기술, 기능 자격 등급 중 산업기사 이상 보유자 또는 초, 중등교육법 또는 고등교육법에 규정된 고등학교 또는 대학(산업대학, 교육대학, 전문대학 또는 방송, 통신대학 포함)의 교육과정을 2년 이상 수료한 자에게는 한국어실력을 적용하지 않는다. 그렇지만, 일정한 범죄행위를 저지르거나 행정처분을 받은 경우에는 체류자격변경 허가가 불허될 수 있다.

거주 자격으로의 변경 이외에 특정활동(E-7) 자격으로의 변경도 허용되고 있다. 최근에 들어서는 정부가 이러한 자격변경을 더욱 중요하게 여기고 있는 추세이다. 이는 외국인근로자 중 우수한 인재를 선발하여 숙련 전문인력으로 계속 취업을 허용하는 것이다. 신청자격 요건은 비전문취업(E-9), 선원취업(E-10), 또는 방문취업(H-2) 자격으로 제조업, 건설업, 농축어업 직종에 합법 체류하면서 일정한 요건을 갖추어야 한다. 즉 일정기간 이상의 합법취업에 있는 외국인근로자 중에서 연령, 학력, 자격증 또는 소득, 한국어능력 요건 등을 모두 갖추어야 한다.

앞의 거주 자격 부여정책과 유사하게, 최근 10년 이내에 제조업, 건설업, 농축어업 직종에 4년 이상 합법적으로 취업한 것이 요건이다. 35세 미만 전문학사 이상 학위 소지자로서 취업직종에 기능사 이상의 자격증을 보유하거나 최근 1년간 임금이 해당직종 근로자 평균임금 이상에 있는 외국인이어야 한다. 그리고 3급 이상의 한국어능력을 보유하거나 사회통합프로그램을 이수해야 한다. 2011년 10월부터 시행된 이 제도에 의해 특정활동 체류자격을 취득하면, 근로자가 귀국하지 않고 계속 근무 가능하며, 또한 직계 가족을 초청할 수 있으며, 변경 후 5년 경과 시 영주자격의 취득도 가능하게 된다. 이상의 숙련생산기능인력에 발급되는 거주 자격과 특정활동 자격은 관련법상 제도의 취지를 달리하는 체류자격이다.

거주(F-2) 자격은 영주자격을 받기 위해 국내에 장기적으로 체류하는 사람을 대상으로 하는 체류자격이지만 특정활동(E-7) 자격은 고용계약이 이미 체결된 자 가운데 우수한 외국인력에 대해서 발급된다는 점에서 제도의 원래 취지를 달리한다.

2) 영주(F-5)와 귀화의 방법

거주(F-2) 자격으로 5년 이상 국내 체류를 하는 사람은 영주(F-5) 자격으로 변경도 가능하며, 거주(F-2) 자격으로 변경되는 데에 비전문취업(E-9) 등의 체류자격으로 최소 4년의 체류가 필요하다. 이는 거주 자격으로부터 영주자격에 이르는 데에 5년이 필요하므로, 합계 9년의 국내체류기간이 필요하기 때문이다.

영주권은 국적과 관계없이 외국정부로부터 그 나라에 장기적으로 체류할 수 있도록 부여 받은 권리를 의미하는데, 단순 기능인력의 근로자로 입국한 외국인은 영주자격의 취득이 매우 어려움이 따른다. 그러나 주재(D-7)부터 특정활동(E-7)까지의 전문성이 인정되는 체류자격자는 5년간 체류하면 기간의 요건은 충족한다. 전문성이 인정되는 체류자격은 구체적으로 다음과 같다. D-7(주재), D-8(기업투자), D-9(무역경영), D-10(구직), E-1(교수), E-2(회화지도), E-3(연구), E-4(기술지도), E-5(전문직업), E-6(예술흥행), E-7(특정활동)을 말한다.

한편 재외동포(F-4) 체류자격자로서 한국에 2년 이상 체류하고 있는 사람은 일정한 부가요건을 충족할 때에 영주자격을 취득가능(시행령 별표 28의3 영주자격)하다. 재외동포의 체류자격이 미국이나 일본 등 주로 선진국에 거주하는 동포임에 유의할 필요가 있다. 외국인이 전문적인 능력을 갖추고 있는지 여부와 그 내용, 한국과의 혈연적 관계가 있는지, 그리고 학력이나 소득에 따라 영주권 취득의 경로가 다르게 설정되어 있다. 비전문취업(E-9), 선원취업(E-10) 또는 방문취업(H-2)자격으로 취업활동을 하고 있는 자의 경우에는 국내의 장기체류가 쉽지 않게 되어 있다. 이를 두고서 한국사회가 필요에 따라 이민자를 전문 인력 등 외국우수인재, 선진국 출신의 재외동포, 결혼이민자, 중국 및 구소련 동포, 저숙련 외국인근로자 순으로 구분하고 있다는 평가를 받기도 한다. 또한 대상 간 경계를 설정하여 상호간 이동을 막고, 각 대상의 권리를 차등적으로 보장하는 현재의 사증시스템에 대해 보완해야 한다는 견해도 있다.

이와 같은 체류자격과는 전혀 다른 차원에서 외국인근로자의 국내체류 문제가 해결될 가능성이 또 하나 있다. 이는 법무부장관에게 귀화신청을 하여 그 허가를 받음으로써 한국국적을 취득하는 방법이라는 것이다. 외국인근로자의 국내체류활동이 다양하게 전개되고 체류기간이 장기화됨에 따라 귀화도 가능한 선택임을 알 수 있다. 또한 한국 국적을 취득하면 더 이상 외국인근로자가 아니기 때문에 한국의 이민정책 검토에 신중을 기해야 할 부분이다.

외국인이 한국으로 귀화하는 방법은 세 가지로 나누며, 일반귀화, 간이귀화, 특별귀화이다.

첫째, 일반귀화는 한국과 혈연, 지연관계가 없는 외국인이 귀화하는 것을 말한다.

둘째, 간이귀화는 부 또는 모가 한국 국민이었던 자, 한국에서 출생한 자로 부 또는 모도 한국에서 출생한 자, 성년이 된 이후에 한국민에게 입양된 자, 배우자가 한국 국민인 자가 취득하는 절차를 말한다(국적법 제6조).

셋째, 특별귀화는 부 또는 모가 현재 한국국민인 자(다만, 양자인 경우에는 미성년일 때 입양된 자), 한국에 특별한 공로가 있는 자가 한국국적을 취득하는 절차를 말한다(국적법 제7조).

제5장

난민과 정책

Ⅰ. 난민 현황

1. 난민의 정의 및 현황

세계적으로 난민의 유입에 대한 문제가 큰 이슈로 제기되고 있는 추세이다. 난민이란 과연 무엇인가? 난민은 인종, 종교, 국적, 특정사회집단 소속, 정치적 의견을 이유로 차별과 박해를 받아 이를 피해 외국으로 탈출한 사람을 가리킨다. 난민에 대한 국제적 규범을 보면 먼저 "난민의 지위에 관한 협약(The 1951 Convention Relating to the Status of Refugees)" 이하 "난민협약"이 있다. 그리고 후에 "난민의 지위에 관한 의정서(The 1967 Protocol Relating to the Refugees)" 이하 "난민의정서"가 발효되었다. 난민 보호의 핵심원칙은 난민협약(제33조)에 명시되어 있는 강제송환금지(non-refoulement)이다.

2022년 5월 기준으로 박해, 분쟁, 폭력 사태, 인권 침해 혹은 사회적 질서를 심각하게 저해하는 일들로 인해 발생한 강제 이주민의 수는 1억 명을 넘었다. 2021년 말 기준, 전체 강제 이주민의 수는 약 8,930만 명이었다. 이들 중 난민은 2,710만 명으로 2020년 2,640만 명 대비 증가하였다. 그 중 2,130만 명은 유엔난민기구의 보호를 받고 있다. 또한 2,130만 명의 난민 중 580만 명은 유엔팔레스타인난민기구(UNRWA: The United Nations Relief and Works Agency for Palestine Refugees in the Near East)의 보호를 받고 있다. 아시아 태평양 지역 난민의 95%가 개발도상국에 살고 있는 것으로 나타났다. 이 지역에서 파키스탄 150만 명이 난민과 난민 신청자를 가장 많이 보호하는 국가로 이름을 올렸고, 방글라데시 91만 9,000명, 이란 79만 8,000명이 그 뒤를 따랐다. 우간다, 차드 등 많은 국가들에 새로운 난민들이 대거 유입되면서 2020년 2,640만 명이었던 난민이 2021년에는 약 2,710만 명으로 늘었다. 또한, 난민 대다수는 자원이 충분하지 않은 이웃 국가들에 머무르고 있다(유엔난민기구 보도자료, 2021 글로벌 동향 보고서 Global Trends Report).

1) 난민의 정의

난민법에서의 난민의 정의는 '인종, 종교, 국적, 특정 사회집단의 구성원인 신분 또는 정치적 견해를 이유로 박해를 받을 수 있다고 인정할 충분한 근거가 있는 공포로 인하여 국적국의 보호를 받을 수 없거나 보호받기를 원하지 아니하는 외국인, 또는 그러한 공포로 인하여 대한민국에 입국하기 전에 거주한 국가(상주국이라 한다)로 돌아갈 수 없거나 돌아가기를 원하지 아니하는 무국적자인 외국인'이라고 규정하고 있다(난민법 제2조 제1호). 난민인정 신청은 난민신청자가 난민인정의 요건에 해당한다는 것을 이유로 상당한 기간의 체류자격을 부여받아 난민인정자에 대한 처우를 받기 희망한다는 의미에서의 비호에 대한 신청을 말한다. 난민신청자의 개념에서 보면 난민 인정을 신청한 자(난민인정 신청자 또는 난민신청자)란 대한민국에서 난민인정을 신청한 외국인이다.

신청자격은 난민법에서 난민인정 신청은 '대한민국 안에서의 신청'과 출입국항에서의 신청(출입국항 난민신청제도)로 구분된다.

2) 한국 난민의 현황

<표 34> 연도별 난민현황(2022. 12, 단위: 명)

구분 / 연도	신청	철회	심사결정종료
총계	84,922	7,238	73,859
'94~'14년	9,539	623	7,416
2015년	5,711	103	4,522
2016년	7,541	163	7,061
2017년	9,942	180	6,416
2018년	16,173	570	6,600
2019년	15,452	1,518	10,013
2020년	6,684	1,916	14,032
2021년	2,341	1,526	9,675
2022년 1~12월	11,539	639	8,124

출처: 출입국외국인정책본부 통계월보 2022. 12

<표 35> 국가별 난민현황(2022년 12월 31일 기준)

1994년~2014년		2019년		2020년		2021년		2022년 1~12월	
총 계	48,906	총 계	15,452	총 계	6,684	총 계	2,341	총 계	11,539
파키스탄	5,389	러시아	2,830	러시아	1,064	중국	301	카자흐스탄	2,456
									1,278
중국	4,840	카자흐스탄	2,236	이집트	718	방글라데시	233	인도	1,188
									1,038
카자흐스탄	4,306	중국	2,000	카자흐스탄	603	나이지리아	164	튀르키예	772

이집트	4,114	말레이시아	1,438	말레이시아	452	인도	148	러시아	
러시아	2,984	인도	959	방글라데시	435	파키스탄	131	중국	390
인도	2,398	파키스탄	790	인도	420	이집트	117	미얀마	349
나이지리아	2,221	방글라데시	491	중국	311	네팔	108	파키스탄	304
방글라데시	2,063	베트남	381	파키스탄	303	필리핀	105	방글라데시	288
말레이시아	1,693	모로코	365	네팔	260	미얀마	73	이집트	271
네팔	1,389	튀르키예	320	모로코	173	우즈베키스탄	64	모로코	3,205
기타	17,509	기타	3,642	기타	1,945	기타	897	기타	

출처: 출입국외국인정책본부 통계월보 2022. 12

Ⅱ. 난민 관련 법령

1. 한국의 '출입국관리법'상 난민 관련 규정(1993년 추가)

출입국관리법상의 난민 관련 규정에 관한 주요한 사항은 아래와 같다.

제1조(목적): 이 법은 대한민국에 입국하거나 대한민국으로부터 출국하는 모든 국민 및 외국인의 출입국관리와 대한민국에 체류하는 외국인의 체류관리 및 난민의 인정절차 등에 관한 사항을 규정함을 목적으로 한다(개정 1993.12.10.).

제2조(정의): 난민이라 함은 난민의 지위에 관한 협약(이하 "난민협약"이라 한다) 제1조 또는 난민의 지위에 관한 의정서 제1조의 규정에 의하여 난민 협약의 적용을 받는 자를 말한다.

제16조의 2(난민임시상륙허가)

제76조의 2(난민의 인정)

① 법무부장관은 대한민국 안에 있는 외국인으로부터 대통령령이
정하는 바에 따라 난민의 인정에 관한 신청이 있는 때에는 그
외국인이 난민임을 인정할 수 있다.

② 제1항의 규정에 의한 신청은 그 외국인이 대한민국에 상륙 또
는 입국한 날(대한민국에 있는 동안에 난민의 사유가 발생한
때에는 그 사실을 안 날)부터 1년 이내에 하여야 한다. 다만,
질병 기타부득이한 사유가 있는 때에는 그러하지 아니하다(개
정 2001.12.29.).

제76조의 2(난민의 인정)

③ 법무부장관은 제1항의 규정에 의하여 난민의 인정을 한 때에
는 그 외국인에게 난민인정 증명서를 교부하고, 난민의 인정을
하지 아니한 때에는 서면으로 그 사유를 통지하여야 한다.

제76조의 3(난민인정의 취소)

제76조의 4(이의신청)

제76조의 5(난민여행증명서)

제76조의 6(난민인정증명서 등의 반납)

제76조의 7(난민에 대한 체류허가의 특례)

제76조의 8(난민 등의 처우)

제76조의 9(난민 등의 지원)제2항: 난민지원시설에서는 다음 각
호의 업무를 할 수 있다(1. 한국어교육 및 직업상담, 2. 사회적응 훈
련 및 정착지원, 3. 의료지원, 4. 그 밖에 지원을 위하여 필요한 사항)

제76조의 10(난민에 대한 상호주의 적용의 배제)

Ⅲ. 외국의 난민정책: 미국

1. 미국의 난민정책

1) 미국의 난민수용 과정 및 현황

미국의 난민수용프로그램(United States Refugee Admission Program, USRAP)은 1980년에 제정된 민법(U.S. Immigration and National Act, INA)에 의해 시행되었다. 미국의 난민지위신청은 미국 밖에서 이루 어지는 재정착난민을 말한다. 반면 비호신청자는 미국 내에서 혹은 미국 입국 시 이루어지는 보호요청을 말한다. 미국의 민법(INA)에서 는 난민규정을 국적국 밖에 있는 신청자의 보호를 원칙으로 하지만 특별한 경우에 미국의 대통령이 지정하는 나라에서는 국적국 안에 서도 난민신청을 받게 된다(Martin and Yankay, 2010). 그러나 예외 사항은 있으며, 아주 특별한 경우에는 미국 대사의 요청에 의해 난 민신청이 접수되기도 한다.

미국의 난민수용에 있어서 프라이어티 범주(Priority categories)는 다음의 3가지로 분류된다.

첫 번째, 프라이어티 원(P-1)은 USRAP(The United States Refugee Admissions Program), 미국대사, 그리고 일부 비정부단체(NGO: Non-Governmental Organization)에 의해 지정된 사람들을 가리킨다.

두 번째, 프라이어티 투(P-2)는 특별한 인도주의적 상황에 처해 있다고 미국정부가 판단하는 사람들이다.

세 번째, 프라이어티 쓰리(P-3)로 가족재결합의 원칙에 따라 난민 으로 인정될 수 있는 사람들을 말한다.

다음의 <그림 11>은 2009년에서 2011년 사이에 미국의 난민수용 계획인원 통계이며, 유럽과 중앙아시아 난민수용 계획인원이 2012년도에 대폭 감소하였다.

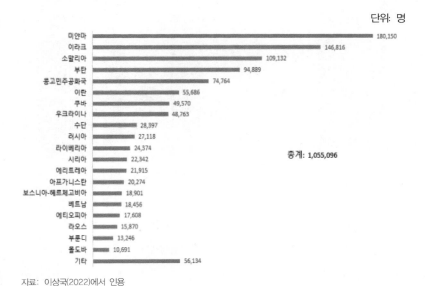

자료: 이상국(2022)에서 인용

<그림 11> 미국 국무부 2001-2020년 출신국별 난민 규모

다음의 <그림 12>는 프라이어티 범주(Priority categories)에 해당되면 다음과 같은 인정 절차를 거쳐야 되는 과정을 나타내고 있다.

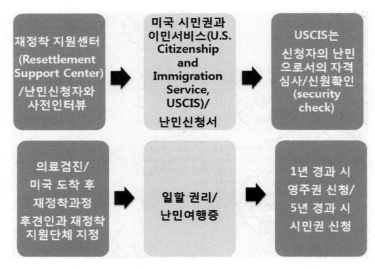

<그림 12> 프라이어티 범주(Priority categories) 인정 절차

프라이어티 쓰리(P-3)에서 가족재결합의 원칙에 따라 난민으로 인정될 수 있는 난민들 중에 수반 난민(derivative refugee)이 있다. 수반난민에 해당되는 대상은 난민의 배우자, 결혼을 하지 않은 21세 미만의 난민의 자녀들은 수반난민의 지위를 갖는다. 이들은 주신청자 난민(principal applicant)과 함께 미국에 입국하거나 혹은 주신청자가 미국에 입국한 이후 4개월 이내에 미국으로 입국해야 한다. 그리고 4개월 이후에 입국하는 수반난민은 'following- to-join' 난민으로서 지위를 지니게 된다. 주신청자는 동반 입국 가족과 사후 합류한 가족들에 대하여 자신이 난민인정을 받은 후 2년까지 수반난민들을 위한 혜택을 신청할 수 있다.

한편 미국의 재정착난민들의 국적을 미국무부 통계자료에서는 2009년에는 이라크(25.4%), 미얀마(24.4%), 부탄(18.0%) 순이며,

2010년도 마찬가지로 이라크(24.6%), 미얀마(22.8%), 부탄(16.9%)의 순으로 나타났다. 반면 2011년에는 미얀마(30.15), 부탄(26.6%), 이라크(16.7%) 순으로 집계되었다(미국무부 통계자료, 2012). 이러한 미국의 재정착난민들은 2009년과 2011년도 동안 204,279명의 재정착난민들 중 앞의 세 나라의 국적을 가진 난민들은 전체의 68.0%인 138,923명을 차지하였다. 또한 미국의 재정착난민들의 평균연령은 2011년에 입국한 난민들의 34%는 18세 미만이며, 이들의 평균연령은 미국인들의 평균연령보다 낮다는 것이다(U.S. Department of State, 2012).

미국의 난민 재정착난민 절차는 국무부와 국토안보부, 이민국, 보건복지부 등 각 정부 부처 간의 유기적인 협력을 통해 이뤄지고 있다. 미국 정부도 원칙적으로 유엔이 정하는 난민 기준을 따르고 있으며, 유엔난민기구(UNHCR) 및 현지 미국대사관, 또는 공신력 있는 비정부 기구 같은 곳으로부터 난민 신청자 추천을 받고 있다. 이후 국토안보부와 이민국의 서류 심사와 면접 등을 거쳐 난민 지위 자격을 얻을 수 있는지 최종 결정이 된다. 보편적으로 난민 절차는 평균 2년 정도 걸리며, 난민신청자들이 처한 상황이 상이하므로 기간은 다를 수 있다.

난민 지위를 받게 되면, 일단 1년간 미국에 거주할 수 있는 자격이 주어진다. 미국은 난민에게 정착금이나 집은 제공하지 않고 있으며, 이 기간 취업은 가능하다. 미국은 난민들에게 직업 알선과 민원 처리 등의 각종 지원과 의료 혜택, 식품 구매권 등을 제공하고 있다. 1년 후에 난민들은 미국에 영구히 거주할 수 있는지에 대한 영주권 심사를 받아야 한다. 영주권 취득 후 5년 이상이 경과하면 시민권

신청 대상이 된다. 2020년 기준 약 1만2천 명을 수용하였으며, 콩고 민주공화국 출신 난민이 약 24%로 가장 많이 차지하였다. 그 다음으로 미얀마, 우크라이나, 아프가니스탄, 이라크 순으로 이어진다.

미국은 2004년 제정된 북한인권법에 근거해 북한 출신 난민도 받아들이고 있다. 2006년 6명의 탈북 난민을 시작으로 2021년 기준 220명이 정착한 것으로 파악되었으나, 2008년 이후부터 급감세를 보이고 있다(출처: https://www.voakorea.com/a/world_behind-news).

2) 미국 내 비호신청 프로그램

(1) 비호신청

미국 내에서 비호신청을 통한 비호자지위는 USCIS(U.S. Citizenship and Immigration Services)의 승인, 퇴거명령 집행과정에서 사법부 이민정책심사국(Executive Office for Immigration Review of the Department of Justice)의 심사, 비호자의 배우자나 자식으로서의 가족관계 증명 등 세 가지 방식을 통하여 획득할 수 있다. 또한 비호를 받기 위해서는 신청자는 미국에 입국한 후 1년 이내에 비호 신청을 하여야 한다. 그리고 주신청자의 배우자와 21세 미만 자녀는 수반비호자(derivative asylee)로 신청한다.

(2) 이민국 인정 비호신청자(affirmative asylee)판결 과정

USCIS의 비호사무국(Asylum Division)은 이민국 망명 신청과정(affirmative asylum process)에 따라 대리인과 함께 제출된 비호신청을 판결한다. 그리고 비호신청 면접기간 동안 비호국은 신청자가

INA가 규정한 난민의 자격을 갖추고 있는지를 결정한다. 아울러 비호신청자의 진술이 신뢰할만한가의 평가 및 난민인정의 예외 사항에 해당하는 경력이 있는지 판단하게 된다. 이 과정을 통해 비호를 인정받은 이들을 이민국 인정 비호신청자라고 명한다.

(3) 추방재판 인정 비호신청자(defensive asylee)판결 과정

추방재판 인정 비호신청자 판결 과정은 예를 들어, 유학생과 같은 유효한 비자를 가진 사람이 비호신청이 거부당한다고 하여도 유효한 비자가 취소되지 않는다. 다만 유효한 비자가 없는 사람의 비호신청이 거부가 될 시에는 다음과 같은 절차를 거치게 된다. 먼저 퇴거집행절차를 밟은 후 이민정책심사국의 비호심사요청 및 이민재심위원회 재심 요청을 한 후에 미국 재심법원의 판결이 난다.

(4) 비호자 배출 국적(2017년~2019년 회계연도)

미국의 비호자 배출 국적 순위를 2019년 기준으로 보면 중국 8,601명(34%), 베네수엘라 1,107명(4.4%), 에티오피아 1,076명(4.3%), 이집트 1,028명(4.1%), 아이티 878명(3.5%) 등 상위 5개국은 전체의 50.3%를 구성하고 있다. 2019년 이민국 인정 비호신청자 중 76%의 연령이 18세 이상 44세 이하였다. 비호자들의 평균연령은 미국인들보다 어린 연령층인 28세로 나타났으며, 남성의 비율은 51%를 차지하였으며, 미혼자는 43%로 조사되었다.

3) 난민의 입국과 초기 정착지원 프로그램

난민의 입국과 초기 정착지원 프로그램은 미국의 난민 정착 및 지원 프로그램은 해외에서 난민으로 인정받은 사람들을 지원하는 것에 초점을 맞추고 있다. 비호자로서의 지위를 인정받은 이들도 이 프로그램을 통해 지원 받을 수 있다. 정착지원 프로그램은 일반적으로 연방정부, 주정부, 지역 차원의 난민정착 지원단체들이 상호 역할을 분담하는 속에서 이루어진다.

입국	⇔	사회정착지원 프로그램

Ⅳ. 외국의 난민정책: 유럽연합과 호주

1. 유럽연합의 난민정책

유럽연합의 난민정책은 로마조약(1957)에서 시작되었지만 1997년 암스테르담 조약에 이르러 국가 간의 관계가 아닌 유럽연합 차원의 초국가적(supranational) 정책으로 추진하였다. 2004년의 헤이그 프로그램에 의해 난민정책을 이분화 하였으며, 난민절차와 법적 지위의 통일 및 회원국 간의 부담에 대한 배분 및 제3국과의 협력을 지향하였다. 또한 유럽연합의 난민정책은 규율의 통일을 위한 수단으로 더블린 2차 규정(Dublin-II-Verordnung, Dublin II Regulation)을 시행하였다. 이는 제3국 국적자가 제기한 난민신청에 책임 있는 국가를 결정하는 기준과 절차에 대한 규정에 대한 것이다. 그 중심 내용은 난민신청자가 유럽연합 내에서는 난민절차를 한번만 갖도록 할 것이며, 난민절차를 담당할 국가는 그 신청자를 불법적으로 입국을 유발했거나 저지하지 않은 국가로서 비자를 발급했거나 유럽연합의 경계를 넘어 도착한 국가가 이에 해당한다는 규정이다. 또한 유럽연합 난민정책의 자격지침(EU Qualification Directive, Qualifikationsrichtlinie)은 제네바난민협약에 의하자면 망명권을 가지지 못하지만 유럽인권규약에 의하면 송환이 금지된 난민에 대해 보충적인 보호를 하기 위한 근거로 작용한다. 유럽연합국 중 대표적인 난민수용국인 독일과 프랑스의 사례를 아래에 제시한다.

1) 독일

1973년 오일쇼크를 계기로 외국인근로자 모집을 중지하고 독일에 거주하는 외국인의 귀국을 촉진하는 한편 신규유입을 막고 거주 외국인의 사회통합에 대해 소극적이었으나, 난민신청과 가족초청으로 외국인의 수는 줄지 않고 1978년에는 이미 1973년의 외국인 인구를 넘어섰다. 정치적 측면에서는 난민과 망명에 대해 인도주의적 접근을 하였으며, 정책대상으로서의 난민은 재외동포와 유럽시민, 망명 및 난민을 포함한 제3국 출신으로 나눌 수 있다. 또한 민간참여 분야를 보면 외국인대표단체로서 외국인평의회가 각 지방자치단체마다 조직되어 연방수상 산하의 이민난민통합을 위한 연방자문관에 연결하는 시스템으로 구성되어있다. 그리고 통합이민법의 체계에서는 제3부에서 제12부까지 그 외의 난민법과 국적법, 재외동포에 관한 법률이 차지하고 있다.

독일은 유럽연합(EU)에서 난민을 가장 많이 수용한 국가로 대표적이다. 2020년 기준 난민 약 120만 명, 망명신청자 24만 3,200명, 무국적자 2만 6,700명을 수용하고 있다. 주로 시리아와 아프가니스탄 출신 난민이 다수를 이루고 있다(유엔난민기구 UNHCR, 2021).

2) 프랑스

난민 및 망명자들에게 우호적인 국가로 2010년 기준 유럽 제 1의 망명국이며, 미국에 이어 세계 제 2위의 망명국이다. 먼저 정치적 측면을 보면 난민과 망명에 대해 인도주의적 접근을 하였으며, 정책대상으로서의 난민은 재외동포와 유럽시민, 망명 및 난민을 포함한 제3국 출신으로 나눈다. 프랑스 인구의 약 9%가 외국출생으로 아프리카 42.5%, 유럽 38%, 아시아 14.2%, 미주 및 오세아니아 5.3% 순으로 나타난다. 그리고 프랑스에서 귀화의 조건은 프랑스에서 난민의 지위를 인정받은 경우에 최소 거주기간이 면제된다는 것이다.

난민 및 무국적자 보호사무소(Office Francais de Protections des Refugieset Apatrides: OFPRA)의 역할은 먼저 난민보호에 관한 국제협약의 적용을 위하여 1952년 7월 25일에 설립된 공공기관으로 공공기관이지만 행정적, 재정적으로 자립되어 있다. 그리고 사무총장은 법령(decret)에 근거하여 외교부와 난민부의 동의에 따라 임명된다. 마지막으로 국제협약 및 기타 국제협정, 유엔난민기구 등이 인정하는 난민과 망명자 그리고 보조적 지원 등의 국제 보호 제공 업무를 수행한다. 그리고 프랑스 이민법은 1장에서 8장으로 구성되어 있으며, 제7장이 난민에 관한 것이다.

2. 호주의 난민정책

호주는 이민은 1788년 영국 유형수들이 호주로 강제 유배되면서 호주 이민의 역사는 시작되었다. 호주가 이민 및 난민을 대거 받기 시작한 것은 1947년부터이다. 당시만 해도 700만 명 정도의 인구 90%가 영국과 아일랜드에서 온 앵글로-켈틱(Anglo-Celtic) 계열이 주를 이루었다. 호주 정부는 2007년 이민다문화부(Department of Immigration and Multicultural Affairs)에서 '다문화'가 삭제되고 '시민권'이 들어가 이민시민권부(Department of Immigration and Citizenship)로 개칭된 것은 다양성의 강조에서 사회통합의 강조로 변화하고 있음을 시사한다(박성혁 외, 2008). 2011년 기준 난민에 대한 인도적보호(humanitarian program) 통계에 따르면 13,799명에 달하였다(이민시민권부, 2011 통계). 또한 호주는 밀입국과 난민, 비호신청자 관리는 호주가 직면한 난제로 되고 있다. 이러한 난제로 인해 2011년 호주 정부는 난민, 비호신청자를 말레이시아로 송환하는 대신 말레이시아에서 난민심사를 마친 난민들의 호주 거주를 허용하기로 말레이시아 정부와 협정을 체결하였으나 법원은 이에 대해 불법 판결을 내리기도 하였다.

또한 호주정부는 단기비자 중 임시보호비자를 도입하였는데 이는 1999년 정부는 호주에 입국하는 비호신청자 규모를 줄이기 위해 임시보호(Temporary Protection)비자제도이다. 아울러 1945년 이민부(Department of Immigration)에서 2007년 이민시민권부(Department of Immigration and Citizenship: DIAC) 명칭을 변경하였다. 이민시민권부는 국경관리, 비자 발급과 관리, 강제퇴거, 난민/비호 관련 행정업무, 이민자 및 난민 정착지원, 시민권, 다문화(사회통합)프로그램, 이민 관련 통계 조사 및 관리 등 이민 관련 주요 업무를 담당하고 있다. 호주정부는 1954년 난민협약(Refugee Convention)에 가입하였다(김환학 외, 2012). 호주난민협의회(RCOA: The Refugee Council of Australia) 따르면, 2019년 기준 2,500만명 인구 중 절반가량이 본인 혹은 부모 중 한쪽이 해외 출신에 속한다.

제6장

북한이탈주민 정책

Ⅰ. 북한이탈주민의 배경과 현황

1. 북한이탈주민의 배경

1) 북한이탈주민 관련 용어

북한이탈주민을 정의하는 것은 북한이탈주민의 보호 및 정착 지원에 관한 법률 제2조 제1항에 나타나 있다. "북한에 주소, 직계가족, 배우자, 직장 등 근거지를 두고 있는 사람이 북한을 벗어난 후 외국국적을 취득하지 아니한 사람을 말한다."라고 명시되어 있다. 이와 같이 북한이탈주민은 국내 입국 후 보호결정이 되면 정착지원법에 따른 보호 및 지원을 받는다. 북한이탈주민은 헌법에 따른 '대한민국 국민'으로 별도의 국적 취득을 위한 절차가 필요 없다.

북한이탈주민의 용어를 정의하는 것은 법률적 용어와 현실적 용어로 나눌 수 있다. 법률적 용어는 북한이탈주민이라고 규정되어 있으나, 현실 용어는 탈북자, 월남자, 탈북주민, 귀순자, 귀순동포, 북한사람, 새터민, 북한탈북주민 등 혼용되어 사용되고 있다.

2) 북한이탈주민 현황

북한이탈주민이 처음 북한에서 탈출한 시기는 1953년대에서 1993년대 사이로 이 당시에는 대부분 정치적인 이유로 북한을 탈출한 20대에서 30대의 군인들로 641명이었다. 그러나 1990년대 중반 이후부터는 북한 군인들의 탈출에서 경제적 어려움, 식량난으로 인한 난민적 성격의 이민자 수가 급증하였다. 최근의 북한을 탈출하는 주민은 정치, 경제적 이유 외에 외부 정보의 유입으로 자녀교육환경 개선과 노후생활 보장 등을 비롯한 생활개선에의 욕망이 주를 이루었다. 그리고 이미 이주해 온 가족의 권유 등도 북한이탈주민의 탈출 원인이 되었다. 다음의 <그림 13>은 북한이탈주민에 관한 보호 및 정착에 관한 법률의 제개정 과정을 보여주고 있다.

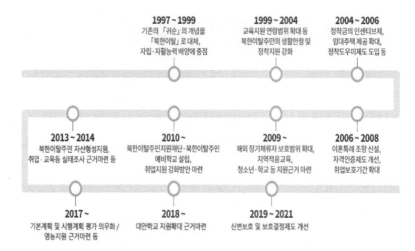

자료 출처: 통일부(https://www.unikorea.go.kr/unikorea/business/NKDefectorsPolicy/status/history/)

<그림 13> 북한이탈주민의 보호 및 정착지원에 관한 법률(1997.01. 제정)

다음의 <표 36>은 북한이탈주민의 현황으로 여성의 비율이 전체 71.9%로 높은 비율을 차지하고 있다.

<표 36> 북한이탈주민 통계

(단위: 명)

구분	~'98	~'01	'02	'03	'04	'05	'06	'07	'08	'09	'10	'11	'12
남(명)	831	565	510	474	626	424	515	573	608	662	591	795	404
여(명)	116	478	632	811	1,272	960	1,513	1,981	2,195	2,252	1,811	1,911	1,098
합계(명)	947	1,043	1,142	1,285	1,898	1,384	2,028	2,554	2,803	2,914	2,402	2,706	1,502
여성비율	12.2%	45.8%	55.3%	63.1%	67.0%	69.4%	74.6%	77.6%	78.3%	77.3%	75.4%	70.6%	73.1%

'13	'14	'15	'16	'17	'18	'19	'20	'21	'22(잠정)	합계
369	305	251	302	188	168	202	72	40	35	9,510
1,145	1,092	1,024	1,116	939	969	845	157	23	32	24,372
1,514	1,397	1,275	1,418	1,127	1,137	1,047	229	63	67	33,882
75.6%	78.2%	80.3%	78.7%	83.3%	85.2%	80.7%	68.6%	36.5%	47.8%	71.9%

출처: 통일부 통계자료(https://www.unikorea.go.kr/unikorea/business/statistics/)

2. 북한이탈주민의 입국과 정착

1) 북한이탈주민의 탈북 경로

북한이탈주민이 북한을 탈북하여 중국에서 합법적으로 입국할 수 있는 방법은 없다. 그렇기 때문에 북한이탈주민이 대한민국으로 진입하는 경로는 대부분 베트남, 몽골, 캄보디아, 태국, 라오스 등을 거쳐 절차를 거친 후 항공편으로 입국한다. 북한이탈주민이 북한을 탈북한 후 대한민국으로 입국하는 탈북경로는 대체적으로 다음 여섯 경로로 이루어진다.

첫 번째 경로, 중국의 연길, 장춘, 심양, 하얼빈 등에서 몽골로 가서
　　　대한민국으로 입국하는 경로이다.

두 번째 경로, 중국에서 베트남을 거쳐 캄보디아에서 대한민국으
　　　로 입국하는 것이다. 2004년 베트남에서 468명이
　　　전세기 2대로 입국한 예외 사례도 있었다.

세 번째 경로, 중국에서 라오스 및 미얀마를 거쳐 태국으로 가서
　　　대한민국으로 오는 경로이다.

네 번째 경로, 중국에서 바로 외국대사관이나 외국인학교 진입 등
　　　으로 대한민국으로 들어오는 것이다.

다섯 번째 경로, 중국에서 밀항하거나 위조여권 등으로 대한민국
　　　으로 진입한다.

여섯 번째 경로, 북한에서 중국을 거치지 않고 바로 월남하는 경
　　　로이다.

이외에 일부는 중국이 아닌 러시아로 탈북을 하였다가 이후 중국으
로 밀입국하여 위의 경로 중 선택하여 대한민국으로 들어오기도 한다.

2) 탈북 경로의 특성

위의 경로에서 알 수 있듯이 중국을 경유해야 하기 때문에 중국에
북한이탈주민이 가장 많이 체류하고 있다. 북한이탈주민은 약 4만
명에서 5만 명으로 추정되고 있으며, 주로 동북3성에 밀집하고 있
다. 중국은 난민협약에는 가입하였으나 북한이탈주민을 '난민'의 개
념이 아닌 '일시적, 경제적 유랑민'으로 간주하고 있기 때문에 북한
이탈주민을 난민으로 인정한 사례가 없다. 게다가 중국과의 협약에

의거해서 북한이탈주민을 체포할 시에는 북송을 원칙으로 하고 있다. 중국 내 대사관 및 영사관까지 진입한 경우에는 1년 정도 대기 후 한국내로 입국한다. 북경대사관과 심양 영사관에서 보호를 하고 교육시설이나 쉼터가 마련되어있지 않으며, 단지 수용과 보호만 가능하다. 특히 중국 내에서 북한이탈여성들은 취약한 상태에 놓여 있기 때문에 보호를 위해 조선족 또는 한족과의 강제결혼, 인권유린을 당하고 있는 경우도 있다. 북한이탈주민 여성 사이에서 출생하여 취학이 필요한 자녀들도 적지 않을 것이라고 추정하고 있다.

몽골의 경우에는 중국에서 사막을 도보로 횡단하여 몽골 국경수비대에 체포되면 몽골 정부의 감옥에 수감된 이후 한국정부와 협의가 이루어지고 나면 대한민국으로 입국이 가능하게 된다. 그래서 몽골 감옥에 수용된 후에 우리나라 대사관에서 제반 비용을 지불한 이후에 대한민국으로 입국하게 된다. 단, 북한이탈주민의 몽골 감옥 수용은 일반 감옥 수용소보다 5~6배 높은 비용을 지불해야 한다는 것이다.

캄보디아의 경우는 개신교 목사가 운영하는 안전가옥에서 대기해야 하며, 평균 3개월에서 6개월 정도 체류한다. 안전가옥은 한국정부가 직접 나서서 북한이탈주민을 보호하는 성격이 아니라 민간의 성격을 가지고 간접적인 지원 및 개입을 하는 형태로 이는 제3국에서의 외교 갈등 문제가 발생할 수 있는 우려가 있기 때문이다. 캄보디아는 북한이탈주민이 가장 많이 입국하는 경로로 베트남을 경유하여 도착하면 일체 외부와의 접촉을 불가한다.

탈북의 마지막 관문이라고 할 수 있는 태국에 입국하기까지의 거리가 약 10,000km 정도로 엄청난 거리로 사실상 조력자의 도움 없이는 불가능하다. 태국의 탁신 총리 집권 초기에는 '마약과의 전쟁' 정책으로 인해 북한이탈주민의 진입이 감소하기도 하였다. 2006년 이후에는 주요 탈북 경로로 북한이탈주민의 대부분이 이곳을 통해 국내로 입국하는 것이 일반적이었다.

북한이탈주민 입국 및 정착과정의 흐름도를 살펴보면 다음과 같다. 첫 번째, 보호요청 및 국내이송이다.

보호요청 시 외교부, 관계부처에 상황보고 및 전파, 해외공관 또는 주재국 임시보호시설 수용신원 확인 후 주재국과 입국교섭 및 국내입국 지원이 해당된다.

두 번째, 조사 및 임시보호 조치이다.

입국 후 국정원이 보호결정 여부를 위한 조사 및 긴급한 치료 등 임시보호조치 실시, 조사종료 후 사회적응교육시설인 하나원으로 신병 이관을 한다.

세 번째, 보호결정이다.

「북한이탈주민대책협의회」심의를 거쳐 보호여부 결정, 보호결정 세대단위 결정으로 한다.

네 번째, 하나원의 정착준비이다.

사회적응교육(12주, 400시간), 심리안정, 우리사회 이해 증진, 진로지도 상담, 기초직업 훈련, 초기정착지원 : 가족관계 창설, 주거알선, 정착금·장려금 지원 등이다.

다섯 번째, 거주지 전입으로 거주지 보호는 5년이다.

사회적 안전망 편입(생계·의료급여), 취업지원(고용지원금, 무료직업훈련, 자격인정 등), 교육지원(특례 편입학 및 등록금 지원), 보호담당관(거주지·취업·신변보호 담당관 제도 운영)이 운영되고 있다.

여섯 번째, 민간참여이다.

북한이탈주민지원재단을 통한 종합 서비스 제공, 지역적응센터 지정·운영, 정착도우미제(민간자원봉사자 연계), 북한이탈주민 전문상담사, 종합상담 및 애로사항 해결 등 찾아가는 상담서비스 제공을 하고 있다.

3) 북한이탈주민의 정착

(1) 합동심문조사기관

북한이탈주민에 대한 행정적 지원단계를 초기입국단계, 시설보호단계, 거주 및 사후지원단계로 나누고 있다. 즉 보호 요청 및 국내 이송 후에 합동신문, 그리고 보호결정이 나면 하나원의 정착준비를 한다. 하나원에서 교육이 끝난 후에는 거주지 보호가 5년 동안 이루어지며 민간참여 지원을 받게 된다. 앞의 탈북 경로에서 알 수 있듯이 대부분의 생과 사를 넘나든 후에 보호요청 및 대한민국으로의 진입이 이루어지고 있다.

이렇게 대한민국에 어렵게 입국하게 되면 북한이탈주민은 합동심문조사기관에서 조사를 받게 된다. 북한이탈주민의 조사 항목은 다음과 같이 이루어진다. 합동조사에서 먼저 왜 탈북하였는지에 대한 탈북의 이유를 먼저 조사한 후에 탈북 시기 및 탈북 동반자에 대한 여부를 조사한다. 또한 탈북 방법과 입국 경로 및 북한에서의 직업 등 삶에 대한 여부도 조사한다. 즉 "왜?, 언제?, 누구와 했는지?, 어떻게 했는지?, 어떻게 왔으며?, 북한에서는 무엇을 하고 살았는지?"에 대한 조사를 말한다. 이 조사 과정 속에서 한국 정부는 북한이탈주민의 탈북 동기와 국내 입국 배경을 파악하고 말 그대로 '생계형 탈북'임을 확인하게 되면 다음 단계인 '하나원'으로 인계된다.

(2) 하나원

하나원은 경기도 안성에 위치하고 있으며, 하나원의 목적은 북한이탈주민의 남한사회 적응교육을 담당하는 기관이다. 하나원은 1999년 통일부에서 설립하고 운영하며, 교육 기간은 3개월 동안 진행된다. 하나원에서 교육을 받는 동안 호적도 만들고 거주지 배정도 받는다.

하나원의 연혁을 살펴보면 최초의 하나원 시설은 탈북 성인 남성들을 주 대상으로 만들어졌다. 초기의 북한이탈주민은 대부분 북한 군인들이었기 때문이다. 그러나 2000년 이후에는 북한이탈주민이 성인여성과 가족 단위의 입국 및 무연고 아동과 청소년들의 비중이 점차 늘어나기 시작하였다. 이러한 아동과 청소년의 입국이 증가함에 따라 2001년 2월에는 하나원 교육관의 1개 층에 북한이탈주민의 아동, 청소년 교육시설을 만들어 '하나둘학교'가 개교되었다. 북한이탈청소년은 합동신문조사기관을 거쳐 하나원으로 가게 되면 초등연령인 경우에는 삼죽초등학교로 3개월 과정으로 위탁 교육을 받는다. 그리고 청소년일 경우에는 한겨레중고등학교에서 2개월 과정으로 위탁 교육을 받았다. 2009년 9월부터 3개월 간 하나원 내 하나둘학교에서 의무적으로 교육을 받고 있다. 2012년 소속기관으로 화천분소가 설치되어 운영되고 있다.

Ⅱ. 북한이탈주민의 특성

1. 북한이탈주민의 대상별 특성

북한이탈주민의 대상별 통계를 보면 먼저 연령별 유형은 다음의 <표 37>의 내용을 보면 알 수가 있다. 북한이탈주민은 10세에서 49세 사이의 연령층이 대부분을 차지하고 있다. 이는 북한이탈주민의 연령층이 매우 젊다는 것을 의미하고 나아가 한국의 고령화사회에서 생산가능인구 층으로의 중요한 역할을 할 수 있다는 가능성도 고려해볼만 하다. 연령대별 입국 현황은 입국 당시의 연령 기준이며, 최근 입국하여 보호시설 등에 있는 일부 인원은 제외된 수치로 입국인원과 다소 차이가 있다.

<표 37> 북한이탈주민 연령별 유형: 2022년 12월 기준 입국자 현황

(단위: 명)

구분	0-9세	10-19세	20-29세	30-39세	40-49세	50-59세	60세 이상	계
남	651	1,705	2,628	2,160	1,400	588	353	9,485
여	646	2,106	6,973	7,559	4,611	1,461	995	24,351
합계(명)	1,297	3,811	9,601	9,719	6,011	2,049	1,348	33,836

출처: 통일부 통계자료(https://www.unikorea.go.kr/unikorea/business/statistics/)

북한이탈주민이 탈북하기 전 북한에서의 직업별 현황을 보면 다음의 <표 38>에서 알 수가 있다. 최근 입국하여 보호시설 등에 있는 일부 인원은 제외된 수치로 입국 인원과 차이가 있으며, 과거 자료정비 등으로 일부 인원이 조정될 수 있다. 경제적 요인이 탈북에 많은 영향을 미치고 있다는 것을 알 수가 있다. 노동자와 무직부양이 직업별 분류에서 가장 높은 수치를 보여주고 직업별의 비대상인 탈북 아동들도 적지 않은 분포이다. 또한 무직부양 중 북한이탈주민 여성의 수가 많은 것은 2000년 이후 북한의 경제난 이후에 남성이 아닌 여성이 책임지는 현상이 보편화되었기 때문이다.

<표 38> 재북 직업별 현황: 2022. 12월 입국자 기준

(단위: 명)

구분	관리직	군인	노동자	무직부양	봉사분야	예술체육	전문직	비대상 (아동 등)	계
남	411	722	4,176	3,215	93	84	238	546	9,485
여	139	161	9,223	11,955	1,460	221	526	666	24,351
합계(명)	550	883	13,399	15,170	1,553	305	764	1,212	33,836

출처: 통일부 통계자료(https://www.unikorea.go.kr/unikorea/business/statistics/)

한편 북한이탈주민의 학력에 관한 통계는 다음의 <표 39>에 나와 있는 것처럼 이전의 고등중학교인 중학교 학력이 가장 많음을 보여 준다. 최근 입국하여 보호시설 등에 있는 일부 인원은 제외된 수치로 입국 인원과 차이가 있다. 재북 학력별 현황에서는 해당 학력별 중퇴자도 포함된 수치이다. 또한 과거 자료 정비 등으로 인원이 조정될 수 있으며, 기타 인원 중에서 하나원에 최근 입소 인원의 학력 미입력자도 일부 포함될 수 있다.

<표 39> 재북 학력별 현황: 2022. 12월 입국자 기준

(단위: 명)

구분	취학전 아동	유치원	인민학교 (소학교)	중학교 (고등중)	전문대	대학 이상	무학 (북)	기타 (불상 등)	계
남	418	135	806	5,743	857	1,126	360	40	9,485
여	404	215	1,499	17,728	2,680	1,217	515	93	24,351
합계(명)	822	350	2,305	23,471	3,537	2,343	875	133	33,836

출처: 통일부 통계자료(https://www.unikorea.go.kr/unikorea/business/statistics/)

북한이탈주민의 재북 출신지역별 현황을 살펴보면, 최근 입국하여 보호시설 등에 있는 일부 인원은 제외된 수치로 입국인원과 차이가 있다. 재북 출신지역은 아무래도 중국과의 국경이 가까운 지역, 즉 양강, 함남, 함북이 높은 수치를 보이고 있다. 아울러 북한의 수도인 평양에서도 비교적 높은 수치를 나타내고 있는 것은 북한이탈주민의 이탈이 여러 배경 하에 이루어지고 있음을 짐작할 수 있다.

<표 40> 재북 출신별 현황: 2022. 12월 거주자 기준

(단위: 명)

구분	강원	남포	양강	자강	평남	평북	평양	함남	함북	황남	황북	개성	기타 (재외 등)	계
남	224	75	1,558	78	460	379	482	777	4,853	270	185	46	98	9,485
여	377	89	4,455	165	655	507	345	2,106	14,999	203	285	33	132	24,351
합계(명)	601	164	6,013	243	1,115	886	827	2,883	19,852	473	470	79	230	33,836

출처: 통일부 통계자료(https://www.unikorea.go.kr/unikorea/business/statistics/)

지역별 거주 현황에서는 하나원이 위치하고 있는 서울과 경기 지역에 가장 많이 거주하고 있음을 알 수 있다. 지역별 거주 현황에서 북한이탈주민의 사망, 말소, 이민, 거주불명, 보호시설에 있는 인원은 제외된 수치이다.

<표 41> 북한이탈주민 지역별 거주 현황: 2022. 12월 거주자 기준

(단위: 명)

지역	서울	경기	인천	부산	경북	경남	대구	충북	충남·세종
남	2,047	2,790	787	227	228	230	130	277	362
여	4,548	8,112	2,124	669	908	838	501	1,115	1,428
합계	6,595	10,902	2,911	896	1,136	1,068	631	1,392	1,790

지역	광주	강원	대전	전남	전북	울산	제주	계	
남	117	222	125	147	113	117	77	7,996	
여	418	689	464	508	427	347	273	23,369	
합계	535	911	589	655	540	464	350	31,365	

출처: 통일부 통계자료(https://www.unikorea.go.kr/unikorea/business/statistics/)

북한이탈주민의 주된 탈북 동기로는 북한 체제의 감시·통제가 싫어서의 이유, 즉 자유를 찾아서에 대한 동기가 22.6%로 가장 높게 나타나고 있다. 그 다음으로 식량 부족(21.4%), 가족(자녀 등)에게 더 나은 생활환경을 주려고(12.9%) 등의 순으로 나타나고 있다. 연령대로 살펴보면, 북한 체제의 감시·통제가 싫어서의 이유는 30~40대에서, 식량이 부족해서의 응답 비율은 연령대가 높을수록 높게 나타났다. 그리고 가족(자녀 등)에게 더 나은 생활환경을 주려고에 대한 것은 40~50대의 응답의 비율이 높았다. 또한 먼저 탈북한 가족을 찾거나 함께 살기 위해서에 대한 응답은 20대 이하에서 응답비율이 높게 나타났다(2022 북한이탈주민 정착실태조사).

2. 정착지원제도의 특성

앞의 통계들로 비추어 봤을 때 북한이탈주민의 정착에 대한 지원 제도도 관심을 가지지 않을 수 없다. 북한이탈주민의 정착지원 정책에서는 먼저 정착금이 주어지며, 이는 기본금과 장려금, 그리고 가산금 지원이 있다.

그리고 주택알선, 주거지원금, 직업훈련과 같은 주거와 관련된 지원 및 취업과 관련된 지원인 직업훈련, 채용기업주에 지급하는 고용지원금, 취업보호담당관, 기타 지원제도가 운영되고 있다.

또한 사회복지분야의 지원도 이루어지고 있는데 생계급여, 의료보호, 연금특례가 이에 해당한다. 그리고 교육분야의 지원은 특례편입학 및 학비지원이 가능하다. 또한 한 세대당 1명에서 2명까지 정착 지원을 도울 정착도우미 지원도 있으며, 정착도우미 외에 보호담당관 제도도 시행하고 있다. 보호담당관은 거주지보호담당관 200여 명, 취업보호담당관 55명, 신변보호담당관 800여 명으로 북한이탈주민의 대한민국 정착에 대한 지원이 이루어지고 있다. 다음의 <표 42>는 북한이탈주민의 정착 현황으로 학업 중단율도 포함되어 있기 때문에 교육부의 자료도 포함되어 있다. 학업 중단율은 해당연도 학업 중단자의 총수와 전년도 재학생 총수를 포함한 것에 대한 백분율 수치이다.

<표 42> 북한이탈주민 정착 현황: 2022. 12월 거주자 기준

(단위: 명)

구분	'08	'09	'10	'11	'12	'13	'14	'15	'16	'17	'18	'19	'20	'21	'22
생계급여 수급률	54.8	54.9	51.3	46.7	40.8	35	32.3	25.3	24.4	24.4	23.8	23.8	23.8	22.8	22.6
초·중·고 중단율	10.8	6.1	4.9	4.7	3.3	3.46	2.5	2.2	2.1	2.0	2.5	3.0	2.9	1.2	1.6

출처: 통일부 통계자료(https://www.unikorea.go.kr/unikorea/business/statistics/)

북한이탈주민의 정착제도에서 특성에서 다음의 <표 43>은 북한이탈주민의 경제활동 현황에 관한 표이다. 2008년부터 북한이탈주민의 경제활동이 점차 증가하고 있는 것을 알 수 있다.

<표 43> 북한이탈주민 경제활동 현황: 2022. 12월 거주자 기준

(단위: 명)

구분	'08	'09	'10	'11	'12	'13	'14	'15	'16	'17	'18	'19	'20	'21	'22
경제활동 참가율	49.6	48.6	42.6	56.5	54.1	56.9	55.3	59.4	57.9	61.2	64.8	62.1	60.1	61.3	63
고용률	44.9	41.9	38.7	49.7	50	51.4	51.7	54.6	55	56.9	60.4	58.2	54.4	56.7	59.2
실업률	9.5	13.7	9.2	12.1	7.5	9.7	6.4	4.8	5.1	7.0	6.9	6.3	9.4	7.5	6.1

출처: 남북하나재단 북한이탈주민 정착실태조사

<그림 21> 북한이탈주민 경제활동 현황표

북한이탈주민들이 남한생활에 만족하는 주된 이유에 대한 조사결과에서 '자유로운 삶을 살 수 있어서'가 33.4%로 가장 높은 비율을 차지하였다. 그리고 내가 일한 만큼 소득을 얻을 수 있어서에 대한 응답은 23.9%, 그리고 북한보다 경제적 여유가 있어서가 22.5% 순이다(2022 북한이탈주민 정착실태조사).

3. 북한이탈주민 관계 법령

1) 북한이탈주민의 보호 및 정착지원에 관한 법률(제1조-34조)

북한이탈주민의 보호 및 정착지원에 관한 법률(이하 북한이탈주민법)은 제1조에서 34조의 조항이 있다. 다음의 <표 44>는 북한이탈주민법 중 가장 기본적인 제1조~제3조까지를 소개하고 있다. 북한이탈주민법에 대한 구체적인 법률 내용은 https://www.law.go.kr/북한이탈주민의 보호 및 정착지원에 관한 법률을 참조하기 바란다.

<표 44> 북한이탈주민의 보호 및 정착지원에 관한 법률

제1조(목적): 이 법은 군사분계선 이북지역에서 벗어나 대한민국의 보호를 받으려는 군사
  분계선 이북지역의 주민이 정치, 경제, 사회, 문화 등 모든 생활 영역에서 신속히
  적응, 정착하는데 필요한 보호 및 지원에 관한 사항을 규정함을 목적으로 한다.
제2조(정의): 이 법에서 사용하는 용어의 뜻은 다음과 같다.
  1. "북한이탈주민"이란 군사분계선 이북지역(이하 "북한"이라 한다)에 주소, 직계가
    족, 배우자, 직장 등을 두고 있는 사람으로서 북한을 벗어난 후 외국 국적을 취득
    하지 아니한 사람을 말한다.
  2. "보호대상자"란 이 법에 따라 보호 및 지원을 받는 북한이탈주민을 말한다.
  3. "정착지원시설"이란 보호대상자의 보호 및 정착지원을 위하여 제10조 제1항에 따
    라 설치, 운영하는 시설을 말한다.
  4. "보호금품"이란 이 법에 따라 보호대상자에게 지급하거나 빌려주는 금전 또는 물
    품을 말한다.
제3조(적용범위): 이 법은 대한민국의 보호를 받으려는 의사를 표시한 북한 이탈주민에
  대하여 적용한다.

Ⅲ. 탈북청소년의 문제 어떻게 접근할 것인가?

1. 북한이탈아동의 배경

1) 탈북청소년

북한이탈주민에 포함되어 있는 아동과 청소년을 법률적 용어로는 탈북청소년이라고 규정되어 있다. 탈북청소년은 좁은 의미로 말하면, "북한에서 출생하여 현재 한국에 살고 있는 만 6세 이상 24세 이하의 북한이탈주민"을 지칭한다. 북한이탈주민 용어에 대한 정의를 '북한이탈주민의 보호 및 정착지원에 관한 법률'에 북한을 벗어난 후 외국국적을 취득하지 않은 사람'이라고 앞에서 이미 제시한 바가 있다.

탈북청소년의 좁은 의미에서 나타나듯이 북한이탈주민 가운데 청소년 연령의 집단을 '탈북청소년'이라 부른다. 그리고 교육지원 대상 청소년 연령도 초·중·고등학교 학령과 청소년 기본법이 규정하는 만 24세까지 연령을 포함한다. 반면 넓은 의미에서 탈북청소년을 볼 때는 탈북청소년에는 "부모 중에 한 사람 이상이 북한이탈주민이고 중국 등 제3국에서 출생한 아동과 청소년"이 포함된다는 것이다. 넓은 의미의 중국 등 제3국에서 출생한 아동과 청소년은 원칙적으로는 위의 법률이 정의하는 북한이탈주민의 범주에는 포함되지 않는다. 그렇지만 탈북가정의 자녀로서 교육적 지원이 필요한 경우가 있으므로, 이 경우에는 여러 교육지원 대상에 포함된다.

2) 탈북청소년의 현황

탈북청소년의 현황은 네 가지 현황으로 나눌 수 있으며, 학교 유

형별 재학 현황과 출생지별 재학현황, 시도별 현황, 출생지별 현황
이다. 먼저 다음의 <표 45>는 학교 유형별 재학 현황으로 공교육 기
관인 초등학교, 중학교, 고등학교 및 대안교육시설에 관한 현황이다.
공교육 기관의 학생 수는 초등학교는 남학생과 여학생 합계 1,224명
으로 가장 높은 분포도를 차지하였고, 다음으로는 중학교로 재학 중
인 중학생 824명과 고등학교 재학생이 427명으로 제일 낮았다. 또
한 전일제로 운영되는 대안교육시설도 242개소로 총 2,717개소에
달한다. <표 45>에서 기타학교는 특수학교, 각종학교, 공민학교, 고
등공민학교, 고등기술학교, 방송통신중고등학교, 학력인정 평생교육
시설 등이 해당된다.

<표 45> 탈북학생 학교 유형별 재학 현황

(단위: 명)

구분	정규학교								합계
	초등학교		중학교		고등학교		기타학교		
	남	여	남	여	남	여	남	여	
재학현황 ('22.4)	274	248	329	330	374	351	80	75	2,061
	522		659		725		155		

출처: 교육부 2022년 탈북학생 통계 현황

출생지별 재학 현황을 보면 다음의 <표 46>에 나와 있듯이 초등
학교에 재학 중인 탈북청소년은 북한출생보다 중국 등 제3국 출생
이 더 높은 분포도로 북한출생은 541명으로 44.2%를 차지하고 중국
등 제3국 출생 탈북청소년은 683명으로 55.8%를 차지한다. 그리고
중학교 탈북청소년의 재학 현황은 먼저, 북한출생은 344명으로
41.7%를 차지하며, 중국 등 제3국 출생은 480명으로 58.3%로 초등

학교에 재학 중인 탈북청소년의 현황과 유사하다. 반면 고등학교에 재학 중인 탈북청소년은 북한출생이 341명으로 79.9%이고 중국 등 제3국 출생 탈북청소년 86명으로 20.1%에 불과하여 초등학교 및 중학교의 수치와는 상이한 것을 다음의 통계로 알 수가 있다. <표 46>에서 북한출생은 군사분계선 이북지역(북한)에서 출생한 학생을 말한다. 그리고 중국 등 제3국 출생은 부모 중 한 명 이상이 북한이탈주민으로 중국 등 제3국에서 출생한 학생이 해당된다.

<표 46> 탈북학생 출생지별 재학 현황

(단위: %)

구분	초등학교		중학교		고등학교		기타학교		계	
	학생 수	비율	학생 수	비율	학생 수	비율	학생 수	비율	학생 수	비율
북한출생	92	(17.6)	194	(29.4)	305	(42.1)	44	(28.4)	635	(30.8)
중국 등 제3국 출생	430	(82.4)	465	(70.6)	420	(57.9)	111	(71.6)	1,426	(69.2)
계	522	(100)	659	(100)	725	(100)	155	(100)	2,061	(100)

출처: 교육부 2022년 탈북학생 통계 현황

한편 시도별 탈북청소년의 현황은 다음의 <표 47>에 잘 나타나 있다. 탈북청소년의 재학 학교 및 학생 수 또한 북한이탈주민의 거주 통계와 유사하게 서울과 경기도 지역 및 인천, 즉 수도권이 가장 높은 분포도를 보이고 있다. 다음으로는 경북과 충남이 뒤를 이었고 나머지 지역은 비교적 고르게 분포되어 있다.

<표 47> 탈북학생 지역별 현황

(단위: 명)

시도	학교수	학생수				
		초	중	고	계	비율
서울	211	281	200	156	637	25.7
부산	46	28	37	12	77	3.1
대구	26	25	23	5	53	2.1
인천	56	120	106	31	257	10.4
광주	42	38	32	7	77	3.1
대전	25	23	7	7	37	1.5
울산	29	21	17	2	40	1.6
세종	3	1	1	1	3	0.1
경기	245	377	205	143	725	29.3
강원	27	35	14	1	50	2.0
충북	47	41	28	11	80	3.2
충남	66	63	33	19	115	4.6
전북	39	29	9	8	46	1.9
전남	34	22	20	5	47	1.9
경북	70	49	44	12	105	4.2
경남	49	58	40	5	103	4.2
제주	11	13	8	2	23	0.9
계	1,026	1,224	824	427	2,475	100

출처: 교육부 2022년 탈북학생 통계 현황

다음의 <표 48>은 2018년에서 2022년 사이의 탈북청소년의 출생지별 학생 수를 초·중·고로 구분하여 제시한 통계이다. 초등학교 연령의 학생이 가장 높고 초등학교 재학 중인 탈북청소년의 비율 또한 중국 등 제3국 출생이 가장 많이 차지한다. 초등학교에 재학 중인 탈북청소년 중 중국 등 제3국 출생자가 높은 분포도를 차지한다는 것은 북한 출생 탈북청소년과 달리 한국어를 모국어로 하지 않을 개연성도 높다라는 것을 추측할 수 있다.

<표 48> 탈북학생 연도별 출생국별 재학 현황

(단위: 명/%)

연도	구분	학생수				
		초등학교	중학교	고등학교	기타학교*	계
'18. 4.	북한 출생	262	315	353	78	1,008
	중국 등 제3국 출생	670(71.9%)	367(53.8%)	398(53%)	95(54.9%)	1,530(60.3%)
	계	932	682	751	173	2,538
'19. 4.	북한 출생	237	288	378	79	982
	중국 등 제3국 출생	640(73%)	450(61%)	374(49.9%)	85(51.8%)	1,549(61.2%)
	계	877	738	752	164	2,531
'20. 4.	북한 출생	193	268	364	82	907
	중국 등 제3국 출생	548(74%)	514(65.7%)	374(50.6%)	94(53.4%)	1,530(62.8%)
	계	741	782	738	176	2,437
'21. 4.	북한 출생	127	238	355	69	789
	중국 등 제3국 출생	527(80.6%)	502(67.8%)	384(52%)	85(55.2%)	1,498(65.5%)
	계	654	740	739	154	2,287
'22. 4.	북한 출생	92	194	305	44	635
	중국 등 제3국 출생	430(82.4%)	465(70.6%)	420(57.9%)	111(71.6%)	1,426(69.2%)
	계	522	659	725	155	2,061

출처: 교육부 2022년 탈북학생 통계 현황

2. 정부 및 민간 차원의 지원정책

1) 정부 차원의 지원정책

(1) 통일부(정착지원과)의 남북하나재단

탈북청소년을 지원하는 정책 운영기관은 북한이탈주민과 마찬가지로 통일부 내의 정착지원과와 남북하나재단이 담당하고 있다. 이러한 정책 운영기관은 북한이탈주민의 국내 초기 적응과정 및 안정적인 거주지 정착에 걸쳐 전 지원과정을 담당한다. 통일부 내의 정착지원과에서 수행하는 북한이탈주민 지원 사업 전반에 탈북청소년 지원이 포함되어 있다. 서비스 지원 범위는 북한출생 탈북청소년과 제3국 출생을 포함한 북한이탈주민 자녀가 대상이다.

(2) 교육부

교육부는 2008년에 국정과제로 '다문화가정·탈북학생 교육지원 확대'로 지정하고 탈북청소년 교육지원과 관련해서는 중앙정부차원의 교육부와 각 지역 단위의 시도 교육청, 탈북청소년교육지원센터 등 세 곳에서 주체가 되어 지원체계 및 내용별로 역할을 나누어 업무를 추진하고 있다. 아울러 교육부 학생복지과에서는 탈북청소년의 교육지원에 대한 기본계획 수립 및 지원 사업 전반을 총괄한다. 그리고 시도 교육청은 탈북청소년 교육지원계획 실행을 위하여 멘토링 및 교과 보충, 진로와 직업교육, 방과후 특별교실 운영, 전담교사 및 전문상담교사 배치 등 맞춤형 지원 사업을 추진하고 있다. 탈북청소년교육지원센터의 역할은 탈북청소년 교육지원과 관련된 세부계획 수립 지원, 시·도 교육청 교육업무 지원, 교원대상 연수 지원 등이다.

(3) 여성가족부

여성가족부의 탈북청소년 지원에 관한 업무는 청소년가족정책실의 청소년자립지원과에서 운영하고 있다. 여성가족부 부설기관인 무지개청소년센터를 통해 탈북청소년 지원 사업 추진을 한다. 탈북청소년 관련 프로그램은 정착과정에 따라 '입국초기 지원 사업'과 '지역사회 정착지원 사업'으로 나누어 진행한다.

그리고 교육부의 학생복지과에서는 탈북청소년의 교육지원 기본 계획 수립 및 지원 사업에 대한 전반을 총괄하고 있다.

(4) 민간 지원기관

탈북청소년을 지원하는 정부 부처 외에 민간지원단체를 살펴보면 대표적인 지원센터인 전국의 하나센터, 남북하나재단에서 지원하는 청소년 교육생활시설, 대안교육시설, 방과 후 공부방, 그룹홈을 들 수 있다. 또한 무지개청소년센터에서 위탁하는 레인보우스쿨과 북한이탈주민 지원 사업을 하는 종합사회복지관 등도 지원하고 있다. 자체 고유사업 외에 통일부의 남북하나재단, 교육부의 탈북청소년교육지원센터, 여성가족부의 이주배경청소년지원재단으로부터의 위탁사업과 사회복지공동모금회 지원 사업 등을 함께 수행하고 있다. 이기영 외(2014)는 민간 지원기관의 서비스 대상은 북한출생, 중국 등 제3국 출생, 남한 출생 자녀를 구분하지 않고 '북한이탈주민 자녀'에 대한 전반적인 지원 제공에 대해 연구하였다. 황미혜(2019)의 연구에서는 북한이탈주민 자녀 유형의 다양성을 통해 중국 출생 북한이탈주민자녀를 통일 후 사회통합을 위한 이중언어사용자로 활용 가능성에 대한 방안을 제시하였다.

제7장

이주배경청소년과 정책

I. 이주배경청소년 지원 정책

2015년 다문화가족실태조사에서 자녀의 현황을 살펴보면 만 9~24세 자녀 수가 2012년에 비해 24% 급증한 82,476명에 이르는 가운데, 자녀 역시 차별 경험이 감소하고 차별에 적극적으로 대응하는 비율이 증가하였다. 고민 상담의 대상으로는 부모님이 가장 높고 (42%), 친구는 33.2%로 전체 청소년에 비해 친구와의 고민상담 비율은 낮았다. 평일 저녁활동은 전체 청소년과 비교해, 숙제 등 공부하기, 학원 및 과외와 같은 학습관련 활동의 비율이 더 낮게 나타난 반면, TV·비디오 보기 등의 비율은 더 높게 나타났다.

성장배경은 만 9~24세 자녀 중 60.8%가 국내에서만 성장하였으며, 39.2%가 외국 성장 또는 거주 경험이 있었다. 다문화가족자녀들이 차별을 경험한 비율은 9.4%로 2012년에 비해 4.4%p 감소하였으며, 차별 경험 시 부모님이나 선생님에게 알리는 등 적극적인 대응은 증가하였다(2012년 38.3%→2015년 50.6%).

15세 이상 자녀 중 정책적 관심 대상이 되는 NEET(비재학·비취업 등: Not currently engaged in Education, Employment or Training)

비율은 18.0%로 2012년 대비 4.5%p 감소하였다. 국내 성장 자녀에 비해 외국 성장 자녀들이 학교공부에 어려움을 느끼는 비율이 두 배 이상이며, 한국어능력(3.92점/5점척도)도 국내 성장 자녀(4.80점)에 비해 저조하다.

2021년 기준 다문화가구의 평균 자녀 수는 0.88명으로 2018년 0.95명, 2015년 1.02명과 비교해서 지속적으로 하락하고 있으며, 무 자녀 비중이 42%로 지속적으로 상승하고 있다. 다문화가족 자녀는 8세 미만 구간의 비율이 감소하고, 9세 이상 연령대 비율이 증가하 고 있다(2021년 전국다문화가족실태조사).

1) 이주배경청소년 지원 정책에 대한 법령

이주배경청소년에 대한 지원은 청소년복지 지원법 제18조에는 "국가 및 지방자치단체는 다음 각호의 어느 하나에 해당하는 청소년 의 사회적응 및 학습능력 향상을 위하여 상담 및 필요한 시책을 마 련하고 시행하여야 한다."라고 되어 있다. 18조의 각 호는 다음과 같 으며, 제1호는 "다문화가족지원법 제2조제1호에 따른 다문화가족의 청소년"에 해당된다. 그리고 제2호는 그 밖의 국내로 이주해 사회적 응 및 수행에 어려움을 겪는 청소년을 말한다. 다문화가족의 자녀는 부모님의 결혼 유형에 따라 '다문화가정자녀', '중도입국자녀' 등으로 주로 구분된다.

이주배경청소년에 관련된 법제인 다문화가족지원법 제2조제1호 에서의 이주배경청소년에 관련 내용을 살펴보면 먼저 "다문화가족 이란 다음 각 목의 어느 하나에 해당하는 가족을 말한다."라고 다음 의 <표 49>에 규정되어 있다.

* 다문화가족지원법 제2조제1호
  가. '재한외국인 처우 기본법' 제2조제3호의 결혼이민자와 '국적법' 제2조부 터 제4조까지의 규정에 따라 대한민국 국적을 취득한 자로 이루어진 가족
  나. '국적법' 제3조 및 제4조에 따라 대한민국 국적을 취득한 자와 같 은 법 제2조부터 제4조까지의 규정에 따라 대한민국 국적을 취득한 자 로 이루어진 가족
* 청소년복지 지원법 제30조
  ① 여성가족부장관은 제18조에 따른 이주배경청소년 지원을 위한 이주배 경 청소년지원센터를 설치 운영할 수 있다.
  ② 이주배경청소년지원센터의 설치 운영 등에 필요한 사항은 대통령령으로 정한다.

1. 이주배경청소년에 대한 용어

다문화가족의 자녀는 부모님의 결혼 유형에 따라 '다문화학생', '중도입국자녀' 등으로 분류되며, 넓은 의미에서 북한이탈주민의 자녀 및 제3국 출생 북한이탈주민 자녀도 포함된다. 이주배경청소년에 대한 용어의 정의는 아래와 같이 구분되어 정의되고 있다.

1) 다문화학생

다문화학생은 다문화가족지원법에서는 대한민국 국적자와 외국 국적자간의 국제결혼으로 이루어진 가족의 개념에서는 '다문화학생' 은 곧 다문화가족의 자녀로 보고 있다. 둘째, 외국인근로자가정 자녀는 외국인근로자의 고용 등에 관한 법 제2조에 따른 외국인근로자란 대한민국의 국적을 가지지 아니한 사람으로서 국내에 소재하고 있는 사업 또는 사업장에서 임금을 목적으로 근로를 제공하고 있거나 제공하려는 사람을 의미하며, 따라서 외국인근로자로 이루어진 가정의 자녀를 외국인근로자가정의 자녀로 보고 있다. 외국인 사이

에서 태어난 경우(한국계 중국인, 중앙아시아 고려인, 시리아 난민 등 포함) 정주여건이 불안정하여 학업을 지속하기 어려운 경우 존재한다. 그러나 유엔아동권리협약에 따라 미등록 아동의 교육권은 보장하고 있다. 반면 국내출생 국제결혼가정의 자녀는 한국인과 결혼이민자 사이에서 태어나 한국에서 성장한 경우를 말한다. 국내출생은 한국어 구사에 어려움은 없으나, 학습에 필요한 문장이나 어휘를 이해하는 데 곤란을 겪는 경우 존재한다. 또한 사춘기에 진입하면서 다문화에 대한 고정관념에 불편함을 느끼며, 심리정서 지원을 요구하기도 한다.

2) 중도입국청소년

중도입국청소년은 2000년 이후 급증하기 시작한 국제결혼 재혼가정의 증가에 따라 나타난 집단으로 결혼이민자가 한국인 배우자와 재혼하여 본국의 자녀를 데려온 경우와 국제결혼가정의 자녀 중 외국인 부모의 본국에서 성장하다 청소년기에 재입국한 청소년의 경우를 말한다. 새로운 가족과 한국문화에 적응하기 위한 스트레스가 발생하며, 정체성 혼란이나 무기력 등을 경험하는 경우 존재하기도 한다. 한국어 능력이 부족하여 공교육 진입과 적응에 어려움이 발생하기도 한다.

3) 탈북청소년 및 제3국 출생 북한이탈주민 자녀

북한이탈주민 보호 및 정착지원에 관한 법률 제24조2항의 용어에 명시되어 있다. 제3국 출생 북한이탈주민 자녀는 북한이탈주민이 탈북 후 제3국에서 출생한 자녀를 일컬어 제3국 출생 북한이탈주민 자녀를 정의한다. 북한이탈주민 보호 및 정착지원에 관한 법률만을 기준으로 해당 법률에 따른 보호 대상자가 아니라는 의미이지 청소년으로서 보호받지 못한다는 것은 아니다. 난민 및 유학생 등의 자녀 또한 이주배경을 가진 청소년에 포함된다고 할 수 있다.

4) 이주배경청소년 현황

(1) 다문화학생 현황

다음의 <표 50>은 교육부의 다문화학생 현황으로 초등학교 재학 중인 다문화가정 자녀가 가장 많은 수를 차지하고 중도입국청소년과 외국인가정의 자녀들도 역시 초등학교 재학이 가장 많음을 알 수 있다.

<표 50> 다문화학생 현황(2022 교육부 통계)

(단위: 명)

구분	2019년				2020년				2021년			
	초	중	고	계	초	중	고	계	초	중	고	계
국내출생	83,620	15,906	8,543	108,069	85,101	19,556	9,117	113,774	86,410	25,430	10,255	122,095
중도입국	5,163	2,153	1,381	8,697	5,088	2,488	1,575	9,151	4,969	2,801	1,657	9,427
외국인가정	15,175	3,688	1,596	20,459	17,581	4,791	2,081	24,453	20,051	5,817	2,668	28,536
계	103,958	21,747	11,520	137,225	107,770	26,835	12,773	147,378	111,430	34,048	14,580	160,258

(2) 다문화학생 부모의 출신 국적 현황

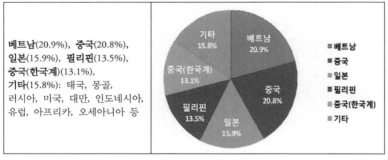

<표 51> 다문화학생 부모 출신 국적 현황

베트남(20.9%), 중국(20.8%), 일본(15.9%), 필리핀(13.5%), 중국(한국계)(13.1%), 기타(15.8%): 태국, 몽골, 러시아, 미국, 대만, 인도네시아, 유럽, 아프리카, 오세아니아 등

(출처: 전국다문화가족실태조사, 2021)

(3) 중도입국청소년 현황

2021년 전국다문화가족실태조사에서 조사한 바에 따르면 중도입국청소년의 외국계 부모 출신국적이 한국계 중국인 경우가 26.8%로 가장 많고, 한국계를 제외한 중국인 22.2%로 절반에 가까운 49.0%가 중국인 부모의 자녀이다. 다음으로 베트남이 13.2%, 일본 11.7%, 필리핀 10.7%로 전체의 85%가 이 네 국가에 집중되어 있다. 그 밖의 국가로는 몽골·러시아·중앙시아 4.4%, 기타 동남아 3.7%, 대만·홍콩 2.0%, 미주·유럽·대양주 1.9%, 기타국가 1.3%로 조사되었다. 성장배경에 따라서는 국내에서만 성장한 자녀의 경우, 중국 출신이 44.7%, 베트남이 17.7%, 필리핀과 일본이 각각 11.1%의 순이다. 한편, 본 연구의 대상자인 외국거주 경험이 있는 자녀들은 중국 출신은 36.2%로 대폭 낮아지는 반면, 일본과 필리핀은 각각 20.2%, 15.4%로 월등히 높아지고, 베트남은 6.2%로 확연히 낮아진

다. 반면 외국에서 주로 성장한 자녀들은 86.1%가 중국출신으로 나타난다. 또한 2021년 다문화가족지원실태조사에서 이들 집단이 대부분 고등학교 이상의 자녀가 82.1%로 조사된 바, 중국 출신 재혼가정으로 인한 중도입국의 가능성이 큰 것으로 추측된다고 나타났다.

Ⅱ. 이주배경청소년에 대한 교육부 지원 정책

1. 교육부 지원 정책

교육부의 지원 정책의 기조는 다문화학생을 위한 맞춤형 교육 및 일반학생과 교원의 다문화 이해교육 강화이다. 또한 다문화 가정 미취학 아동을 위한 '다문화 유치원' 30개교 시범사업을 운영하고 있다(교육부, 2022). 다음의 <그림 14>는 한국의 전체학생 대비 다문화학생의 비율에 관한 것이다.

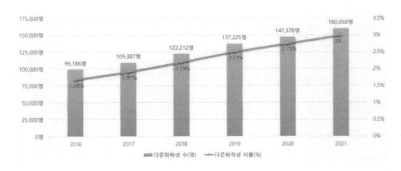

(교육부, 2022 다문화교육 지원계획p4)

<그림 14> 전체학생 대비 다문화학생 비율

초등학교, 중학교, 고등학교의 다문화가정의 학생수는 2012년에는 46,954명이었으며, 2013년 55,780명, 2014년에는 67,806명으로 공교육에 진입하는 다문화가정 자녀의 수가 증가하고 있다. 유치원 단계에서는 다문화학생을 특성을 고려한 '선제적·맞춤형 교육' 실시하고 있다. 그리고 문화다양성을 수용하는 '다문화 이해교육 확대' 및 문화다양성을 수용하는 '범부처 협업 및 지역내 연계' 강화를 실시하고 있다.

1) 중도입국학생 및 외국인 학생 등에 대한 지원

중도입국학생 및 외국인 학생 등에 대한 지원은 한국어와 한국문화 적응 프로그램을 제공하는 예비학교를 운영하였다. 이는 한국어가 서툰 중도입국 자녀 등이 정규학교에서 잘 적응할 수 있도록 한국어와 한국문화 적응 프로그램을 집중적으로 제공하도록 지정 선정되어 시행되었다.

2) 맞춤형교육으로 기초학력 및 진로교육 강화

다문화가정의 학생에 대한 맞춤형교육으로 기초학력 및 진로교육 강화의 내용은 다문화학생의 특성에 맞는 맞춤형 한국어 교육을 실시하기 위해 '한국어(KSL)' 교육과정에 학습한국어를 보완하며, 한국어 성취 정도를 평가할 수 있는 측정도구를 개발·적용하여 한국어 습득 및 학업성취를 지원한다. 한국어(KSL: Korean as a second Language) 교육과정에 대해서 살펴보면 다음과 같다. 한국어가 주류 언어일 수밖에 없는 한국이라는 공간에서 한국어가 모국어가 아닌 언어적 소수자들을 대상으로 한국어를 목표 언어로 가르치는 일체의 교육 행위를 이르는 말이다. KSL은 한국어 능력의 부족으로 일반 학급에서 수업을 따라가기 어려운 다문화 가정 학생을 배려하는 일종의 보호프로그램(sheltered program)이라고 할 수 있다.

아울러 다문화학생의 기초학력 제고를 위해 개별학습을 지원하는 대학생 멘토링 사업도 확대하고 있다. 주요 프로그램은 이중언어, 수학·과학, 예체능 등에 우수한 다문화학생을 발굴하여 전문 교육을 실시하는 글로벌 브릿지 사업 운영 대학도 확대 운영한다는 것이다. 이중언어, 수학·과학, 예체능 등에 우수한 자질이 있는 다문화학생을 글로벌 리더로 육성하는 프로그램으로 이수자들이 마이스터고, 외고 등에 진학하는 비율이 비교적 높은 편이다.

(1) 다문화학생을 위한 다문화교육 지원계획

국제결혼 외국인가정 자녀 증가에 따른 교육수요 대응하기 위한 계획이다. 결혼이민자 및 외국인 근로자 등 한국내 유입 증가에 따라 이주배경 인구는 증가하는 추세에 있다. 한국내 체류 외국인 현황은 ('07)107만명 → ('13)158만명 → ('20)204만명에 달하고 있다. 결혼이민자 현황은 ('18)159,206명 → ('19)166,025명 → ('20)168,594명에 달하고 있다(교육부, 2022).

다문화 외국인가정 자녀 증가에 대응하여 한국 사회 인재로 성장할 수 있도록 공교육 진입 및 적응 지원 등 교육기반 조성을 필요로 하고 있다. 이에 따라 다문화학생의 교육 수요를 고려한 사각지대 없는 맞춤형지원으로 추진하고 있다. 또한 국적 체류자격 등과 무관하게 공교육에 진입할 수 있는 기반을 조성하고, 다문화학생의 특성을 고려해 맞춤형 교육 지원을 하는 것으로 운영하고 있다. 다문화학생이 학교 현장에 조기 적응하고 다양성과 잠재력을 발휘하여 미래인재로 성장할 수 있도록 내실 있는 지원체계 마련을 구축하고 있다. 이주 유입 1% 증가 시 국가의 1인당 GDP가 장기적으로 2% 상승하는 효과를 가져온다(IMF, 2018).

학교 구성원의 다문화 수용성 개선으로 다문화 친화적 교육 환경 조성이 우선이다. 다문화학생의 성장을 위해서는 모든 학교 구성원이 문화적 다양성을 이해하고 조화롭게 어울리는 다문화 친화적 교육환경 조성 필요에 대한 것을 중점으로 한다. 한국은 다문화학생이 학교에 등록·적응할 수 있도록 돕는 측면은 뛰어나지만, 모든 학생을 위한 다문화교육은 다소 미미하다는 평가를 받았다(MIPEX 이민자통합정책지수, 2015). 이에 따른 전체학생 및 교원의 다문화 수용성이 향상될 수 있도록 지원한다는 것이다.

연도별로 다문화교육 지원을 위한 각종 정책 사업 추진현황을 살펴보면 다음과 같다. 먼저 2012년~2018년까지 다문화 예비학교에서 2019년 한국어학급으로 운영되고 있다. 그리고 2014년~2018년까지 운영된 다문화교육 중점학교는 2019년부터 다문화교육 정책학교(초중등)로 바뀌었다. 또한 다문화교육 추진체제를 위한 중앙다문화교육센터를 2012년부터 지정 운영하고 있다. 그리고 지역다문화교육지원센터도 2015년부터 운영 지원하고 있다. 다문화교육 정책학교 및 연구학교를 통해 우수모델을 발굴 확산하고 범교과 학습주제로 다문화교육을 실시하도록 권고하고 있다.

(3) 부처간 연계, 지역 내 연례를 통한 정책 효율성 제고

부처간 연계, 지역 내 연례를 통한 정책 효율성 제고로 지역 내 다문화 정책자원을 연계·활용하여 학교의 다문화교육을 지원하는 지역다문화교육 모델을 개발하기 위한 시범사업을 '15년부터 5개 시·도교육청 제주도, 울산, 강원도, 경기도, 충청남도에서 실시하고 있다. 부처 간 연계 및 지역 내 연례 외에 지방자치단체, 다문화가족 지원센터, 대학 평생교육기관, 민간단체 등도 참여하고 있다. 이밖에 다문화학생의 교육 지원과 관련하여 사회부처 관계 장관 회의를 통해 부처 공동으로 다문화 미취학 아동에 대한 교육지원, 다문화 학부모교육, 중도입국 학생의 공교육 진입 지원, 다문화 교육자료 연계 활용 등에 대한 대책도 협력한다.

Ⅲ. 이주배경청소년 지원 관련 정부 부처 정책

1. 다문화학생 정책 관련 부처

1) 다문화가족정책위원회

국무총리를 위원장으로 여성가족부, 교육부, 보건복지부, 문화체육관광부, 법무부 등 부처 장관 및 민간위원 등으로 구성된 다문화가족정책위원회를 운영하고 있으며, 이곳에서 다문화가족 정책을 심의 조정한다.

2) 여성가족부

여성가족부의 다문화가정 자녀 지원정책은 다문화가족 지원정책과 청소년정책의 두 가지 축으로 나누어진다. 대상자는 다문화가족의 자녀 중 주로 학령기 이전의 자녀를 대상으로 추진되고 있다. 청소년 정책에서는 이주배경청소년지원재단을 통해 레인보우스쿨을 비롯해 다문화가정 자녀와 탈북청소년에 대한 상담과 교육 등을 진행하고 있다. 여성가족부의 이주배경청소년에 대한 지원프로그램은 다음의 여섯 가지로 나누어 진행되고 있다.

첫 번째, 맞춤형 정보서비스로 이주배경청소년의 체류, 정착, 교육, 취업 진로, 생활 전반의 정보 안내 및 Rainbow School 등 활동프로그램 및 기관연계 지원인 진로, 진학지도, 심리, 정서상담 등이 연계 지원되는 프로그램이다.

두 번째, 입국초기 지원교육으로 Rainbow School 프로그램을 들수 있다. 전국 각 기관에서 위탁 운영을 하고 있으며, 중도입국청소년을 위한 한국어 및 특기적성, 사회문화, 심리프로그램 지원하고있다. 이외에도 전일제, 겨울학교, 여름학교, 주말 및 야간 프로그램도 운영하고 있다.

세 번째, 10대 후반에서 20대 초반의 중도입국청소년에 대한 진로지원 프로그램을 말한다.

네 번째, 통합상담 및 가족연계프로그램으로 이주배경청소년의 자아존중감 향상을 위한 집단상담 '마음돌보기' 실시 및 이주배경청소년 가족관계 향상 및 가족 내 지지체계 강화를 위한 가족캠프 '다독임캠프' 실시 등이다.

다섯 번째, 이주배경청소년의 역량강화 프로그램으로 이주배경청소년 심리, 정서적 지지 및 학습능력 향상을 위해 지원 기관에서 멘토링을 실시한다.

여섯 번째, 상담 및 심리자유 프로젝트 다톡다톡(多talk茶talk)으로 이주배경청소년들의 심리, 정서지원 및 치료비지원 사업이 해당된다.

위의 여성가족부의 여섯 가지 지원 프로그램뿐만 아니라 교육부에서도 이민배경 자녀의 건강한 성장 환경을 조성하기 위해 이중언어 교육환경을 조성하여 전체 학생으로 확대한다. 이는 다문화가정 학생의 부모가 출생한 국가의 언어 및 문화를 이해함으로써 학교적응력을 제고할 필요가 있기 때문에 이중언어교육의 단계적 확산에 중점을 두고 있다. 이에 따라 2012년 7개 시·도에서 실시되던 기존의 '이중언어강사' 제도를 2013년 대전과 충북을 추가하여 9개 시·도에서 이중언어교육 실시 및 초중등교육법시행령을 개정하여 '이중언어강사' 제도를 마련하였다. 2012년에는 이중언어 교육환경 조성을 위해 서울, 경기, 인천 등 7개 시·도에서 실시하였다. 여성가족부에서도 언어영재교실을 실시하여 이중언어에 대한 가족환경조성 사업을 개편하였다.

3) 교육부

교육부가 다문화아동청소년들을 위해 특별한 대책을 마련한 것은 2006년 5월 '다문화가정 자녀 교육지원대책' 수립에서부터 구체적으로 시작되었다. 다문화가정 자녀들의 교육소외 방지대책마련 및 다문화가정 구성원의 인적자원개발 방안 모색을 위해 수립된 '다문화가정 자녀 교육지원 대책'은 결혼이민자 가정 자녀와 외국인근로자 자녀 모두를 정책대상으로 보고 있다. 이러한 정책대상이 처해 있는 서로 다른 현실적 여건에 따라 다른 지원 프로그램을 운영한다. 교육부는 2012년 '다문화학생 교육 선진화 방안'을 발표하였는데 이는 다문화학생들이 점차 학령기로 접어들고 있고, 특히 중도입국청소년 등이 늘어남에 따라 이들이 한국의 공교육 틀에서 교육받을 수 있도록 하기 위해 마련된 정책이다.

4) 보건복지부

보건복지부는 다문화가정에 대해 별도의 지원 체계를 새롭게 구축하는 방식보다는 기존의 복지 지원 체계에서 다문화가정을 지원하는 방향으로 정책을 수립하고 있다. 다문화가정의 결혼이민자를 위한 정신보건 서비스를 비롯해 다문화가정 자녀의 보육료를 지원해주고 저소득층 자녀를 위한 드림스타트에서도 지원을 받을 수 있도록 하고 있다.

5) 법무부

법무부는 다문화가정 자녀를 직접적으로 지원하는 정책을 추진하는 곳은 아니나, 재혼에 의한 국제결혼이 증가하면서 증가하고 있는 중도입국청소년 등의 출입국 관련 업무를 담당하고 있는 부처이다. 이러한 업무 과정에서 교육부, 여성가족부 등과 협력체계를 구축해 필요한 교육 지원을 받을 수 있도록 정보 안내를 하고 있다. 그 외에 법무부 자체적으로 인식개선 사업과 할 수 있는 근거와 이를 위한 이주배경청소년지원센터를 설치 운영하도록 명시하고 있다. 또한 법무부는 조기적응프로그램을 통하여 중도입국청소년에게 한국사회의 조기적응을 지원하고 있다.

6) 문화체육관광부

문화체육관광부에서는 문화다양성을 널리 알리고 기존 도서관, 박물관, 지역문화센터 등을 활용해 일반 국민을 대상으로 한 다문화 사업을 확대해 나가고 있다. 특히 다문화가정 자녀들을 위한 독서진흥콘텐츠 제작과 중도입국청소년 등 우리나라로 이주하는 이민자를 위한 KSL 과정도 개발하고 있다. 또한 국립중앙도서관에서는 '디브러리포털 다문화정보서비스'를 운영하고 있는데, 이를 통해서 다문화 관련 정책을 한눈에 살펴볼 수 있도록 온라인상에서 쉽게 접근할 수 있도록 해 놓았다.

Ⅳ. 중도입국청소년 문제 어떤 시각에서 접근할 것인가?

1. 중도입국청소년의 문제

중도입국청소년은 외국에서 성장하여 한국사회에 진입하는 경우가 많기 때문에 한국 문화와 언어에 익숙하지 않다. 그래서 한국으로의 입국 후에 바로 학교에 다니지 않는 경우가 많다. 어린 시절 장기간을 본국에서 성장하다 주로 학령기에 입국한 중도입국청소년들은 언어·문화의 장벽으로 인해 교육의 사각지대에 놓여 취학률이 낮은 편이다.

또한 중도입국청소년들은 청소년기의 정체성에 혼란을 겪으며, 성장함으로써 자칫 사회 부적응자로 전락해버릴 수도 있다. 중도입국청소년들은 한국사회의 관심 밖에 놓여있으며, 부모의 맞벌이 등으로 인해 한국생활에 쉽게 적응하지 못한 경우가 많다. 집에서만 생활하여 스스로 고립시키거나 밖으로 나와 방황하기도 한다. 이들을 단순한 외국인 혐오와 사회적 비용 등으로 인해 부정적 시각으로 이들을 방치한다면, 이들은 한국사회 부적응으로 인해 하위계층으로 전락해 더 큰 사회 경제적인 비용을 부담해야 할 것이다. 또한 프랑스의 사례처럼 2005년 방리외 방화사건이 2~3세대 이민자 자녀들이 주류사회와의 갈등, 차별 등 여러 구조적인 문제점으로 인하여 발생하였다는 것이다. 이민자를 받아들이는 국가들은 사회구조적인 모순과 불만 등이 표출되는 사회적 문제를 유발할 가능성을 차단하기 위한 방안을 지속적으로 강구해야 한다는 것을 잘 일깨워주는 사건이라고 할 수 있다. 특히 이민배경을 가진 청소년들에 대한 정책은 구체적으로 추진되어야 할 것이다.

2. 중도입국청소년의 특성

중도입국청소년들에게 낯선 환경에서 어머니와 재혼한 한국인 새 아버지를 비롯한 새로운 가족과의 관계를 정립해야하는 것은 큰 부담으로 작용한다. 또한 한국어가 제대로 되지 않아 새로운 가족과의 의사소통이 제대로 되지 않는 점은 긍정적인 관계 정립에 어려움을 가중시키는 요인으로 작용할 수 있다. 이러한 상황이 지속되다보면 결국에는 이러한 이유로 출생국으로 귀국하는 경우도 발생한다.

중도입국청소년들은 자신의 의지보다는 주로 부모의 재혼으로 인하여 한국으로 입국하게 된다. 이 가운데에서 겪게 되는 가정의 해체, 별거, 재결합, 타국으로의 이주 과정은 중도입국청소년들에게 심리·정서적 불안과 위기 경험을 가져다줄 수 있다. 그러나 대부분의 중도입국청소년들은 이로 인한 문제를 해소하거나 극복의 계기를 갖지 못하여 자아정체성 위기까지 겪고 있는 실정이다. 외국인 노동자의 경우도 가족 모두가 안정적으로 이주한 경우가 아니라면 재혼가정 자녀와 크게 다르지 않은 위기를 겪을 수 있다.

한국에서 출생한 다문화가정의 자녀들은 한국어와 한국문화 적응 수준이 중도입국청소년에 비해 양호할 수 있다. 그러나 중도입국청소년의 경우에는 외국인과 다름없는 한국어 및 한국 문화 적응 수준을 가지고 있을 확률이 높으므로 상당수는 학교 밖에 방치되어 있을 가능성이 크다. 양계민·조혜영(2011)의 연구에서는 중도입국청소년의 초등학교 연령인 9세-13세 집단의 약 17%, 중학교 연령인 14-16세 집단의 약 39.5%, 고등학교 연령인 17-19세 집단의 약 63.3%가 현재 학교에 다니지 않고 있는 것으로 나타났다. 한국에 거주하고 있는 중도입국청소년 중 많은 수가 여전히 학교 밖에 방치되어 있을 것으로 판단되는 대목이다.

1) 법무부의 중도입국자녀 조기적응프로그램

중도입국청소년의 적응과 실태가 사회적 문제로 대두됨에 따라 교육부와 여성가족부의 지원 정책 외에 법무부 또한 중도입국자녀의 조기적응을 지원하기 위해 조기적응프로그램을 각 조기적응지원센터에서 실시하고 있다. 중도입국자녀의 조기적응프로그램은 3과목으로 질서 있는 대한민국과 한국사회 적응정보 및 미래 진로 과목을 말한다. 구체적인 교육 내용은 다음과 같다.

첫째, 질서 있는 대한민국 과목으로 헌법 가치, 준법의식, 외국인의 권리와 의무와 출입국·체류·사회통합프로그램·국적 등 이민자 기초정보 및 출입국·체류, 영주·국적 취득 등 이민정보에 관한 내용이다.

둘째, 한국사회 적응정보 과목으로 안전 등 긴급 상황 대처방법, 법률구조 공단 등 관련기관 소개 및 교통, 의료, 주거, 전기·통신, 은행 등 이용에 관한 내용이다.

셋째, 미래 진로 과목으로 교육환경 등 출신국과 한국 문화의 차이와 청소년 문화·복지 시설 안내 및 학교교육 제도 소개, 상급학교 진학, 직업 교육 제도에 관한 내용이다.

중도입국청소년에 대한 조기 적응의 중요성을 직시하여 교육부의 예비학교와 여성가족부의 레인보우스쿨 등 조기적용 교육 프로그램이 시행되고 있으며, 법무부 또한 중도입국자녀들에게 조기적응을 위하여 조기적응 프로그램을 실시하고 있다. 향후 주류사회의 일원 중의 하나가 될 중도입국청소년에 대한 상황에 비추어 볼 때, 중도입국청소년에 대한 문제는 지속적으로 관심을 가져야 할 것이다.

제8장

외국의 이민정책 I : 미국

각 국가마다 이민의 역사와 이민자를 수용하는 정치적, 경제적 배경이 다를 뿐만 아니라 사회통합정책은 그 국가의 특수성을 반영하기도 한다. 이민 유입국 각 국가마다 다른 사회통합정책추진의 언어습득은 공통적으로 작용한다. 미국의 이민의 역사에서 한국인의 미국 이민 역사는 약 100년이 넘는 역사를 갖고 있으며, 한국인의 미국 이민은 1903년 인천 제물포항에서 93명 미국 하와이 출발한 것이 시초였다. 2021년 현재 미국의 재외동포현황은 약 250만 명에 달하고 있다(재외동포재단, 2021).

I. 미국 이민정책의 역사

1. 역사적 관점

미국 이민정책을 역사적 관점으로 접근하면 지속적으로 관용적이지도 배타적이지도 않았으며, 시기와 조건에 따라 특정 민족에게 정책이 편중되었다. 때로는 보편적인 정책으로 전환하기도 하였고 미국은 이민자들이 세운 국가이기 때문에 미국 역사에서 이민정책은 중요한 역할을 하는 것이다. 이렇듯 미국의 이민정책은 세계 어느 국가들과 비교해도 가장 개방적인 이민정책을 가지고 있는 것으로 알려져 있다.

미국은 1875년에 연방 대법원에서 이민 규제는 연방정부의 책임이라고 판결을 하였다. 그래서 이민은 공식적으로 미국 국가 차원의 정책 대상이 되었다. 이에 따라 이민국이 1891년에 설립되었고 같은 해에 미국 최초의 이민법도 제정되었다. 미국 초기 이민법의 특징은 특별히 공적 위협의 소지가 있는 사람들만 배제하였다. 이는 남북전쟁 후 시기적 특성에 따라 미국 사회의 재건기간 및 급속한 산업화로 노동력이 요구되었기 때문이다. 미국의 이민자 유입, 즉 유럽과 아시아 등에서 이민자는 경제적, 정치적으로 미국의 국가 형성에 중요한 자원을 제공하였다. 그러나 미국 정부가 지속적으로 이민자들을 유입한 것은 아니었다. 매년 출신 국가별로 이민자들의 수를 제한하기 시작한 정책이 1921년에 시행되어진 '이민 쿼터 시스템(Emergency Quota Act)'이었다. 해당 국가 출신의 총 이민자 숫자에서 3% 이내로 새로운 이민자들만 허용하는 제도이다. 게다가 1924년에는 이민 쿼터 시스템 비율이 2%로 내려가 미국의 이민법이 더욱 강화되기도 하였다. 이는 미국의 정치적 의도가 반영된 것이라고 해석될 수 있다. 1920년대는 미국의 황금시대 중 하나로 더 이상의 대량 이민 유입이 필요하지 않았던 시기였기 때문이다.

2. 이민법 체계

미국의 이민법 체계를 살펴보면 1952년 이민국적법(Immigration and Nationality Act)이 제정되었다. 이민국적법(INA)은 여러 차례 개정이 되었지만 여전히 미국에서 이민과 국적을 규율하는 기본법으로 적용되고 있다. 미국 이민법의 주요 내용은 다음과 같다. 첫째, 외국인의 입국 및 국적취득에 대한 부분은 국가 전체에 관한 사항이다. 둘째, 주(州)법이 아닌 연방법에서 영주이민과 단기 방문 및 유학, 외국인의 노동허가와 정착에 관한 문제 등을 포괄적으로 다룬다. 즉 이민국적법(개별), 미국연방법률(U.S. Federal Law), 미국연방규정(U.S.Federal Regulations)이다.

1965년 개정 이민법(Immigration and Nationality Act)에서는 국가별 쿼터제를 실시하였던 이민정책을 폐지하였다. 이 시기에 한국인도 미국으로의 이민이 활발하게 이루어지기 시작하였다. 개정 이민법은 양면성을 가지고 있으며, 동양계에 대한 인종차별적인 이민정책을 해소한다는 점이 있지만 미국경제 활성화에 필요한 노동력의 충당을 필요로 했기 때문이었다. 1965년 이민 쿼터 시스템의 폐지를 기점으로 미국 이민의 흐름은 1971년에서 1980년대 사이에 중남미에서 유입되는 이민자 수가 증가하였으며, 이는 저소득층 증가로 이어졌으며 이에 따른 사회비용의 부담도 증가하였다. 그리고 1990년대의 흐름은 전문인력 우대 정책을 펼쳐 개인능력에 따른 우대를 하기 시작하였다. 그러나 2001년 9.11 테러가 미국정부의 사회통합에 대한 관심의 계기가 된 사건으로 미국의 이민 관련 부처가 국토안보부(Department of Homeland Security Service)로 이관되기도 하였다.

2006년 이후 미국 이민정책의 흐름은 '뉴아메리칸' 정책으로 범 정부적 이민자 통합정책을 추진하였다.

II. 미국 이민정책의 방향

1. 이민정책의 기본 방향

미국이민정책의 기본 방향은 이민국적법에 의거한 네 가지 원칙을 바탕으로 실행되어진다.

첫 번째 원칙은 미국 시민권자와 영주권자의 가족 이민 허용을 통해 가족 결합을 도모한다.

두 번째 원칙은 특정 기술을 가지고 있거나 인력수요가 있는 분야의 근로자를 유입함에 있다.

세 번째 원칙은 미국으로의 이민 비율이 낮은 국가에 대한 이민자 유입을 통해 이민자 출신국의 다양성을 확대한다는 것이다.

네 번째 원칙은 본국에서 인종적, 종교적, 정치적 박해의 위험에 처한 사람들을 보호하는 것에 원칙을 둔다.

1) 미국의 외국인 체류 현황

미국 인구(2022년 추계)는 약 332,403,650명에 해당된다. 2021년 기준 미국 전체 인종별 인구 수 및 비중을 살펴보면 다음과 같다.
  (1) 백인 60.1%(197,132,096명)
  (2) 히스패닉 18.8%(61,755,289명)

(3) 흑인(아프리카계 미국인) 12.2%(39,903,733명)

(4) 아시안 5.4%(17,711,302명)

(5) 인도인 0.7%(2,160,496명)

(6) 하와이인 0.2%(540,532명)

(7) 기타 2.7%(8,735,791명)

(8) 불법체류외국인 약 1,100만 명

2010년도 외국인 체류 현황과 비교해보면 미국 거주 외국 출생자는 약 39,956,000명으로 총 인구의 약 13%를 차지하였다. 영주이민자 출생국가로는 멕시코가 13.5%(143,446명)로 가장 분포도가 높았고 그 다음으로는 중국이 8.2%(87,016명)를 차지하였으며, 인도 6.5%(69,013명)와 필리핀 5.4%(57,011명)도 그 뒤를 이었다. 불법체류외국인도 2010년도 기준 약 1,080만 명으로 추정되었다. 2021년도 미국의 외국인 체류 현황에서 히스패닉 인구의 증가가 특징이며, 불법체류외국인도 여전히 감소하지 않고 있다는 것을 알 수 있다.

2) 미국의 비자 체계

미국의 비자체계 영주(이민) 비자는 영주권 취득을 목적으로 받는 비자를 말하며, 또한 이민 비자의 종류는 가족초청이민, 취업이민, 난민 및 망명, 다양성 이민 비자가 있다. 비이민 비자는 단기방문, 취업 및 학업 비자를 말한다.

그리고 결혼이민자의 입국과 영주자격에서 국적취득 경로를 보면 약혼자로 입국(K비자)이 가능하며, 미국 시민권자의 약혼자는 시민권자의 초청으로 3개월 이내에 미국으로 신속히 입국하여 결혼을 가능하게 하는 제도이다. 결혼이민자의 요건은 미국 시민권자는 약혼자를 초청하기 2년 전에 최소 1회 이상을 만나야 되는 규정이 있으나, 약혼식 등 예식은 요하지 않는다. 그리고 입국 후 90일 내에 결혼을 할 것을 밝혀야 하며, 시민권자의 보증서를 통해 약혼자의 재정적 부담을 감당해야 한다.

미국 정부의 국토안전보장부(U.S. Department of Homeland Security, DHS) 산하의 외국인 체류 관련 부처는 먼저, 시민권·이민청(U.S. Citizenship and Immigration Services, USCIS)으로 시민권 부여 및 외국인의 체류 관리를 주업무로 하고 있다. 또한 외국인에게 유용한 정보 제공, 이민과 취득에서 오는 혜택을 부여하고 있다. 다음으로 외국인 체류 관련 부처로는 이민·관세 집행청(Integration and Customs Enforcement)이 있다. 이민·관세청의 주업무는 외국인의 유치 및 추방 및 사업장에서 이민법 집행하며, 이민 조사와 외국인 추적 관련 업무를 하고 있다. 세 번째 관련 부처는 관세·국경 보호청(Customs and Border protection)으로 출입국 심사와 세관, 검역 담당 업무를 맡고 있다. 이외에도 관련 부처는 국무부, 법무부, 노동부, 보건복지부가 있다.

2. 미국의 사회통합 현황

이민자통합정책지수 2020 보고서(MIPEX: Migrant Integration Policy Index)에서 미국의 사회통합 지수는 조사대상국 총 52개국 중 6위를 차지하였다(자료: MIPEX 미국 www.mipex.eu/usa). 미국은 이민자통합정책지수(MIPEX)의 "차별금지" 항목에서 97점으로 캐나다와 함께 조사대상국 중 가장 높은 점수를 받았다. 이와 같이 차별금지 항목이 가장 높은 점수를 받은 것처럼 미국의 강력한 차별금지 법규는 이민자를 포함한 모든 거주자에게 적용된다. 차별금지 법률 집행제도는 차별의 피해자가 될 수 있는 사람에게 이민자통합정책지수(MIPEX) 국가 중 가장 유리하다. 연방정부는 평등한 기회제공을 모든 업무에서 추진하고 차별철폐조처(Affirmative Action)를 통해 사회적 약자를 위한 기회가 제공된다. 노동시장접근성은 68점으로 차별금지에 이어 2위를 차지하였으며, 대부분의 합법적 이민자에게는 내국인과 동일한 취업 기회가 주어지나 해외학위 인증에 대한 노력 미흡하다. 가족결합은 67점인데, 이는 합법적 이민자는 직계가족과의 재결합 기회가 주어지나 비자 제한, 높은 비용, 복잡한 절차 등으로 인해 어려움이 있다는 것이다. 국적취득 점수는 61점으로 나타났으며, 영주권자로 5년 거주하면 시민권신청 자격 부여되고 이중국적의 허용과 개편된 시민권시험은 이민자 성공에 기여한다. 교육 분야의 이민자통합정책지수는 55점으로 미국의 교육 분야는 법적 지위와 상관없이 모든 학생은 무료 공교육을 받을 수 있다고 규정되어 있다. 그리고 소수민족과 영어능력 부족 학생을 대상으로 운영되는 특수 프로그램은 학업에 도움을 주나, 주(州)에서는 미등록 학생을 위한 대학진학, 학비지원 등의 방안이 없다. 장기체류에 대한 점수는 50점으로 영주권을 소유한 이민자는 다른 이민자통합정책지수(MIPEX) 국가보다 보장이 적다. 특히 비교적 작은 범죄행위, 세금보고 불이행, 6개월 이상의 해외여행 등의 사유로 영주권을 잃을 수 있다는 것이다. 영주권 신청비용은 이민자통합정책지수(MIPEX) 국가 중 높은 편이며, 가장 긴 기간이 소요된다. 마지막으로 가장 낮은 점수가 측정된 정치참여 분야는 45점으로 기본 정치적 자유는 모든 사람에게 적용되나 시민권을 취득하지 않은 이민자에게는 정치참여의 기회가 많지 않다.

1) 미국의 이민정책 기본 방향

미국의 이민정책 기본 방향을 네 가지 측면으로 보면, 경제적 측면, 정치적 측면, 사회적 측면, 거시적 측면으로 구분할 수 있다.

(1) 경제적 측면

경제적인 측면은 영주 및 단기취업이민을 통해 미국의 노동시장에 대한 수요 충족이고 영주취업이민은 고급인력에게 우선순위로 적용한다. 단기취업이민은 계절적이거나 일시적 필요에 따라 도입되었으나 지속적으로 노동시장의 수요와 고용주의 선호를 충족시키고 있다. 그리고 대부분 취업이민비자인 영주 및 단기비자는 노동허가를 필요로 하여 미국 근로자와 임금을 보호한다.

(2) 정치적 측면

정치적 측면은 2001년 9.11테러 이후 국가 안보측면에서 출입국관리가 강화되었으며, 테러범 용의자에 대한 정보 수집 및 이민자 감금하거나 추방할 수 있는 권한을 확대하였다. 이와는 다르게 1980년 난민법(Refugees Act) 제정을 통해 포괄적이고 체계적인 난민 보호 체계도 도입하였다.

(3) 사회적 측면

사회적 측면은 합법적 이민자에 대한 사회 통합 및 미국 시민문화 참여 촉진이 있으며, 이에 따른 이민자의 사회적 통합에 대한 세 가지 원칙을 유지한다. 내용으로는 다양한 배경의 이민자 허용 및 민족적인 정치활동 금지, 문화적 성격 유지 자유가 해당된다. 그리고 합법 영주이민자는 긴급의료구호, 재난구호 및 학비 보조 등의 혜택을 받을 수 있으며, 미국 거주 5년 이후에는 식품구입권, 의료보장보험 등 저소득층을 위한 사회보장제도의 대상이 된다.

(4) 거시적 측면

거시적인 측면에서는 1965년까지 미국의 이민정책이 주로 합법적 지위를 보장하는 합법 이민을 어떻게 조절, 통제할 것인가에 초점을 맞추고 있다. 그러나 1980년대 이후 국가 이민정책은 불법 체류자들의 통제와 불법 이민 방지에 초점을 맞춘다는 것이다.

Ⅲ. 미국의 비자

1. 단기비자 및 영주비자

미국의 비자 종류는 단기비자와 영주비자로 나눌 수 있는데 다음의 <그림 15>는 단기비자의 종류에 관한 것이다.

비자		비자	
A	외교 Diplomatic	J	문화 교류 방문자 Exchange Visitor
B	통상/방문 Business/Visitor	K	약혼자 Fiance
C	경유 Transit	L	회사내 미국 지사 전근자 Intra-Company Transfer
D	선원/승무원 Crew Member	M	직업교육 유학 Vocational Student
E	상사주재원/투자자 Treaaty Trader/Investor	O	특수 재능 소유자 Extraordinary Ability
F	유학 Student	P	운동선수와 연예인 Athlete or Recognized Entertainment
G	국제기구 International Organization	Q	문화 교류 행사 참가자 Cultural Exchange
H	전문직 직원 Speciality Occupation Temp. Worker	R	종교활동 종사자 Religious Occupation
I	언론인 Journalist		

<그림 15> 미국의 단기비자

영주비자는 가족초청이민과 취업이민을 가리키며, 가족초청이민은 크게 두 종류로 구분된다. 먼저, 미국 시민의 직계가족을 위한 이민비자로 수적 제한이 없다. 두 번째는 4가지 우선순위로 분리된 이민비자로 이는 수적 제한이 있다. 즉 모든 가족초청이민은 자신들이 공적 부담이 되지 않을 것이라는 증거로 초청인으로 부터 부양서약서를 얻어야 한다. 그리고 신청인은 연방빈곤 가이드라인의 최소 125%에 해당되는 소득을 증명해야 한다.

취업이민은 5가지 우선순위로 분류되며, 제1순위에서 5순위의 조건은 다음과 같다.

먼저 제1순위는 과학, 예술, 교육, 사업 및 체육 등에 특출한 능력을 가진 자와 뛰어난 자 및 교수 또는 연구원과 다국적 기업의 대표 또는 임원이 해당된다.

제2순위는 고등교육학위(advanced degree)를 가진 전문가 또는 과학, 예술, 사업에 우수한 능력을 가진 자이다.

제3순위는 경제 현장에서 공급이 부족한 숙련 노동자, 학사학위 소지 전문가, 기타 공급이 부족한 노동자가 3순위에 해당된다.

제4순위는 종교적 성직자, 일부 미국 재외공관 직원 등이 해당된다.

제5순위는 최소 US100만 달러 투자로 인해 10명 이상의 고용창출을 할 수 있는 경제적 능력이 있는 자를 말하며, 정부가 지정한 고실업률 또는 농촌지역에 투자할 경우는 US 50만 달러 투자만 하여도 된다.

또한 미국 정부의 난민에 대한 정책은 연간 허용되는 난민의 수는 미국 대통령 결정문(Presidential Determination)에 의해 설립된다. 아울러 난민으로 인정된 자는 입국 1년 이후에 영주권 신청을 해야 한다. 난민은 배우자와 21세 이하인 자녀와의 결합을 위해 신청서를 입국 2년 안에 제출해야 한다. 망명자로 인정을 받은 외국인도 난민과 마찬가지로 1년 후에 영주권 신청을 할 수 있다. 다양성 비자는 이민이 비교적 낮은 출신국에서 최소 고등학교 교육 이수 및 2년 이상 직업을 가진 이민자에게 허용된다.

2. 귀화

1) 귀화의 조건

미국 귀화의 조건을 살펴보면, 연령은 18세 이상으로 미국 내에 5년 거주를 하여야 하는 규정이 있다. 귀화신청 직전 5년간의 절반 이상을 미국 내에 거주해야 하며, 귀화신청 당시 최소 3개월은 해당

지역구에 거주해야 한다. 단, 미국 시민의 배우자에게는 영주권 소유 기간은 3년으로, 미국 거주 기간은 18개월이다. 이러한 사항 외에도 영어 구사능력 및 미국 시민권 시험 합격과 좋은 도덕적 인격(good moral character)의 소유자이어야 한다. 그러나 미국 군인으로 복무 중이거나 제대한 이민자에게는 특별절차가 적용된다.

퇴거 및 추방에 관련 된 것은 미국 이민국적법(INA) 외국인 추방에 관한 규정에 명시되어 있다. 급행 추방(expedited relmoval)은 다음과 같은 세 가지에 해당될 때 조치되어진다.

첫째, 허위 사실이나 위조 서류에 근거해 입국을 시도한 경우

둘째, 비자 등 입국에 필요한 적절한 서류가 없이 입국을 시도한 경우

셋째, 입국할 자격이 없는(inadmissible) 외국인으로서 미국 내에서
　　　2년 미만 거주한 경우

이러한 추방의 대안절차에는 자진출국(Voluntary Departure), 추방취소(Cancellation of Removal), 신분조정(Adjustment of Status), 망명(Asylum), 추방보류(Withholding of Removal)가 있다.

Ⅳ. 미국의 이민정책 추진체계

1. 미국 연방정부의 이민관련 부처 및 주요 기능

1) 이민관련 부처의 주요 기능

미국 연방정부의 주요 이민관련 부처는 국토안보부, 국무부, 법무부, 노동부, 보건복지부가 있다. 보건복지부의 주요 기능은 공중 보

건 보안, 난민 정착, 취약한 그룹을 지원한다. 입국 관리, 국경 통제 및 보안, 이민법 집행, 시민권 부여, 이민 판결, 외국인 추방은 국토안보부가 추진하고 있으며, 사례에 따라 법무부와 국토안보부가 합동으로 집행하기도 한다. 법무부의 주요 기능은 이민법원 제도와 이민법의 해석이며, 노동부는 외국인 고용을 위한 노동시장 테스트, 노동자 보호가 주요 기능이다. 그리고 국무부는 사증 발급, 난민 프로그램, 사증 및 여권 보안, 국제 인구정책의 기능을 가지고 있다(자료: Wasem, R.. 2006. "Toward More Effective Immigration Policies: Selected Organizational Issues." Congressional Research Service Report for Congress).

2) 주요 집행기관

앞에서 제시된 주요 집행 기관의 구체적인 업무를 보면 다음과 같다.

첫째, 국토안보부 (Department of Homeland Security)의 시민권 및 이민 서비스 (US Citizenship and Immigration Services) 업무는 이민 판결, 시민권 판결, 인도적 이민 판결, 체류자격 전환을 담당하고 있다. 그리고 관세 및 국경보호국 (Customs and Border Protection)은 국경 순찰, 입국 검사, 승객 사전 검열, 승객 명단 검색 관련 기관이고 이민통관집행국 (Immigration and Customs Enforcement)은 외국인의 유치 및 추방, 사업장에서 이민법 집행, 이민 조사, 외국인 추적 관련을 담당하고 있는 기관이다.

둘째, 국무부(Department of State)는 국외의 대사관이나 영사관에서 비자신청을 판결하는 역할 담당으로 영사국(Bureau of Consular

Affairs)이 비자 발부를 담당하고 있다. 국무부의 인구, 난민, 이주국 (Bureau of Population, Refugees, and Migration)에서는 인구, 난민, 이주에 관한 정책을 수립하는 역할을 한다.

셋째, 법무부(Department of Justice)의 세부 기관인 이민심사국 (Executive Office of Immigration Review)은 이민관련 연방정부의 법률 및 규정의 집행과 해석, 이민법원절차, 항소 심사, 행정청문회 등을 통해 담당하고 있다. 또한 이민 관련 불공평 고용 관행 담당 특별 법무관실(Office of the Special Counsel for Immigration-Related Unfair Employment Practices)의 역할은 이민과 관련된 고용차별 조사 및 기소도 담당하고 있다. 그리고 1952년에 제정된 미국 이민법은 이민법률에 관한 해석, 실행, 집행과 결정에 대한 행정권한을 법무부장관에게 주고 있다.

넷째, 노동부(Department of Labor) 산하 기관인 노동부 고용훈련국(Employment and Training Administration)의 외국인 노동허가 사무소(Office of Foreign Labor Certification)는 외국인근로자가 미국 노동자를 대체하거나 근로조건에 부정적인 영향을 미치지 않도록 보장하는 역할을 맡고 있다. 노동부의 근로조건국(Wage and Hour Division)은 몇 가지 단기취업비자에 보장되는 노동자보호규정 관리 및 집행을 담당하고 있다.

다섯째, 보건복지부(Department of Health and Human Services) 산하 보건복지부의 질병관리본부(Centers for Disease Control)는 전염병을 가지고 입국하는 외국인에 대비하는 주도적 역할을 담당하고 있다. 또한 보건복지부내 아동과 가족 행정실(Administration for Children and Families) 안에 있는 난민 정착 사무소(Office of Refugee

Resettlement)는 임시 난민과 부모, 미동반 아동들을 대상으로 보조 프로그램을 운영하고 있다.

2. 실정법 연혁과 체계

1) 미국의 이민실정법 연혁

미국의 이민과 관련된 실정법의 체계 연혁을 살펴보면 1875년에 미국 최초의 이민법인 페이지법(Page Act)22)의 제정으로 저임금 중국인 노동자와 중국인 매춘부의 입국을 금지한 법이었다. 페이지법이 제정되고 7년 후인 1882년에는 중국인 배척법(Chinese Exclusion Act)으로 중국에서의 이민을 전면 금지하였다. 1917년은 새로운 이민법을 통해 아시아 이민 금지구역(Asiatic Barred Zone)을 설정하기도 하였다. 1921년에는 Emergency Quota Act를 통해 국가별 이민쿼터제도(National Origins Quota)를 시행하였다. 1924년에는 Immigration Act(Johnson-Reed Act)를 통해 국가별 이민쿼터제도를 1890년 인구조사 기준과 출생국별 2%로 더 낮추어 강화하여 개정하였다. 반면 1943년에 접어들어서는 중국인의 이민을 전면 금지하였던 중국인 배척법(Chinese Exclusion Act)을 폐지하고 중국계이민자의 귀화를 허용하는 법 (Chinese Exclusion Repeal Act)으로 중국인이 다시 미국사회에 진입하게 되었다. 이러한 경험적인 과정을 거친 미국은

---

22) 1875년 페이지 법(Page Act of 1875, Sect. 141, 18 Stat. 477, 1873년~1875년 3월)은 미국에서 최초로 이민을 제한한 법이며, '부적절하다'고 여긴 이민자들의 입국을 금지시켰다. 이 법은 아시아에서 미국으로 강제노동을 하기 위해 온 이민자들, 성매매에 종사하는 아시아계 여성들, 그리고 자신들의 나라에서 범죄로 기소된 모든 이들을 '부적절하다'고 분류했다. 이 법은 값싼 중국인 노동자와 부도덕한 중국 여성들의 위험을 종식시키기 위해 후원자 공화당 하원의원 호레이스 F. 페이지의 이름을 따서 지었다(위키백과: https://ko.wikipedia.org/wiki/).

1952년 이민국적법(Immigration and Nationality Act)의 제정으로 이전에 여러 개별로 적용되던 이민법을 통합하였다. 또한 이민 쿼터 제도가 본격적으로 폐지된 해인 1965년에는 이민국적법의 개정을 통해 기존의 인종차별적인 할당제도 폐지, 이민 우선 순위 시스템을 도입하여 서반구에서 약 12만 명의 이민자 유입 및 동반구에서 약 17만 명 정도를 받아들였다. 또한 1986년 이민개혁과 통제법(Immigration Reform and Control Act)으로 1982년 이전 입국 하여 지속적으로 미국에 거주한 불법체류외국인를 대상으로 합법체류자격을 받을 수 있는 기회를 제공하였다. 아울러 1990년 개정 이민국적법으로 전체 이민 한도를 연간 70만 명으로 확대하여 취업이민에 대한 우선 순위제도 도입 및 취업이민의 쿼터를 기존 연간 5만명에서 14만 명으로 대폭 확대하기도 하였다.

2) 이민법 체계

이민법의 체계에서 보면 1952년 제정된 이민국적법(INA)은 여러 차례 개정이 되었지만 아직도 이민과 국적을 규율하는 기본법으로 적용되었다. 이민국적법(INA)은 개별 법률인 동시에 미국연방법전(U.S. Code 63)의 8번째 표제(Title 8)의 제12장에도 포함되어 있다. 미국연방법전의 8번째 표제에는 "외국인 대상 복지 및 공공혜택의 제한"(제14장)과 "국경안보 강화 및 비자 입국 개혁"(제15장)에 대한 연방 법률도 포함되어 있다. 또한 연방 법률을 근거로 국토안보부, 법무부, 노동부, 국무부 등 실행부서에서 제정한 세부적 규정은 미국연방규정법전(CFR: Code of Federal Regulations)에 편제되어 있다(김환학 외, 2012).

　미국의 이민법에 대한 주요 내용은 외국인의 입국 및 국적취득에
대한 부분은 국가전체에 관한 사항으로, 주(州)법이 아닌 연방법에서
영주이민뿐만 아니라, 단기 방문 및 유학, 외국인의 노동허가와 정
착에 관한 문제 등을 포괄적으로 다루고 있다는 것이다.

제9장

외국의 이민정책 II: 호주와 캐나다

I. 호주의 이민정책

1. 이민의 역사적 전개

미국과 더불어 대표적인 전통이민국가인 호주의 이민의 역사를 살펴보면, 1788년 영국 유형수들이 호주로의 강제 유배를 들 수 있다. 이후 1790년대는 유형수들 외에 영국인과 유럽인의 자유이민이 시작되었다. 이는 19세기 후반의 금광 러쉬로 인한 개발과 사탕수수 산업에 따른 노동력이 필요에 의해서 적극적으로 이루어졌다. 그러나 1901년 이민제한법(Immigration Restriction Act 1901) 발효되어 유색인종 이민을 제한하였다. 게다가 인종차별적 백호주의(White Australia) 이민정책이 실시되었다. 그러나 제2차 세계대전 이후 호주 정부는 인구의 절실함은 전쟁을 통한 경험으로 인해 이민자 모집에 적극적인 정책으로 변모하였다. 이에 따라 1945년 이민부(Department of Immigration)가 신설되었고 1958년에 이민법(Migration Act)이 제정되었다.

한편, 호주 정부는 1973년 고프 휘틀람(Gough Whitlam) 총리가 공식적으로 인종차별 금지를 선언하였으며, 1977년에는 하나의 다문화사회(Australia as a Multicultural Society)를 공식적으로 표명하였다. 그리고 1979년에는 이민심사점수제(Numerical Multifactor Assessment System: NUMAS)를 도입하여 이민자 선별의 객관화·제도화를 시도하였다.

그러나 1990년대 중반에 접어들어서는 국내부족기술을 보유하거나 고용주의 후원 및 추천을 받은 이민자를 우선시하는 '수요위주'로 방향을 선회하였다. 그래서 1999년에서 2009년 사이에는 인력부족 직업리스트(Migration Occupations in Demand List: MODL)를 선정하여 인력부족 직업리스트(MODL)에 속한 직업을 가진 외국인이 기술이민을 신청할 때 가산점을 부여하는 정책을 실시하였다. 하지만 2010년 이후부터는 기술이민 프로그램을 정비하면서 직업에 따라 점수를 부여하기보다 언어 능력, 경력, 학력, 연령 등의 복합적인 요인을 고려하여 점수를 부여하기 시작하였다. 또한 2012년부터는 독립이민(Skilled Independent/Subclass)을 권유하기 시작하였다.

2. 호주의 이민 현황

호주 정부는 1945년 이민부 설립 이후 약 7백만 명의 외국인이 영주권을 취득하기도 하였다. 이 시기에 해외출생 거주자는 약 6백만 명을 차지하였으며, 거주인구(resident population)의 26.8%를 차지하였다. 2010년 호주인(all Australians)의 45%가 해외 출생자이거나 한쪽 부모가 해외출생자로 조사되었다. 그리고 2010년에서 2011

년까지 한해의 시민권 취득자의 출신국 상위 국가는 영국, 인도, 중국으로 이 세 개 국가의 이민자가 가장 많았다. 또한 호주는 난민에 우호적인 나라로 1945년 이후 약 75만 명이 인도주의 프로그램을 통해 호주에 정착하였다. 2017년-2018년 한해 시민권 취득자의 출신국 국가는 인도, 영국, 필리핀, 남아프리카공화국, 한국, 말레이시아, 뉴질랜드, 중국(영주권 1위), 기타로 구성된다.

Ⅱ. 호주의 이민정책 방향

1. 기본 방향

호주의 이민정책 기본 방향도 앞 장에서 제시되었던 미국의 이민정책과 마찬가지로 네 가지 측면으로 경제적 측면, 정치적 측면, 사회적 측면, 거시적 측면으로 구분할 수 있다.

1) 경제적 측면

경제적 측면에서는 캐나다, 미국과 같이 기술이민 프로그램을 운영하여 1980년대 이래 기술과 자질을 갖춘 이민 지원자에 대한 선호가 더욱 확실해졌다. 또한 1985년도에는 이민의 경제적 효과에 대한 연구도 시작하였다. 이에 따라 호주 인력·생산성 기구(Australian Workforce and Productivity Agency: AWPA)는 국가의 발전계획에 맞추어 주목해야 할 직업(Specialised Occupation List: SPOL) 선정하기도 하였다. 아울러 외국인의 취업을 허용하는 직업(Skilled Occupation

List: SOL)도 선정하여 스킬셀렉트(Skill Select)[23]를 통해 비자를 처리하는 시간과 비용을 줄이는 정책을 실시하였다.

2) 정치적 측면

정치적 측면에서 호주의 이민정책 방향은 무엇보다도 이민 관련 여론은 쉽게 동요되기 때문에 정부에 미치는 압력도 크다는데 초점을 맞추었다. 또한 제2차 세계대전 중에 많은 희생자 생긴 것은 전력부족으로 일본군의 공습을 막지 못한 원인에 대한 국가안보 차원에서 인구규모 확대의 필요성을 인식하게 되었다. 당시 이민부장관인 아서 캘웰(Athur Calwell)은 이민의 필요성을 강조하였고, 이에 따라 '인구증가가 아니면 멸망(populate or perish)'이라는 슬로건을 사용하였다.

지속 가능성(sustain ability)에 대한 개념도 등장하기 시작하였고, 이 시기에 인구유입에 대한 찬반양론도 제기되기 시작하였다. 이러한 지속 가능성과 인구유입에 대한 담론에서 2010년에 줄리아 길라드(Julia Gillard) 총리는 인구정책이 기간산업 개발 및 공공서비스 개선과 함께 고려되어야 한다는 입장을 취하고 있었다. 호주 정부는 2007년 이민다문화부(Department of Immigration and Multicultural Affairs)에서 이민시민권부(Department of Immigration and Citizenship)로 전환하였다.

---

23) 스킬셀렉트(Skill Select): 기술 이민 비자 신청자의 의향서(Expression of Interest, EOI)를 접수하는 무료 온라인 서비스제도로 새로운 점수제도를 도입하고, 비자 신청 지역에 따른 구분을 없애서 6종류의 기술 이민 비자를 3가지로 압축하는 등의 절차이며, 이는 비자 신청 절차가 간단하고 쉬워지는 방향으로 프로그램을 전환한 것이다.

(1) 호주의 다문화주의

호주의 다문화주의는 "정치적 이념으로서 항상 경합의 대상이고 갈등의 원인"이 되기도 하였다. 1996년 존 하워드(John Howard) 총리가 이끄는 자유당과 국민당 연립정부가 구성되면서 다문화주의에 대한 정치적 비판이 거세어지기도 하였으며, 이는 9.11테러 등의 영향도 미쳤다. 또한 호주로 진입하려고 하는 이민자들의 밀입국과 난민·비호신청자 관리는 호주가 직면한 난제로 지속적으로 호주 사회가 풀어야 할 과제인 것이다.

Ⅲ. 캐나다의 이민정책

1. 이민정책의 역사적 전개

1867년 연방 국가설립 이후 이민정책은 새롭게 건설된 국가의 경제부흥을 위하여 우선순위의 정책영역이 되었다. 1869년 최초로 이민법(Immigration Act)을 제정하여 열린 이민정책을 표방하였으나 실제로는 인종적으로는 백인, 직종으로는 농부와 건설현장근로자 등을 선호하여 이민을 받아들였다. 캐나다는 1차 세계대전 중에는 적성국가인 독일, 오스트리아, 헝가리 등 국민의 이민을 금지하고 자국민 노동시장보호에 대한 요구가 강해짐에 따라 이민자 도입을 제한하기도 하였다. 하지만 2차 세계대전 이후 급속한 경제성장에 따라 자국민 노동시장보호에 대한 우려가 감소되고 복지국가와 다문화주의가 강조됨에 이민자 유입이 증가하게 된다.

캐나다는 사실혼 관계자나 동성연애자의 배우자 초청이민을 허용하는 등 이민문호의 길을 넓혀왔으나 최근에는 의료재정 부담과 인력 미스매치 등을 해결하고자 부모초청이민이나 전문인력이민 등의 문호를 좁히는 등의 조치를 취하고 있다. 현재 캐나다의 독특한 이민 비자유형으로는 주정부 주도의 주정부 이민제도(Provincial Nominee Program)를 들 수 있는데 이 제도를 통하여 주의 경제현실에 맞는 인력을 유치할 수 있도록 한 점으로 볼 수 있다.

1) 외국인 체류 현황

캐나다의 외국인 체류 현황은 2016년 현재 외국에서 출생한 캐나다 시민권자 및 영주권자가 총인구의 약 26%를 차지하며, 2016년 한 해 동안 총인구의 약 0.8%가 신규로 영주권을 취득하는 등 "이민국가"의 대표적인 사례로 볼 수 있다. 1980년 이래 총 인구 중 매년 0.6~0.9%가 신규로 영주권을 취득하고 있는 상태이다. 영주권 취득자 중 가족초청이민과 경제이민, 즉 전문인력이민, 캐나다경험자이민, 비즈니스이민, 주정부이민, 입주보모이민 포함 비중을 1: 2~3으로 유지하고 있다.

2. 이민정책의 기본방향

캐나다 이민정책 기본방향은 이민난민보호법 (Immigration & Refugee Protection Act) 제3조 제1항의 법이 추구하는 목적에서 찾을 수 있다. 이러한 법의 목적은 이민부의 의회 연례보고서에도 인용되고 있다. 캐나다의 이민정책 기본 방향은 경제적 측면과 정치적 측면으로 나눌 수 있다.

1) 정치적 측면

정치적 측면은 이민을 통하여 캐나다의 사회적, 문화적, 경제적 이익을 도모하여 정책의 기본방향으로 정하여 국익을 우선시하는 이민정책이다. 또한 자국민 건강과 안전 보호 및 사회 안보 유지를 지키는 방향이다. 이민난민보호법 제34조에서 제42조에 걸쳐 규정된 입국 금지자에 안보사범, 범죄전과자, 전염병자 등을 포함하고 있다. 또한 캐나다 정부는 국제정의(international justice) 및 안보 증진을 정치적인 측면의 기본방향으로 정하고 있으며, 이는 인권을 존중하고 범죄자나 안보사범의 입국금지를 통해 국제정의 및 국가안보를 증진한다는 데에 있다. 아울러 이민자격 등의 일관된 기준과 신속한 이민신청처리 확립을 위하여 주정부와의 협의 후 연방정부가 설정한 이민정책목표를 달성하기 위하여 이민자격 등의 일관된 기준과 신속한 이민신청처리도 확립한다.

2) 경제적 측면

경제적 측면에서는 경제발전 도모와 이민을 통한 이익을 캐나다 전체가 누리도록 하고 있다. 경제발전 도모를 위하여 전문인력이민, 비즈니스이민, 투자이민 프로그램 등을 시행하고 이민을 통한 이익을 모든 주들이 균형 있게 누릴 수 있도록 주정부이민제도를 시행하고 있다. 또한 단기비자소지자의 입국을 용이하게 도모하여 무역, 상업 활동, 관광, 국제이해, 문화·교육·과학 활동 등을 위한 방문객, 학생, 단기 근로자의 캐나다의 입국을 용이하게 한다. 아울러 캐나다 사회의 사회적, 문화적 다양성 강화를 위하여 캐나다의 연방국가 2개 공용어 사용, 다문화사회의 성격을 유지하면서 다양한 문화 배경의 이민자를 유치하고 있다. 캐나다 공용어 중 하나인 불어 사용 커뮤니티 발전을 지원하여 불어사용권의 지속적인 발전을 위하여 지원한다. 경제적인 측면의 방향에서는 이민자의 가족재결합 촉진도 실시하고 있다. 그래서 영주권자가 외국에 있는 가족을 초청할 수 있는 가족초청이민제도를 운영하고 있다. 또한 2011년 12월 1일부터 캐나다 시민권자와 영주권자의 부모 및 조부모가 비자의 갱신 없이 최대 2년 동안 캐나다에 거주할 수 있도록 Parent and Grandparent Super Visa 제도를 도입하였다. 영주권취득자의 사회통합 지원은 이민자와 캐나다사회의 상호의무임을 강조하고 있다.

한편, 캐나다는 과거 영연방국가(Commonwealth Countries)의 국민에게 출입국 또는 이민에 대한 혜택을 부여하는 제도를 시행하였으나 지금은 이런 제도가 존재하지 않는다. 이민에 대하여 유럽국가와는 달리 유럽연합 시민 또는 북미 시민 등에 대한 특혜는 없으며, 따라서 이민정책대상은 비국민인 단기비자 소지자와 영주권자로 대별된다는 것이다.

3. 이민정책 추진체계

캐나다 이민정책에 대한 정책결정은 시민권이민부가 주관하고 있다. 그리고 의회 하원(house of commons), 시민권이민 상임위원회(standing committee on citizenship and immigration)는 시민권이민부, 이민난민위원회, 연방다문화정책을 모니터하고 있다. 이민난민위원회(Immigration and Refugee Board of Canada)는 캐나다 최대독립 행정심판소로서 정부의 이민법 적용에 대한 준사법심사(準司法審査)만을 담당하고 있다.

1) 주요 정책 기관

정책 기관으로는 시민권이민부(Department of Citizenship, Immigration and Multiculturalism)가 있다. 시민권이민주의 설립 법적 근거는 국적이민부 설립에 관한 법(Department of Citizenship and Immigration Act, 1994) 제2조 제1항에 규정되어 있다. 이러한 조직설립은 과거 '노동이민부'에서 관장하던 이민정책업무를 1994년 '국적이민부'를 신설하여 이민정책업무를 전속적으로 관장하였다. 아울러 조직위상은 캐나다 정부조직에서 국적이민부는 독립된 부(部)로 2008년에는 다문화사업업무(Multiculturalism Program)가 문화유산부(Canadian Heritage)에서 국적이민부로 이관됨에 따라 명실공히 국적, 이민, 다문화사업을 총괄하는 부서가 되었다.

2) 이민법 체계

이민법 체계를 보게 되면 캐나다 이민법은 2001년에 통과되어 2002년 6월 28일부터 시행된 이민난민보호법 단일체계를 원칙으로 보유하고 있다. 한국과 마찬가지로 이민난민보호법 관련 사항의 개정이 있으면 바로 이 법에 반영되어 법 조항이 개정 및 폐정이 된다.

Ⅳ. 캐나다 이민정책의 사업 내용

1. 신규 이민자를 위한 언어교육(LINC)

캐나다의 이민정책 사업 중 신규 이민자를 위한 언어교육(LINC: Language for Newcomers to Canada 이하 LINC)은 캐나다 연방정부가 실시하는 이민자의 정착 및 통합 프로그램 중에서 가장 규모가 크고 우선시 되는 사업이다. 또한 LINC는 신규 이민자가 캐나다의 공용어인 영어와 불어를 학습함으로써 노동시장으로의 진입장벽을 낮추고 캐나다 사회에 쉽게 통합할 수 있도록 지원하는 것이 목표로하고 있다. LINC는 1992년부터 연방정부, 주정부, 지역 대학 및 이민자 지원단체 등 네트워크를 통해 신규 이민자를 대상으로 캐나다 전역에서 실시되고 있다. LINC의 수업 구성은 캐나다 다문화사회의 특징에 따라 영어 및 불어 교육과 더불어 캐나다의 사회와 문화를 소개하는 수업으로 구성되어 있다.

LINC의 교육 시간은 신청자의 언어능력에 따라 종일반 및 오전반과 오후반으로 선택이 가능하다. 그러나 LINC는 원칙적으로 성인 신규 이민자를 대상으로 하는 것이다.

2. 이민자 정착 및 적응 프로그램(ISAP)

1) ISAP(International Student Activity program)

ISAP(International Student Activity program)는 신규 이민자를 대상으로 입국 전후 프로그램으로 오리엔테이션, 통번역 서비스, 상담 및 취업관련서비스 등을 제공한다. 다음의 내용 ①에서 ⑤까지는 ISAP(International Student Activity program 이하 ISAP)핵심 프로그램에 관한 것이다.

① 해외 오리엔테이션 프로그램(Canadian Orientation Abroad 이하 COA)으로 1998년부터 캐나다 예비 이민자를 대상으로 캄보디아, 이집트, 에티오피아, 가나, 요르단 등 전 세계 14개 국가에서 실시되고 있다.
② 신규 이민자 정보센터(Newcomer Information Centres)
③ 정착지원 담당자 학교 배치 프로그램(Settlement Workers in Schools 이하 SWIS)
④ 고급언어 교육(Enhanced Language Training)
⑤ 해외 오리엔테이션 프로그램(Canadian Orientation Abroad)

위의 다섯 가지 내용 ISAP(International Student Activity program) 신규 이민자 프로그램은 국제이주기구(IOM: International Organization for Migration)와의 공동프로젝트 형태로 운용되고 있다. 이민비자가 발급된 예비 이민자를 대상으로 출국 전 캐나다 생활에서 필요한 기본적인 정보를 제공함으로써 캐나다 사회의 구성원으로 보다 쉽게 적응할 수 있도록 하는 것을 목표로 하고 있다(IOM, 2011). 또한 COA 운영에 필요한 재정적 지원은 전적으로 국적이민부가 지원하고 있다. 반면 캐나다 이민통합 프로그램(Canadian Immigration Integration Program: CIIP)는 주로 연방정부 기술 이민과 주정부초청 이민으로 입국하는 이민자와 그 가족을 대상으로 캐나다 사회에서 경제활동에 필요한 전반적인 정보제공을 목표로 하고 있다는 것이 상이하다. 정착지원 담당자 학교 배치 프로그램인 SWIS는 수강자가 주로 일정 수준의 영어 또는 불어능력이 있는 신규 이민자이며, 이력서 또는 계약서 작성 등 구직 및 취업과정에서 필요한 실질적인 언어교육을 이수하게 된다(Biles, et al., 2008).

한편, 신규 이민자의 취업지원 프로그램의 일환인 선행학습 평가·인정(Prior Learning Assessment and Recognition: PLAR)은 이민자의 출신국에서 취득한 학력과 경력을 유입국의 기준에 맞도록 평가, 인정하고 필요에 따라 적절한 교육 훈련을 제공하여 성공적으로 노동시장에 진입하도록 지원하는 제도를 말한다.

2) 호스트 프로그램

호스트 프로그램은 호스트(host)로서 신규 이민자의 친구 또는 도우미 역할을 하여, 이민자가 캐나다 사회에 적응하는데 도움을 준다. 또한 호스트는 지역사회나 풍습을 소개하고 언어 연습상대가 되어 주기도 하며, 취업을 촉진할 수 있는 인맥형성이나 커뮤니티 참여 등을 지원하기도 한다. 이러한 호스트 프로그램은 자원봉사자도 새로운 문화 및 언어에 접하고 교류할 기회를 가짐으로써 상호간의 이해를 증진하여 지역 공동체를 더욱 풍요롭게 할 수 있다(이유진, 2009).

제10장

외국의 이민정책 III : 독일과 프랑스

Ⅰ. 독일의 이민정책

1. 역사적 전개

독일의 이민사는 영국이나 프랑스와 달리 과거 식민지와의 관계는 희박하면서 해외동포의 문제가 높은 비중을 차지하고, 속인주의적 법제도를 갖고 대처하였다. 18세기와 19세기에 걸쳐 인력의 해외송출국 역할을 하였고 주요 목적지는 신대륙과 러시아였다. 독일은 양차 세계대전을 거치고 전후 재건 및 개발을 위해 1955년부터 초청노동자(Gastarbeiter) 정책을 펴면서 외국인력 수용국으로 전환하였다. 그러나 1973년 오일쇼크를 계기로 외국인근로자 모집을 중지하기도 하였다. 또한 1990년대 들어 동구권의 몰락과 구소련의 붕괴에 이어지는 세계화 추세의 영향으로 기존의 소극적 정책을 고수하면서 이민문제를 방치하기도 하였다.

독일은 21세기에 접어들면서 고령화와 출산율 저하를 경험하면서 국가경쟁력을 위한 전문인력 확보의 필요성 및 이민자 통합에 대한 요구가 절실해졌다. 그래서 2005년에 새로운 이민법(Zuwanderungsgesetz)

발표하기에 이르렀다. 외국인정책의 중심이 외국인력 도입을 통한 노동력수급조절 및 외국인과 관련한 체류질서의 유지에서 선제적, 유화적 통합정책으로 선회하였다.

2. 외국인 체류 현황

독일의 외국인 체류 현황은 2010년 현재 총인구 중에 19.3%가 이민배경을 가지고 있었고 그 중 외국인이 8.7%를 차지하였으며, 독일인의 귀환동포 및 귀화자 등 독일 국적자가 외국인 수보다 더 많은 10.5%를 차지하고 있었다. 1992년 연방이민 난민청에 의하면 난민신청은 발칸분쟁이 있던 해에 43만 8천여 명으로 정점을 이룬 후 점차 감소하였다고 하였다. 이후 2007년 1만9천여 명으로 정점을 찍은 후 다시 증가하여 2011년도에는 4만 5천여 명에 이르렀다.

<표 52 > 독일 이민자 관련 통계

구분	내용(명)	출처
총인구(2016)	82,425,000	연방통계청
외국인(2016)	7,299,900	연방통계청
등록외국인(2016)	6,950,896	외국인등록센터
체류허가(2016)	1,318,869	연방통계청
유학	134,695	연방통계청
취업	91,156	연방통계청
인도적 정치적 이유	179,355	연방통계청
가족동반	729,326	연방통계청
기타	89,612	연방통계청
유럽법상 체류자(2016)	1,734,750	연방통계청
영주 권자(2016)	2,869,310	연방통계청
귀화자(2016)	101,570	외국인등록센터

3. 이민정책의 기본 방향

독일의 이민정책 기본방향을 정치적 측면, 경제적 측면, 사회적 측면으로 구분하면 내용은 다음과 같다.

1) 정치적 측면

정치적 측면으로는 국가안보의 강화, 외국인 중 극단주의자, 기타 테러리스트 등에 대한 입국통제를 강화하는 한편 추방을 위한 법적 요건을 완화하는 것이다. 사회적 혼란을 야기시킬 수 있는 테러를 미연에 방지하기 위해서 테러가능성에 대한 감시방법(Rasterfahndung)도 개발하기 시작하였다. 제3국출신에 비해 유럽연합 회원국 국민의 법적 지위 강화하는 정책을 실시하였으며, 난민과 망명에 대해 인도주의적 접근을 하는 정책 방향을 나아가고 있다.

2) 경제적 측면

경제적 측면에서 이민정책 방향은 국민경제의 관점에서 외국인 근로자의 유입은 보충적으로 허용하며, 연방노동청에 노동수요만이 아니라 해당 산업분야와 지역경제에 미치는 영향에 대한 조사의무 부과하는 데에 기조를 둔다.

3) 사회적 측면

사회적 측면에서는 1970년대 이래 소극적 이민정책의 역효과에 대한 반성으로 2000년대 들어 경제적 관점에서의 일시적인 대책을 넘어서는 장기적인 사회적 통합에 주목하기 시작하였다.

이민자 통합의 출발인 언어교육, 장기체류자를 위한 문화 공민교육을 통한 적응에 중점을 두고 통합의 의지와 성과를 입국 및 체류 영주허가와 연계하여 이민자들의 자발적 참여를 유도하고 책임의식을 부여한다는데 통합의 목표를 두고 있다.

II. 독일의 이민정책 대상 및 추진체계

1. 이민정책의 대상

독일의 이민정책대상은 과거 송출국이었던 독일의 이민 역사로 인한 재외동포와 유럽시민, 망명 및 난민을 포함한 제3국 출신이 해당된다. 재외동포는 원칙적으로 국적을 인정하지만 초기의 귀국장려 정책에서 거주국 소수민족 지원으로 전환하였다. 그리고 유럽연합회원국 국민에게는 유럽연합지침에 따라 거주이전과 영리활동의 자유를 넓게 인정해주었다. 마지막으로 제3국 출신 이민자는 전문인력과 단순노동자의 이민을 차별하고, 정주자에 대한 사회통합정책 강화하였다.

1) 재외동포

과거 송출국이었던 독일이기 때문에 재외동포에 대한 정책에 관심을 많이 기울였다. 이는 독일의 복잡한 역사를 배경으로 하는 영토의 확장과 축소, 그리고 이주정책을 통해 유럽과 중앙아시아, 아메리카

대륙 등에 재외독일인집단이 형성되었다. 재외동포에 관한 법률 규정은 기본법과 연방추방방지법 상 독일인의 정의규정을 통하여 재외동포를 넓게 독일인으로 인정하고 있다. 재외동포정책의 주된 대상은 추방자들(Vertriebene)로서 2차 대전의 패배 후 동구와 구소련 지역의 거주지에서 재산박탈과 함께 추방당하거나 탈출한 독일인들이 해당된다. 또한 재외동포는 독일로의 귀환 시기에 따라 분류된다. 먼저 종전 직후의 국외추방자(Heimatvertriebene), 두 번째 부류는 법적으로 전후(戰後)시대가 종료되기까지의 귀환자(Aussiedler), 세 번째는 후기귀환자(Spataussiedler)(1992.12.31)로 분류된다.

독일의 해외동포는 1988년 이래로 동구권에서 약 80만 명, 구소련에서 220만 명의 해외동포가 독일로 귀환하였다. 그래서 독일정부는 독일로 이주하려는 재외동포를 수용하여(Überwanderung) 학교, 직업교육 등의 사회통합을 지원하였다. 그러나 점차 재정압박과 거주하고 있는 독일인과의 갈등으로 문호를 축소하였다. 그리고 독일인으로서의 정체성 확인을 위해 언어시험 과정을 거쳐야 하며,재응시는 불가하다. 또한 추방과 박해의 압력이 완화되자 현지 정착지원과 독일계 소수민족으로서의 문화적 정체성 유지를 위해 원조 및 지위 향상에 관해 거주국과 협약 체결을 하였다.

2) 유럽연합회원국 국민

유럽연합회원국 국민은 유럽연합지침(2004/38/EG)에 따라 제정된 자유이전법(Freizügigkeitsgesetz)이 유럽연합회원국 국민이 독일에서 갖는 지위를 규정하고 있다. 원칙적으로 연방노동청의 허가 없이

취업할 수 있지만 루마니아, 불가리아의 경우에는 예외적으로 2013
년까지 취업에 연방노동청의 허가가 필요하다. 또한 유럽연합회원국
국민은 신분증이나 여권만으로 3개월간 독일에 체류할 수 있다. 근
로자나 자영업자, 구직자 또는 경제활동을 하지 않더라도 의료보험
등과 관련하여 기타 독일 재정에 부담을 주지 않을 충분한 경제적
능력이 있으면 독일 내에서 거주이전의 자유가 있다.

2. 이민정책 추진체계

독일정부의 이민정책 추진체계는 역할 분담의 다차원체계(Mehrebenen
system) 시스템으로 구성되어 있다. 즉 유럽연합과 개별 회원국의 관
계는 유럽연합지침이 대강을 정하고 유럽연합회원국이 국내 상황에
맞게 수용하여 구체화하는 구조이다. 독일 내에서의 국가기능분배는
구조적으로 연방정부에 입법과 정책방향의 결정권한이 집중되어 있
고 주정부 차원에서 행정적 집행이 이루어진다. 이민정책의 수립 및
실현 역시 같은 틀에서 연방정부와 주정부의 관계가 이루어지고 있
다. 연방수상 산하의 이민난민통합을 위한 연방자문관이 외국인통합
정책의 기획 및 평가를 담당하고 연방이민난민청이 이민통합업무의
연계 조정과 통합프로그램개발을 담당하고 있다.

2004년 공포한 이민법은 연방정부가 이주에 관한 독립위원회
Unabhängige Kommission Zuwanderung(속칭 Süssmuth-Kommission)
를 구성하여 준비하였고, 개별규정이 이미 상세한 내용을 담고 있어
법률제정과정이 곧 정책결정과정이다. 국가통합계획(Nationaler
Integrationsplan)과 그 실행계획은, 한국에서 외국인정책에 대한 계

획이 중앙행정의 단위부처 및 광역단체 차원에서 수립되는 것과 다르게 시행되고 있다. 한국과 다르게 독일은 연방수상의 제창으로 연방정부와 주정부의 각 부처와 외국인단체를 비롯한 각종 사회단체를 아우르는 전체 공동체 차원에서 수립되고 집행된다.

3. 주요 집행기관

독일의 이민 관련 주요 집행기관으로는 연방내무부, 주정부 및 지방자치단체, 부처간 정책협의 기관이 담당하고 있다.

1) 연방내무부

연방내무부는 연방이민통합정책을 총괄 조정하고 있으며, 산하에 연방이민난민청과 해외동포 및 귀환동포, 소수민족을 위한 연방자문관을 두고 있다.

(1) 연방이민난민청

연방이민난민청은 연방내무부 산하로 망명절차와 난민보호 담당기관에서 출발하여 전반적인 이민자 통합기능의 조정으로 업무를 확대하고 있다. 또한 연방이민난민청은 통합교육과정의 프로그램개발과 시행, 연방정부의 통합촉진정책을 위한 연구, 외국인중앙등록부의 관리를 담당하고 귀화시험을 주관하고 있다. 또한 이민통합업무를 지원 및 조정을 하고 있으며, 행정청으로서의 결정권한은 난민업무에 한해 행사를 한다.

2) 주정부 및 지방자치단체

대부분의 주정부에서 체류관리는 내무부가, 사회통합은 사회관련 부처가 담당하지만 두 분야를 통합하여 모두 한 부의 소관으로 운영한 경우도 있다. 독일의 라인란트-팔쯔, 슐레스비히-홀슈타인, 튜링엔 지역을 예로 들 수 있다. 그리고 각 주정부의 외국인청이 체류관리를 담당하고 불법체류외국인 단속은 주 경찰과 세무당국이 집행, 국경관리는 주로 연방경찰이 담당하나 Bremen 등 몇 개 주의 예외도 존재한다. 셋째, 부처 간 정책협의는 내무부가 주도하는 부처 간 통합정책협의체(Interministerielle Arbeitsgruppe Integration)가 범부처적으로 이민자 통합정책을 조정 및 협의하는 한편 연방의 통합지원정책이 효율성과 지속성을 갖도록 하고 있다. 이를 위해 시행조치의 효과를 상시적으로 평가하고 있다.

Ⅲ. 프랑스의 이민정책

1. 이민자 인구 현황

프랑스의 인구 구성은 이민자 출신 인구가 약 610만 명으로 전체 인구의 10%에 해당한다. 2011년 프랑스 전체 인구 통계는 약 6천 5백만 명으로 조사되었다(2011, 국립통계청(Insee)). 프랑스의 이민자 인구 중 절반 이상이 30대 이하로 나타났으며, 프랑스 인구 통계에서 이민과의 연관성은 해당 인구의 국적 및 출신국 조사를 통해 알 수 있다. 또한 프랑스에서 이민자를 구분하는 기준에서 이민자의 자녀는 부모의 출생국을 통해 구분되고 프랑스에서 광의의 의미로 사용되는 '이민자'라는 용어는 외국출생자를 의미하는 것이다.

이민자 출신국 및 지역별 구분 기준은 이민자의 출신국과 지역을 바탕으로 크게 7개의 구역으로 나눈다. 지역을 바탕으로 보면 유럽(EU 27개국), 사하라 사막 이남 국가, 베트남, 라오스, 캄보디아 등 서남아시아, 기타 국가로는 호주, 미대륙 등이다. 국가별 구분은 알제리, 모로코, 튀니지, 튀르키예가 해당된다. 프랑스 인구조사 방법론에서 외국인 인구수를 측정하는 방법은 주로 국적과 출생지를 알아보는 것이다(프랑스 인구 통계, 2008).

프랑스 통계 방법은 '차별의 원칙'이라는 프랑스 헌법적 가치에 부합한다. 1992년 미셸 트리발라(Michèle Tribalat)는 이민자의 수와 이민가정 출신 인구수를 조사하여 프랑스 본토에 거주하는 이민자 출신 인구수를 발표하였다(국립통계청 및 국립인구연구소). 이후 국립통계청은 1999년 익명의 380,481명을 대상으로 한 인구조사를 통해 부모의 출신국을 조사하였고, 프랑스 통계 역사상 처음으로 이민 3세대에 걸친 자료가 발간되기도 하였다.

2. 프랑스 인구 구성의 역사

프랑스 인구 구성 역사는 지난 1세기에 걸친 이민역사를 통해 프랑스의 정치, 경제, 사회적 환경에 따라 변화해왔다. 전쟁의 영향으로 경제 활동 인구가 100만 명 이상 줄었기 때문에 전후 복구 사업을 위해 노동력 수요가 증가하였다. 이는 외국인 인구증가의 주요 요인 중 하나였다. 전후 30여 년간의 경제부흥기를 경험한 프랑스는 유럽

내에서도 가장 많은 이민자 유입국이 되었다. 이후 오일쇼크 파동으로 인해 1974년 프랑스 정부는 역사상 처음으로 이주금지정책을 시행하였다. 이러한 이주금지 정책으로 인해 외국인은 감소하였으나 가족재결합(regroupement familiale)은 지속적으로 이루어졌다.

거주 유형을 살펴보면 프랑스에 유입된 외국인 인구 수는 아프리카 대륙이 42.1%로 가장 높게 나타났고, 그 뒤를 이은 유럽은 40.3%를 차지하였다. 그 다음으로는 아시아대륙이 14.1%, 미대륙과 오세아니아 대륙 3.5%로 나타났다(이민사무국 통계, 2018). 프랑스의 최초 유입 이민자들은 이탈리아와 포르투갈, 스페인 등의 남부 유럽 이민자들이었다. 프랑스에서 이민과 관련된 전체 인구의 약 1/3이 파리를 중심으로 파리외곽지역까지 포함하는 일드프랑스(l'Ile-de-france) 거주하고 있다.

3. 다문화 정책 발전 배경

1) 공화국 통합 모델(lemodèle républicain)

프랑스는 전통적으로 강력한 중앙집권통치체제를 유지하였으나 1789년 프랑스 시민 혁명의 결과로 왕권이 폐지된 후 보편적 시민권의 향유라는 공화국적 가치를 내세웠다. 국가(l'Etat)를 성립하는 근본은 그 사회를 구성하는 시민들과 시민권에 대한 평등한 보장이라는 법적이고 사회적인 합의에 바탕을 둔다는 것이다. 자코뱅주의(jacobinisme)에 의하면 프랑스 공화국을 구성하는 모든 개인은 시민적 국가(l'Etat Civique)앞에서 보편적이고 일반적인 권리를 동일하게 누릴 수 있다는 데 있다.

이러한 부분은 1789년 혁명의 정신과 인권 선언(la Déclaration universelle des droits de l'homme)을 계승한 프랑스 헌법(la Constitution française)에도 잘 나타나고 있다. 공화주의적 관점에서는 사회 구성원들의 특징을 개개인의 고유한 권리로 인정하는 것이며, 다른 각도에서 보면 개인 고유의 정체성이 집단의 정체성으로 발전하는 것은 금한다는 것을 의미하기도 한다. 이는 계몽주의 철학에서 영향을 받은 자코뱅주의에서도 볼 수 있다. 국가는 오직 시민권의 보편성을 강조하며 공공장소(espace public)에서는 본질적이지 않는 요소들인 개인적 특징들을 차이점으로 부각시키지 않는다. 프랑스 공화국 형성의 역사와 헌법적 가치에 바탕을 둔 공화국 통합모델에 따르면, 이민자의 각기 다른 인종과 민족성, 그리고 종교와 같은 요소들은 법적인 고려 대상에서 제외된다.

Ⅳ. 프랑스의 이민정책 방향

1. 정책의 기본방향

프랑스의 이민정책 기본 방향은 경제적 측면과 정치적 측면, 그리고 사회적 측면으로 나눌 수 있다.

1) 경제적 측면

경제적 측면에서는 1974년 이래로 이민자 유입에 대한 엄격한 통제가 있었다. 2003년부터 선택적 이민(immigration choisie)을 이민정책의 핵심으로 내세웠으며, 정규 노동이민의 경우 시장의 요구를 우선시하여 기업체가 필요로 하는 인력 위주로 이민을 허용하였다.

2) 정치적 측면

정치적인 측면은 우파정부는 이민자에 대한 강경한 통제정책을 추구하는 데 반해 좌파정부는 상대적으로 이민자 인권에 대한 배려가 많다는 것이다. 2005년 불법체류외국인에 대한 엄격한 통제와 추방을 실시한 니콜라 사르코지 내무부장관이 취임하여 우파 정부는 프랑스 정체성과 종교, 인종문제를 정치적 도구로 삼고 강력한 이민 통제를 주장하였다.

3) 사회적 측면

사회적 측면에서는 2005년 프랑스 주류사회에 통합되지 못한 무슬림 이민자들의 파리외곽 소요사태를 겪으면서 적극적인 통합 정책을 마련하였다. 2011년 개정이민법에서는 귀화를 원하는 외국인에게 공화국 시민의 권리와 헌장에 서명을 의무화하여 사회통합 강조하였다. 또한 2011년 8월 클로드 게앙 장관은 불법체류외국인에 대한 강력한 국외추방 계획을 발표하여 불법체류에 대한 강력한 대응을 시사하였다.

2. 이민정책의 대상

프랑스 이민정책의 대상은 원칙적으로 프랑스 국적이 아닌 외국인을 말하는 것이고 외국인 중 셍겐지역24) 국민, 프랑스와 무비자 협정을 체결한 국가 국민, 기타 지역 출신 외국인에게 각각 다른 비자 제도를 적용한다. 셍겐지역 국가는 2022년 기준 다음과 같다. 독일, 오스트리아, 벨기에, 덴마크, 스페인, 에스토니아, 핀란드, 그리스, 헝가리, 아일랜드, 이탈리아, 리투아니아, 라트비아, 룩셈부르크, 몰타, 노르웨이, 네덜란드, 폴란드, 포르투갈, 슬로바키아, 슬로베니아, 스웨덴, 스위스, 체코 등 27개국이다. 그리고 프랑스와 3개월 무비자 협정 체결 국가 국민은 미국, 일본, 캐나다, 한국 등이 해당된다.

90일 미만 체류자는 단기비자에 해당되며, 90일 이상 체류자는 장기비자에 해당된다. 이러한 단기비자와 장기비자가 필요 없는 셍겐지역 국민, 프랑스 해외 영토 주민은 비자 면제 대상이다. 일부 무비자 협정국가 국민은 무비자 입국 허용하며, 이는 90일 미만 체류 시에만 해당한다. 장기비자 소지자는 프랑스 입국 후 거주지의 경시청에서 다시 체류증을 발급받아야 장기 거주가 가능해진다. 그리고 거주를 위해 반드시 소지해야할 체류증은 일시체류증과 거주증으로 구분된다.

3. 이민정책의 추진체계

프랑스의 이민추진 체계는 내무부장관이 이민업무에 대한 총괄팀을 이끌고 있다. 총괄팀은 이민업무와 통합과 시민권 업무를 맡고 있다. 아울러 내무부는 2007년 5월 설치된 프랑스의 이민, 통합, 국

---

24) 셍겐지역(Schengen Area)은 1985년에 서명된 셍겐 조약이 적용되는 유럽의 26개 국가의 영역을 의미한다.

가정체성을 목표로 하는 공동발전부는 2010년 11월 내각 개편을 하였다. 이를 통해 내무, 해외영토, 지방자치를 담당하는 이민부에서 2012년 5월 내무, 해외영토, 지방자치의 업무를 내무부로 개편하였다. 또한 내무부는 이민정책의 방향을 제시하는 이민정책 최상위 기관이다.

1) 이민통합사무소

내무부 산하 기관인 이민통합사무소는 2009년에 설립되어 운영되고 있다. 이민통합사무소 역할은 기존 취업이민 업무를 담당하던 국립외국인 및 이민자 안내기구 업무까지 흡수하여 프랑스 국내의 모든 합법이민자 관련 업무를 담당하고 있다. 이민통합사무소는 파리의 중앙사무소와 전국 각지에 지방사무소를 운영하고 있고 해외 8개국에 해외사무소를 운영하고 있다. 이민통합사무소의 주요업무는 고용주와 취업이민자를 연결해주는 안내서비스를 제공해주는 것이다. 또한 이민통합사무소는 가족재결합 요청에 대해 관할 시청이 업무를 담당하지 못하는 경우 신청자의 수입과 주거상태를 감독하며, 가족재결합으로 프랑스에 입국한 가족의 초기 정착절차를 지원한다.

2) 프랑스의 이민법 주요 내용

위의 이민자를 관리 규정하는 프랑스 이민법의 주요 내용을 보면 다음과 같다. 제1장은 일반규정으로 이민법의 일반규정을 개관하는 것이고 제2장은 입국으로 외국인의 출입국 관리를 원칙으로 규정되어 있다. 제3장은 거주에 관한 내용으로서 체류증 제도를 설명하고 체류증의 발급 절차를 규정하고 있다. 그리고 제4장은 가족결합에 관한 규정으로 외국인의 가족결합 요건, 가족결합 신청 방법, 동반 가족 체류증을 명시하고 있다. 제5장은 격리수단으로 국외추방, 기타 프랑스 사회로부터 외국인을 격리하는 규정을 담고 있다. 그리고 제6장은 제재에 관한 내용으로 출입국 제한, 불법체류외국인 관련 사항이 규정되어 있다. 제7장은 난민에 관한 내용으로 난민에 관한 일반 규정, 난민인정 절차, 난민보호 기관으로 규정되어 있다. 마지막으로 기타 규정은 외국인 유치, 외국인보호소 등에 관한 규정으로 구성되어 있다.

제11장

외국의 이민정책 IV: 일본과 대만

Ⅰ. 일본의 이민정책

1. 역사적 전개

일본의 이민정책의 역사는 1945년 미군정 체제하에서 1951년 출입국관리법이 제정되었다. 그 다음 해인 1952년 외국인등록법이 제정되었으며, 현재 출입국관리체제를 정비하였다.

일본의 외국인 구성은 1970년대 이전에는 재일외국인의 90%이상이 재일한국인으로 조선인이 차지하였으며, 나머지 재일외국인은 대만인이 차지하였다. 이는 한국과 대만이 일제강점기를 겪었기 때문이다. 이러한 구성은 1980년대 후반부터 엔고 현상이 발생하여 아시아 국가로부터 외국인 노동자가 유입되면서 변모하기 시작하였다. 일본은 1981년 출입국관리법에 난민규정을 추가하였으며, 이로 인해 인도차이나 난민이 유입되었다. 또한 베트남 전쟁의 결과로 '출입국관리 및 난민인정법'으로 법률의 명칭이 변경되기도 하였다. 1980년대 전후에는 재일외국인 법적지위 향상을 위한 국제사회의 요청에 의해 국제인권규약 및 난민조약에 가입하였다. 1990년에는

'정주자'와 '일본인 배우자'의 체류자격을 신설하여 남미지역으로부터 일본계 이민자인 닛케이진이라 불리우는 일계인(日系人)이 급격하게 증가하기 시작하였다.

한편 2006년 총무성에서는 '지역의 다문화공생추진 플랜'을 발표하였다. 그리고 2009년에는 '출입국관리 및 난민인정법'에 의해 2012년 7월부터 90일 이상 합법적으로 체류하는 중·장기 체류자를 대상으로 기존의 외국인등록증 대신 체류카드가 발급되면서 외국인등록제도는 폐지되었다.

2. 이민자 체류현황

일본의 이민자 체류현황을 보면 2019년 현재 외국인 등록자는 2,078,508명에 달한다. 체류자격별 외국인 등록자는 2019년에 영주자격을 가진 영주자가 59만 8,440명으로 29%를 차지하였다. 영주자의 국적별 현황으로는 대만을 포함한 중국이 184,216명으로 30.8%이며, 브라질 119,748명으로 20.0%, 필리핀 99,604명으로 16.6%를 차지하였다. 그리고 한국·조선의 통계는 60,262명으로 10.1%에 달했으며, 그 다음으로는 페루가 33,307명으로 5.6%의 순으로 나타났다.

제2차 세계대전 전후 일본으로 건너간 재일한국·조선인과 그 직계자손인 특별영주자는 399,085명으로 일본으로의 귀화 및 고령화로 인해 매년 감소추세를 보이고 있다. 특별영주자의 국적별 현황은 한국·조선이 99%를 차지하며, 대만을 포함한 중국과 기타 국가는 1% 정도에 불과하였다.

Ⅱ. 일본의 이민정책 방향

1. 기본 방향

일본 이민정책의 기본방향은 법무성이 책정하는 '출입국관리 기본계획(出入国 管理 基本計画)'에 의해 시행되고 있다. 그리고 '출입국관리 기본계획'은 5년 단위로 수립되어 외국인의 입국 및 체류에 관한 전반적인 정책방향을 설정한다. 또한 법무성은 출입국관리 기본계획을 시행하였으며, 제1차 기본계획은 1992년이며, 제2차 기본계획은 2000년도에 실시되었고, 제3차 기본계획은 2005년에 시행되었다. 그리고 2010년 3월 '제4차 출입국관리 기본계획이 책정되어 2015년까지의 외국인정책 추진방향을 제시하였다. '제4차 계획'에서는 외국인의 선별적 유입방침을 기존보다 더욱 명확하게 언급하였고 외국인에 대한 체류관리 강화가 강조되었다.

1) 경제적 측면

일본 이민정책의 경제적 측면에서는 단순 외국인근로자의 단기순환 원칙을 유지하여 우수인력의 적극적인 수용을 고지한다는 것이다. 이어 경제연계협정(Economic Partnership Agreement: EPA)을 조약하여 2008년부터 인도네시아인 간호사 및 개호복지 후보자를 수용하였다. 일본정부는 일본계 이민자 닛케이진을 우대 조치하였다. 또한 일본은 아시아국가 중 최초로 2010년 난민 재정착 제도를 도입하여 난민확대를 도입하는 정책을 실시하였다.

2) 정치적 측면

일본 이민정책의 정치적 측면인 정주외국인의 참정권에 대한 제도로는 1970년대부터 재일한국·조선인을 중심으로 재일외국인에 대한 참정권 요구운동이 전개되어 왔다. 1995년 최고재판소가 지역주민인 영주외국인에게 지방선거권을 부여하는 조치는 위헌이 아니라는 판결을 내림으로써 외국인의 참정권 논의가 본격화되기 시작하였다. 일본 정계의 경우 민주당, 사회민주당, 공명당, 일본공산당은 외국인 참정권 부여에 찬성하는 입장을 보이는 반면 자민당, 국민신당 등은 반대 입장을 고수하는 등 찬반 논란이 지속되고 있다.

3) 사회적 측면

이민정책의 사회적 측면은 2006년 총무성이 책정한 '지역의 다문화공생 추진플랜'에 의거, 각 지방자치단체를 대상으로 ①커뮤니케이션 지원 ②생활지원 ③다문화공생 지역 만들기 ④다문화공생 시책의 추진체제 정비 등 외국인주민 시책 가이드라인을 제시하였다. 법무성과 전국 각 지방자치단체의 외국인 관리시스템 일원화를 통해 중·장기 체류외국인 대상 행정서비스 향상도모, 체류외국인의 행정적 부담을 경감하기 위한 체류자격 신청절차의 간소화를 추진하였다.

2. 이민정책의 대상

1) 재일한국 조선인 (올드커머, old comers)

올드커머(old comers)에 해당되는 재일한국·조선인은 1952년 4월 28일 샌프란시스코 강화조약의 발효와 동시에 일본에 거주하던 조선인과 대만인은 일본국적을 상실하였다. 1965년 '재일한국인 법적 지위에 관한 한일협정'체결에 따라 한국국적을 취득한 재일한국인 1세와 2세를 대상으로 '협정영주(協定永住)' 자격이 부여됨으로써 의무교육, 국민건강보험, 강제퇴거 사유적용 범위 축소 등 혜택 부여되었다. 2023년 현재 '특별영주자'는 일본국적을 취득하는 재일한국·조선인의 증가 등으로 인해 그 수는 매년 감소하는 추세이다.

2) 신규이민자 (뉴커머, new comers)

뉴커머(new comers)라 불리우는 신규이민자의 본격적인 유입은 1980년대에 들어서면서 아시아 지역으로부터 외국인근로자 및 유학생, 국제 업무 등 다양한 형태의 외국인이 증가하면서 시작되었다 유학생의 경우 아시아계, 특히 중국인이 가장 높은 비율을 차지하고 있다. 유학생은 중국에서 중산층 이상에 속하는 가정 배경을 가진 유학생들이 대부분이었다. 또한 이들은 일본의 대학 또는 대학원을 졸업한 후 귀국을 선택하지 않고, 일본에서 전문직 업종에 종사하는 경우가 많았다. 1990년대부터 국제결혼이 증가하기 시작하면서 '일본인의 배우자', '영주자의 배우자' 등의 체류자격으로 입국하는 아시아계 여성들도 증가하기 시작하였다. 대표적인 국가로는 중국, 한국, 필리핀 등의 결혼이민이 두드러지게 나타났다.

1990년대부터는 브라질, 페루 등 남미에서 입국한 닛케이진을 포함하여, 1993년부터 시행된 '기능·실습제도'를 통해 중국, 인도네시아, 필리핀 등 아시아 지역으로부터의 외국인 노동자가 일본 노동시장에 본격적으로 유입되기 시작하였다. 2010년에 개정된 새로운 '기능·실습제도'를 통해 입국한 외국인 노동자는 최대 3년간 일본에서 1년 동안의 실무연수 및 2년 동안의 기능·실습을 할 수 있지만 체류기간이 만료되면 본국으로 귀환하는 제도이다.

3) 일본계 이민자 (닛케이진 日系人)

닛케이진(日系人)이라는 용어로 불리우는 일본계 이민자는 제2차 세계대전 전후에 일본정부가 인구과밀 현상을 해소하고 국가경제 재건을 위해 해외이민정책을 적극적으로 실시하였기 때문에 이루어진 것이다. 1990년대부터 브라질과 페루 등 남미지역으로부터 일본인 2세, 3세인 닛케이진(日系人)의 U턴 현상이 본격화되기 시작하였다. 이와 같이 1990년대부터 닛케이진(日系人)은 일본사회에 본격적으로 유입되었다는 점에서 신규이민자의 범주에 속하지만 재외동포 측면에서 외국인근로자정책이나 지자체의 다문화 공생정책상 주요 정책 대상으로 인식되었다.

또한 1991년 '출입국관리 및 난민인정법' 개정에 따라 일본으로 입국하는 닛케이진(日系人)은 취업과 가족동반에 제한이 없는 정주자(定住者) 자격이 부여되었다. 1991년 이후부터 브라질 국적소지자 수가 급격하게 증가하면서 2007년 316,967명으로 정점에 달하였다.

그러나 2008년 전 세계로 몰아친 경제 불황의 여파로 인해 그 수는 매년 감소하고 있다. 브라질 국적소지자 닛케이진들은 수도권을 비롯하여 아이치현 토요타시, 시즈오카현 하마마츠시 등 대기업의 공단이 있는 지방 산업도시에 밀집거주 지역을 형성하고 있다. 닛케이진(日系人)은 안정적인 체류자격을 소지하고 있으나 생활전선에서는 외국인근로자로서 파견, 하청 등 불안정한 고용형태로 취업하고 있다.

3. 이민정책 추진체계

일본은 독립된 이민정책 전담부처가 존재하지 않고 있다. 2006년 이후 이민청, 다문화 공생청 등 이민정책을 전담하는 정부부처 설치의 필요성이 일본사회(학계, NPO 등) 및 정부 내에서 일부 제기되고 있으나 본격적인 논의는 이루어지지 않고 있다. 일본의 이민정책에 관한 정책입안은 '출입국관리 기본계획'에 의거하여 일본 법무성이 중심적 역할을 담당하고 있다. 내각부에서 각 부처의 정책추진 상황 파악, 정책기획 및 입안을 추진하고 있다. 2009년에는 내각부에 외국인정책 업무 담당부서인 '정주외국인시책 추진실'을 설치하여 운영하고 있다.

정책영역별 세부사안은 각 소관부처에서 결정하고 있으며, 전반적인 방향설정은 '외국인 노동자문제 관계성청 연락회의', '정주외국인시책 추진회의' 등 이민정책 관련 부처 간 협의를 거쳐 추진되고 있다. 이민정책의 집행에 있어서 출입국 행정관련 업무는 '출입국관리 및 난민인정법'에 의거, 법무성이 담당한다. 정책영역별로 고용, 교육, 방재, 주택, 생활정보 등 업무는 해당 부처 및 유관기관에서 담당하고 있다.

이민정책의 집행에 있어서 출입국 행정관련 업무는 출입국관리 및 지자체의 외국인주민 지원 서비스는 국제과와 국제교류과에서 실시하고 있다. 주요업무로는 생활정보 제공, 생활지원, 다문화 환경 조성 등이며, 지자체의 국제교류협회(國際交流協会)와 지역 내 NPO 민간 비영리 단체(Non-Profit Organization)25)가 위탁사업 형태로 외국인주민 지원 사업을 실시하고 있다. 이에 따라 외국인주민,특히 뉴커머가 많이 거주하는 지자체의 경우에는 '외국인집주도시회의'를 정기적으로 개최하여 광역자치단체 및 중앙정부를 대상으로 외국인주민 관련정책 개선안을 제안하기도 하였다.

4. 이민 실정법 체계

일본의 실정법 체계의 연혁을 보면 1947년에 외국인등록령(外國人登錄令)이 시행되어 1950년에 국적법이 제정되었다. 이어 1951년에 출입국관리령(出入國管理令)이 제정되어 시행되었다. 그 다음 해인 1952년에는 샌프란시스코 강화조약이 발효되어 조선인 및 대만인의 일본국적을 상실하게 되는 외국인등록법을 제정하였다. 이에 따라 1955년에는 외국인등록법 상 지문날인제도를 시행하였다.

---

25) 민간 비영리 단체(Non-Profit Organization)의 약자인 NPO는 영리를 목적으로 하지 않고 사회 각 분야에서 자발적으로 활동하는 각종 시민단체를 의미한다. 최근 들어 자주 입에 오르내리는 NGO(Non-governmental Organization, 비정부 조직)도 넓은 의미에서 NPO의 한 부분이라고 할 수 있다. 미래학자들은 NPO가 21세기 들어 사회변혁의 주역으로 떠오를 것이라고 전망하고 있다. 사회 구성원들의 가치관이 점차 다양해짐에 따라 기존의 국가체제가 미처 담당하지 못하는 부분을 NPO가 사회 곳곳에서 자율적으로 메워나간다는 설명이다. 한국의 시민단체들은 아직 정치사회 문제에 주로 국한돼 있지만 앞으로 의료, 교육, 복지, 지역개발 등 폭넓은 분야에서의 활약이 기대된다(출처: 다음백과 http://100.daum.net/encyclopedia/view).

또한 1965년에는 재일한국인 법적 지위에 관한 한일협정' 체결,
샌프란시스코 강화조약에 따른 일본국적 이탈자에 대한 특례법의
제정에 의해 협정영주 체류자격을 신설하였다.

1979년과 1982년 두 차례에 걸쳐 국제인권규약 비준(1979년) 및
난민조약 가입(1982년)에 따라 사회보장제도 상 일부(생활보호법,
전쟁희생자보상에 관한 법률)를 제외하고 국적조항 철폐, 강제퇴거
사유에서 나병환자, 정신장애자, 생활보호대상자 항목 삭제 등 재일
외국인의 법적 지위 향상에 관한 제도를 수립하였다. 1981년에 출입
국관리령 출입국관리 및 난민인정법(법률 제86호)로 개정, 난민인정
절차 등 난민관련 규정이 추가되었다. 1991년 일본인배우자, 정주자
체류자격을 신설하였으며, 닛케이진 유입도 증가하였다. 그리고
2009년에 들어서서 '출입국관리 및 난민인정법'을 개정하여 2012년
7월부터 시행하였다. 아울러 새로운 체류관리제도 도입하여 중·장
기 체류 외국인 대상 체류카드 발급되었고, 외국인등록법을 폐지하
는 등 체류자격이 개편되었다.

이민법 체계를 보면 일본은 이민법이 존재하지 않는 대신에 출입
국관리 및 난민인정법이 외국인의 출입국관리 전반에 걸쳐 주요사항
을 규정하고 있다. 1981년의 법 개정에 의하여 난민인정 절차 정비
에 관한 항목이 추가되었다. 2009년에는 출입국관리 및 난민인정법
개정에 따라 '새로운 체류 외국인등록제도'가 도입되어 2012년 7월
이후 외국인등록법이 폐지되고, 출입국관리 및 난민인정법과 주민기
본대장법(住民基本台帳法)에 의해 외국인의 체류관리가 실시되고 있
다. 지방자치단체 차원에서는 거주외국인 시책관련 조례를 제정한다.

Ⅲ. 대만의 이민정책

1. 결혼이민자 정책

1) 결혼이민자 현황

국제결혼으로 인해 대만에 입국하는 중국대륙 출신 배우자의 점유율이 높아지게 된 것은 1987년부터 중국대륙의 친척 방문이 개방되었기 때문이다. 다시 말하면, 한국계 중국인인 조선족의 친척 방문 허용과 유사하다고 볼 수 있다. 이와 같이 대만의 국제결혼 초기 단계에서는 언어와 문화의 유사성으로 인해 중국대륙 출신 배우자가 급격하게 증가하기 시작한 것이다. 1994년부터는 중국대륙 출신 배우자 외에 동남아에서 입국하는 결혼이민도 증가하기 시작하였다.

결혼이민이 정점에 달한 2003년에는 동남아 국가나 중국 출신 배우자와의 국제결혼이 전체 결혼의 31.86%를 차지하였다. 2019년 기준 결혼이민자의 총 수는 약 50만 명이며, 그 가운데 여성의 비율이 80%를 넘어섰다. 결혼이민자는 중국대륙 출신 배우자가 전체의 66.71%를 차지하였으며, 다음으로 베트남, 인도네시아, 태국, 필리핀 순서로 나타나고 있다.

2) 결혼이민자 정책 유형

결혼이민자 정책 유형은 대만의 경우에도 이민자를 특정 직종 등의 영역에만 받아들이면서 일반적인 외국인의 정착은 배제하는 차별배제모형의 정책 유형을 보여주고 있다. 아울러 전반적인 외국인의 정착은 배제하나 자국인의 배우자로 유입된 결혼이민자에게는 정착 지원을 강화하고 있다. 이민 또는 장기거주를 허용하는 대상은 결혼이민자, 전문지식과 기술을 가진 소수의 고급인력으로 제한되어 있다.

결혼이민자 대상의 정책은 '신(新)이민정책'이라는 명칭하의 동화주의에서 다문화주의로 전환되는 특징을 지니고 있고, 최근 중앙 정부의 주도하에 다문화 정책이 강력하게 추진되고 있다. 결혼이민자가 급격하게 늘어남에 따라 대만 사회는 이들의 빠른 동화와 적응을 지원하는 쪽에 무게를 두었다. 그리고 베트남, 인도네시아 등의 출신으로 대만의 농촌 및 저소득층 남성과의 혼인으로 인한 결혼이민자에 대한 부정적 편견 해소를 위해 시민단체들이 먼저 이들을 '신주민(新住民)'으로 호칭할 것을 제안하였다. 결혼이민자들의 고유한 문화나 언어를 결혼이민자 가족에 공존시키도록 지원하는 등 최근 다문화주의 모형을 설정하는 방향으로 변화하고 있다.

3. 결혼이민자의 정책의 내용과 과정

대만 정부는 결혼이민자 수가 최고조에 달했던 2003년 2월에 행정원 '부녀권익촉진위원회' 회의를 개최하여 「외국인 및 대륙배우자를 위한 시행세칙」 및 계획을 수립하여 관련 예산을 편성하도록 의결하였다. 그리고 한국의 행정안전부 부처에 해당되는 내정부는 외국인 및 「대륙배우자 보호서비스정책과 실시방안」을 마련하는 주요 근거가 되었다. 「외국인 및 대륙배우자 보호서비스정책」이 당시에 수립되었으며, 이 정책으로 기금이 마련되어 실시 운영되고 있다.

1) 중앙정부 차원

중앙정부 차원에서는 외국인 및 대륙 배우자의 단계적 수요에 의한 취업 서비스를 제공하고 있다. 이러한 서비스는 단계별로 이루어지고 있다.

첫 번째 단계는 생활적응단계로서 생활적응 및 중국어 능력에 우선을 두면서 취업 전 준비가 잘될 수 있도록 지원하는 서비스이다.

두 번째 단계는 구직 단계로 구직 시 필요한 서류 등을 갖출 수 있도록 도와주는 서비스를 말한다.

세 번째 단계는 취업 단계 서비스에 관한 것이다.

네 번째 단계는 취업 후에 취업 안정의 협조 단계 서비스이다.

이러한 서비스를 위하여 공립취업서비스센터에 특별 서비스창구를 개설하였다. 전담인력을 배치하여 취업 정보, 직업훈련 상담, 개별 소개, 취업 촉진 연수 배치 혹은 직업훈련에 참가할 수 있도록 서비스를 제공하고 있다.

2) 지방정부 차원

지방정부 차원의 정책으로는 대북시 영락부녀서비스센터에서 「신이민통역요원 훈련 과정」을 운영하고 있다. 대북시 신이민 부녀 및 가정서비스센터는 결혼이민자를 대상으로 자원봉사요원을 모집하여 교육을 통해 통역요원을 양성하고 있다. 그리고 에덴기금회(伊甸基金會) 신이민가정성장센터에서는 자격을 갖춘 결혼이민자가 다른 결혼이민자에게 직접 상담과 문서 번역 및 통역 서비스를 제공하고 있다. 그리고 남양대만자매회(南洋臺灣姐妹會)는 중국어 학습을 목적으로 모인 결혼이민자들의 자조단체의 명칭이다. 이 단체에서 결혼이민자를 다문화 전담교사 양성과정을 통해 다문화 관련 교사로 파견하고 있다.

Ⅳ. 대만의 결혼이민자 귀화절차

1. 결혼이민자 거주 과정

대만의 귀화절차에서 결혼이민자들의 거주 과정은 2011년에 제정되어 시행하고 있는 대만의 이민법 제3조 6항에 규정되어 있다. 제3조 6항의 이민법 조항에는 6개월 미만 머무르는 방문객과 6개월 이상 거주하는 거주자, 그리고 등록된 영주권자들을 포함한 외국인들에 대한 주요 법률에 관한 내용으로 되어 있다. 대만의 귀화신청 절차는 이민법 제23조 1항에서 5항까지의 자격 요건에 해당 시에만 이루어진다. 귀화신청자의 조건은 7년 이상 대만에서 합법적으로 거주한 외국인이 해당된다. 그리고 대만에서 합법적으로 5년 동안 거주하였거나 10년 이상 합법적으로 거주하면서 그 중 5년 동안은 매년 183일 이상 대만에 거주한 외국인 배우자, 또는 영주권을 보유한 자의 자녀에도 해당된다.

1) 결혼이민자의 귀화신청

결혼이민자의 귀화와 관련된 두 가지 법규는 2004년 개정된 국적법과 2007년 개정된 국적법 시행령에 명시되어 있는 조항에 의거한다. 결혼이민자들의 귀화 신청 조건은 3년 동안 매년 183일 이상 체류를 요구한다. 대만 결혼이민자의 귀화절차는 일반 외국인이 대만으로 귀화하는 절차보다 비교적 용이하며, 이러한 결혼이민자에 대한 귀화 절차는 한국과 유사한 점이 있다.[26]

2. 결혼이민자 프로그램

대만의 결혼이민자 서비스 프로그램으로는 현지적응 상담, 중국어교실, 방과 후 학교 돌봄 서비스 및 육아서비스 보호기구와 전화상담 센터 설립 및 외국인을 위한 온라인 정보를 제공한다. 그리고 외국인 배우자 돌봄 안내 기금 설립과 이민 안내에 관한 정보 제공 및 일선 사무관들의 전문성 향상 프로그램에 중점을 두고 있다. 또한 대만 문화와 법률, 외국인 배우자들의 문화, 양성평등과 관련된 공익캠페인 수행을 위해 시민단체와 비영리기구의 통합 및 적극적 서비스로 이루어지고 있다.

3. 한국과 대만의 다문화교육정책

1) 한국의 교육 분야

한국의 다문화교육정책은 외국인 및 결혼이민자를 비롯한 다문화가족 등의 적응력 향상을 위한 한국어 및 한국문화 소개 등의 교육

---

26) 한국의 결혼이민자 귀화절차는 국적법에 명시되어 있으며, 한국인배우자와 혼인한 상태로 대한민국에 2년 이상 계속하여 주소가 있을 것과 그 배우자와 혼인한 후 3년이 경과하고 혼인한 상태로 대한민국에서 1년 이상 계속하여 주소가 있을 것이라고 규정되어 있다. 결혼이민자 외에 일반귀화는 외국인이 한국에서 합법적으로 5년 이상 거주하게 되어야 귀화신청 조건에 해당된다.

이 전반적이며, 이는 동화주의 측면에 속한다고 볼 수 있다. 다문화주의적 측면에서는 한국어와 모국어 등의 이중언어교육을 장려하고 있는 것이 다문화교육의 특징이라고 할 수 있다.

2) 대만의 교육 분야

대만의 다문화교육정책 분야는 동화주의 측면에서는 외국인 및 대륙배우자와 이들 자녀의 적응력 향상을 위한 중국어 및 대만문화 소개 등의 교육이 이루어지고 있다. 이러한 교육과정 속에 다문화 관련 내용이 포함되어 있다는 것이 한국과 다르게 적용되고 있다.

3) 한국의 인권 분야

인권 분야에서 한국의 관점은 차별적 배제주의에 가까우며, 이것은 기본적으로 외국인근로자의 국적취득을 불허한다는 것이다. 동화주의 측면은 외국인 및 결혼이민자에 대해 국적취득에 대한 통제를 대표적으로 들 수 있다.

4) 대만의 인권 분야

대만의 인권 분야에서는 한국과 마찬가지로 차별배제주의에 속하며, 기본적으로 외국인근로자의 국적취득을 불허한다는 것이다. 동화주의도 역시 한국과 마찬가지로 외국인 및 대륙배우자의 국적취득에 대한 엄격한 통제로 이루어진다는 것이다.

4. 선택적 이민 수용 원칙

앞의 대만의 사례에서 알 수 있듯이 선택적 이민 수용의 원칙은 특정한 경제적 사회적 지위를 가진 자에 대한 편견을 견제함에 있다. 이에 따른 이민정책은 기본적으로 선택적이고 계급적인 이데올로기에 근거하여 규정되었다. 이러한 선택적 이민 수용 원칙을 발리바르(Etienne Balibar)는 현재의 국경관리는 두 가지의 극단적인 이민 집단에 대해 갈수록 차별적인 대우를 하고 있다고 지적한 바 있다. 틸리(Charles Tilly)는 외국인을 이입국의 시민으로 받아들이느냐의 여부는 혈통과 종족, 그리고 문화의 원칙 외에도 각국이 점차 외국인과 이입국의 경제적 연결(economic ties)을 중시하게 되었다고 강조하였다.

참고문헌

강동관 외 (2013), 『한국의 이주동향 2013』, IOM이민정책연구원, 이민정책 연구총서.

강동관 외 (2014), 『한국의 이주동향 2014』, IOM이민정책연구원, 이민정책 연구총서.

강동관·정기선·정영탁·박성일 (2012), "체류외국인 실태조사 장단기 계획", IOM이민정책 연구원 연구보고서, No. 2012-03.

강라현 (2012), "외국인근로자 고용허가제의 개선방안에 관한 연구", 인제대 사회복지대 학원 석사학위논문.

고숙희 (2008), "한국정부의 다문화사회 대응정책: 외국인 거주 유형별 정책 차이를 중심으로", 『한국사회와 행정연구』, 19권 3호, 서울행정학회, pp. 149-171.

교육부 (2015), 『2015년 다문화학생 교육지원 계획 발표』, 교육부 다문화교육지원 팀, 교육부 보도자료.

구민교 (2015), "2013-2014년 해양정책 분야 국외 연구동향 분석: 해적, 해상 테러리즘, 해난 수색 및 구조, 해상탈출 난민 이슈를 중심으로", 『東西研究』, 제27권 2호.

구본진·이연옥·장덕현 (2015), "다문화지원기관 협력네트워크의 구조적 특성", 『한국도서 관·정보학회지』, 46권 4호, pp. 403-425.

김복래 (2009), "프랑스, 영국, 미국의 다문화주의에 대한 비교고찰: 삼국의 이민통합정 책을 중심으로", 『유럽연구』, 27권 1호, pp. 207-236.

김시평 (1990), "외국인 노동자 유입에 따른 대책소고." 연세대학교 행정대학원. 고위 정책과정 논문.

김영옥 (2007), "새로운 시민들의 등장과 다문화주의 논의", 『아시아여성연구』, 46권 2호, 숙명여자대학교 아시아여성연구소, pp. 129-159.

김용환 (2010), "이주근로자의 고용허가제 정착을 위한 관련법제 개선방향에 관한 연구", 고려대학교 노동대학원 석사학위논문.

김정선·김재원 (2010), "결혼중개업의 관리에 관한 법률, 의미 없지만 유효한 법: 캄보디아 국제결혼 중개실태를 중심으로", 『경제와 사회』, 86권, pp. 305-344.

김준형 (2016), "외국인 유입이 지역에 미치는 영향: 외국인 인구와 내국인 인구 변화간 관계를 중심으로", 『감정평가학논집』 15권 1호, 한국감정평가학회, pp. 23-37.

김태수 (2009), "외래인에 대한 배제적 측면의 고찰: 외국인과 북한이탈주민 및 귀국교 포를 중심으로", 『한국정책연구』, 9권 2호, 경인행정학회, pp. 305-326.

김현미 (2009), "방문취업 재중 동포의 일 경험과 생활세계", 『한국문화인류학』, 42권 2호, pp. 35-75.

김호연 (2010), "미국의 동화주의적 이민자 정책과 다문화주의", 『인문과학연구』, 28권, 강원대학교 인문과학연구소, pp. 247-268.

김흥배·윤갑식·오동훈 (2007), "외국인 노동자 고용정책이 지역경제에 미치는 영향 분석", 『지역연구』, 23권 3호, 한국지역학회, pp. 3-25.

김환학 외(2012), 『주요국가의 이민정책 추진체계 및 이민법』, IOM 이민정책연구원 연구 총서, NO. 02.

김혜순 (2008), "결혼이주여성과 한국의 다문화사회 실험", 『한국사회학』, 42권 2호, 한국사회학회, pp. 36-71.

김혜순 외 (2007), 『한국적 "다문화주의"의 이론화』. 동북아시대위원회.

남북하나재단(2022), 2022 북한이탈주민 정착실태조사.

마르티니엘로 (2002), 『현대사회와 다문화주의』, 윤진 역, 한울.

박수미·정기선 (2004), 『사회적 소수자에 대한 태도에 관한 연구』, 한국사회학회 사회학대회 논문집.

박정원 (2009), "국제법상 소수자 개념정의에 관한 소고: 국적소지요건에 특히 주목하며", 중앙법학, 11권 1호, pp. 555-581.

박지영 (2008), "국제결혼 이주여성의 인권 보호를 위한 법적 방안 연구", 이화여자대학교 대학원 석사학위논문.

박진경 (2010), "한국의 다문화주의와 다문화정책의 선택적 적용", 『한국정책학회보』, 19권 3호, 한국정책학회, pp. 259-289.

박채순 (2011), "북한이탈주민의 한국사회 유입과 적응 실태 연구: 서울시 노원구를 중심으로", 디아스포라연구, pp. 63-88.

법무부 (2007~2017)), 제1, 2차 외국인정책기본계획.

법무부 (2013), 『국내 난민신청 이슈에 기초한 주요 수용국의 난민 판례 연구』, 법무부.

법무부 (2016), 출입국외국인정책본부 통계년보, 통계월보.

설동훈 (1992), 『한국의 노동시장과 외국인 노동자』, 경제와 사회, 한울.

윤수종 외 (2005),『우리 시대의 소수자운동』, 서울 : 이학사.

김진균 (2003),『저항, 연대, 기억의 정치 : 한국사회운동의 흐름과 지형』, 서울 : 문화과학사.

설동훈 (2009), "한국사회의 외국인 외국인근로자: 새로운 소수자 집단에 대한 사회학적 설명", 사림, 34권, pp. 53-77.

설동훈 (2015), "한국의 인구고령화와 이민정책",『경제와 사회』, 통권 제106호, pp. 73-114.

설동훈·서문희·이삼식·김명아 (2009),『다문화가족의 중장기 전망 및 대책연구』, 보건 복지가족부 연구보고서.

소라미 (2007), "국제결혼 이주여성의 안정적 신분 보장을 위한 법·제도 검토(지정토론요지)",『저스티스』, pp. 43-53.

손기호 (2010),『'질 높은 사회통합' 정책목표와 성과평가에 관한 연구: 제1차 외국인정책 기본계획(2008~2012)를 중심으로』, 부경대학교 공공정책연구소, 한국지방정부부학회 2010 동계학술대회 논문집.

손윤석 (2013),『외국인근로자의 고용허가제 개선 방안』, 한국법학회 동계학술대회 발표 논문집, 한국법학회.

송형주 (2014), "세계화 시대 이주여성과 이민정책", 고려대학교 대학원 박사학위논문.

신지원 (2011),『이민정책 해외사례 연구: 다문화 정책의 최근 논의를 중심으로』, IOM이민정책연구원 연구보고서, No. 2011-08.

신지원 외 (2013),『반인종차별 정책에 관한 연구: 미국, 캐나다, 호주 사례연구』, IOM이민정책연구원 연구보고서, No. 2013-05.

신지원·송영훈·박가영·신예진 (2012),『한국 난민정책의 방향성과 정책의제 연구』, IOM이민정책연구원 연구보고서, No. 2012-02.

심승우 (2011), "다문화 민주주의의 이론적 기초: 소수자의 주체성과 통치성을 중심으로", 성균관대학교 대학원 박사학위논문.

엄한진 (2007),『세계화시대 이민과 한국적 다문화사회의 과제』, 한국사회학회 동북아시대위원회 용역과제, pp. 39-69.

엄한진 (2008), "한국이민 담론의 분절성",『아세아연구』, 51권 2호, 고려대학교 아세아문제연구소, pp. 112-140.

여성가족부 (2006),『여성 결혼이민자 취업지원을 위한 조사연구』.

여성가족부 (2012, 2018),『다문화가족지원정책 기본계획』.

여성가족부 (2016),『2015년, 2018년, 2021년 전국다문화가족실태조사 분석』.

여성가족부·관계부처합동 (2012), 『제2차 다문화가족정책 기본계획(2013~2017)』, 여성가족부 다문화가족정책과.

오경석 (2007), "어떤 다문화주의인가?: 다문화사회 논의에 관한 비판적 조망", 『한국에서의 다문화주의-현실과 쟁점』, 한울아카데미, pp. 22-55.

오영훈·방현희·정경희 (2015), "다문화대안학교 특성화 교과과정 분석 연구: 인천한누리 학교와 새날학교를 중심으로", 인하대학교 교육대학원.

원숙연 (2008), "다문화주의시대 소수자정책의 차별적 포섭과 배제: 외국인 대상정책을 중심으로 한 탐색적 접근", 『한국행정학보』, 42권 3호, 한국행정학회, pp. 29-49.

원숙연·문정희 (2016), "다문화 역량의 다차원성과 영향요인", 『지방정부연구』, 19권 4호, 한국지방정부학회, pp. 143-165.

원숙연·박진경 (2009), "다문화사회와 외국인정책에 대한 정향성 분석: 중앙정부 공무원의 인식을 중심으로", 『행정논총』, 47권 3호, 서울대학교 한국행정연구소, pp. 201-224.

유명기 (1997), "외국인 노동자와 한국문화", 『노동연구』, 13권, 고려대학교 노동문제연구소, pp. 69-98.

유엔난민기구 보도자료 (2021), 『글로벌 동향 보고서 Global Trends Report』.

윤인진 (2007), "국가주도 다문화주의와 시민주도 다문화주의", 『한국사회학회 기타간행물』, 한국사회학회, pp. 251-291.

이경국 (2009), "외국인근로자의 문제점과 개선방안에 관한 연구", 『경영교육저널』, 15권, 대한경영교육학회, pp. 1-29.

이규영·김경미 (2010), "호주의 다문화주의정책과 이민자 참정권", 『국제정치논총』, 50권 1호, pp. 445-468.

이로미·장서영 (2010), "다문화국가 이민자 정착 정책 및 지원 서비스 분석: 미국과 캐나다 사례를 중심으로", 『국제지역연구』, 14권 1호, pp. 179-208.

이병렬·김희자 (2011), "한국이주정책의 성격과 전망", 경제와 사회, 90호, pp. 320-362.

이상국(2022), "카렌-코리안-아메리칸: 미국의 난민 수용 제도와 미얀마 카렌족 난민의 삼각 초국주의 실천", 『동남아시아연구』, 32권 3호, pp141~184.

이용일 (2007), "이민과 다문화 사회로의 도전: 독일의 이민자 사회통합과 한국적 함의", 『서양사론』, 92권, pp. 219-254.

이재형 (2009), "한국인의 호주 이민: 이민의 역사, 현상, 그리고 발전방향", 『글로벌 정치연구』, 2권 2호, pp. 127-161.

이혜경 (1994), "외국인 노동자 고용에 관한 연구: 국내 노동시장에 미치는 영향." 『한국사회학』 28. 가을호: 89-113.

이혜경 (2005), "혼인이주와 혼인이주 가정의 문제와 대응", 『한국인구학』 28권 1호, 한국인구학회, pp. 73-106.

이혜경 (2007), "이민정책과 다문화주의", 『한국사회학회 기타간행물』, 한국사회학회, pp. 219-250.

이혜경 (2008), "한국이민정책의 수렴현상", 『한국사회학』, 42권 2호, pp. 104-137.

이혜경 (2010), 『한국의 사회 통합 정책』, IOM이민정책연구원.

임동진 (2012), 『이민자 사회통합정책의 실태와 문제점 분석』, 한국행정연구소.

임현 (2014), "난민법에 대한 평가와 과제", 『법제』, 법제처, pp. 30-47.

전영평 외 (2010), 『한국의 소수자정책』, 서울대학교출판문화원.

전재호 (2007), "이주의 세계화에 따른 한국의 외국인정책 변화: 일본의 사례를 참고하여", 『한국과 국제정치』, 23권 3호, pp. 191-223.

정경운 (2007), "이주여성의 사회문화적 정체성에 관한 연구", 『아시아여성연구』, 46권 1호, 숙명여자대학교 아시아여성문제연구소, pp. 97-139.

정기선 (1999), "탈북자에 대한 이미지연구", 『통일문제연구』, 11권 1호, 평화문제연구소, pp.173-189.

정기선 (2003), 『외국인 노동자의 문화접촉, 사회적 거리감과 인상변화, 외국인근로자의 일터와 삶』, 석현호 등저, 지식마당.

정기선 (2013), 『2013년 체류외국인 실태조사: 고용허가제와 방문취업제 외국인의 취업 및 사회생활』, 법무부 출입국·외국인정책본부 2013 법무부 용역보고서.

정기선 외 (2013), 『국내 미성년외국인의 이주 및 체류 통계 기초분석』, IOM 이민정책 연구원 연구보고서, No. 2013-06.

조영희 외 (2013), 『아시아 내 국제결혼 관련법과 제도: 한국, 대만, 일본, 필리핀, 베트 남, 캄보디아』, IOM 이민정책연구원 이민정책 연구총서, No. 4.

조정남 (2007), "현대국가와 다문화주의", 『민족연구』, 30권, 한국민족연구원, pp. 6-16.

주효진 (2008), "아시아의 다문화정책에 대한 비교 연구", 『한국행정학회 학술대회 발표논문집』, 한국행정학회, pp. 89-104.

주효진 (2010), "아시아 국가들의 다문화정책에 대한 탐색적 연구: 대만, 싱가포르, 일본, 홍콩의 사례로부터", 『한국자치행정학보』, 24권 2호, pp. 211-230.

차용호 (2015), "외국인 사회통합교육 정책변동에 관한 연구: 이민정책에 관한 외부환경 변화와 정책기업가의 활동을 중심으로", 서울대 행정대학원 석사학위논문.

최무현 (2008), "다문화시대의 소수자정책 수단에 관한 연구: 참여정부의 다문화정책을 중심으로", 『한국행정학보』, 42권 3호, 한국행정학회, pp. 51-78.

최인영 (2015), 『방문자와 이방인: 외국인근로자에 대한 메타포의 전환을 위하여』, 계명대 사회학과 이주와 다문화 연구팀.

최자영 (2010), "저숙련 외국인근로자 임금결정요인 분석", 고려대학교 대학원 석사학위논문.

출입국 외국인정책본부 (2020~2022), 각 연도별 출입국 통계월보 및 통계연보.

한경구·한건수 (2007), "다문화사회 개념과 한국사회 다문화 담론에 대한 성찰", 한국사회학회 사회학대회 논문집, pp. 20-36.

한승준 (2008), "프랑스 동화주의 다문화정책의 위기와 재편에 관한 연구", 『한국행정학보』, 42권 3호, 한국행정학회, pp. 463-486.

한승준 (2010), 『정책연구동향: 다문화정책의 개념, 현황 및 과제』, 한국행정학회 하계학술대회.

한승준·박치성 (2009), "외국인정책의 사회적 형성에 관한 연구", 『한국국정관리학회 학술대회논문집』, 2010권 10호, 한국국정관리학회, pp. 1-26.

한승준·오승은·정준호·최무현 (2009), 『아시아국가의 다문화사회 형성과정과 정책추진체계 연구』, 경제·인문사회연구회 협동연구총서.

한진희·최용석 (2005), "국제노동이동의 경제적 영향 분석: 외국인 노동자문제를 중심으로", 『한국개발연구』, 28권 1호, 한국개발연구원, pp. 1-25.

홀 (1991), 『문화를 넘어서』, 최효선 역(2000), 한길사.

헌법재판소 (2007), 2004헌마670 산업기술연수생 도입기준완화결정 등 위헌확인, 판결문, 2007.8.30.

현리정 (2016), "한국인이 북한이탈주민의 수용성: 자원스트레스와 사회정체성을 중심으로", 성균관대학교 대학원 석사학위논문.

황미혜 (2012), "한국의 이민자 사회통합정책에 관한 연구", 동아대학교 국제대학원 박사학위논문.

황미혜(2019), "통일 후 사회통합을 위한 중국 출생 북한이탈주민 자녀의 이중언어사용 활용 방향", 『OUGHTOPIA(The Journal of Social Paradigm Studies)』, 33권 4호, 경희대학교 인류사회재건연구원, pp.111-144.

황택환 (2012), "결혼이민자 등에 대한 사회통합정책을 둘러싼 부처 간 갈등과 조정에 관한 연구: 법무부와 여성가족부의 갈등을 중심으로", 서울대학교 행정대학원 석사학위논문.

법제: 재한외국인기본처우법/다문화가족지원법/북한이탈주민의 보호 및 정착에 관한 법률/난민법/결혼중개업의 관리에 관한 법률/외국인근로자 고용 등에 관한 법률 등 참조(법제처 국가법령정보센터 https://www.law.go.kr).

Abella, Manolo I., and Park, Young-bum (1994), "Labor Shortages and Foreign Workers in Small Firmsof the Republic of Korea", International Migration Papers.

Alexander, J. (2001), "Theorizing the Models of Incoporation: Assimilation and Multiculturalism as Varieties of Civil Participation", Sociological Theory Vol. 19, No. 3, pp. 237-249.

Berry, J. W. (2001), "A Psychology of Immigration", Journal of Social Issues Vol. 57, No. 3, pp. 615-631.

Berry, J. W. (2005), "Acculturation: Living successfully in two cultures", International Journal of Intercultural Relations Vol. 29, pp. 697-712.

Berry, J. W., Kim, U., Power, S., Young, M. & Bujaki, M. (1989), "Acculturation attitudes in plural societies", Applied Psychology Vol. 38, pp. 185-206.

Berry, J. W. & Sam, D. L. (1997), "Acculturation and adaptation", Handbook of Cross-Cultural Psychology Vol. 3, No. 2, edited by Berry, Segall & Kagitcibasi. Boston: Allyn & Bacon, pp. 291-326.

Biegel, H. G. (1966), "Problems and motives in interracial relationships", Journal of Ses Research Vol. 2, pp. 185-205.

Brayboy, T. L. (1966), "Nationality and nativity as factors in marriage", American Sociological Review Vol. 4, pp. 792-798.

Castles, S. (1992), "The Australia Model of Immigration and Multiculturalism: Is it Applicable to Europe", International Migration Review Vol. 26, No. 2.

Castles, Stephen (2009), "MRTC's Role in Contributing to National Development and the International Community". IOM Migration Research and Training Centre (MRTC) Opening Seminar, Seoul, Republic of Korea, 17 December 2009.

Castpes, Stephen and Mark J. Miller (2003), The age of Migration International Population Movements in the Modern World, 3rd ed., New York: Guilford Press.

Chiswick, B. R. (2005), High Skilled Immigration in the International Arena, IZA Discussion Paper 1782, Bonn: IZA.

Cretser, G. A. & Leon, J. J. (1982), Intermarriage in the U. S.: An overview of theory and research, Haworth Press.

Council of Europe (2009), Intercultural Cities: Towards a Model for Intercultural Integration.

Dworkin, A. & Dworkin, R. (1999), The Minority Report: An Introduction to Racial, Ethnic, and Gender Relations, Harcourt Brace College Publishers.

Freeman, Gary P. (1995), "Modes of Immigration Politics in Liberal Democratic States." International Migration Review Vol. 24 No. 4, pp. 881-902.

Glazer, N. (1993), "Is Assimilation Dead?", Annals of the American Association of Political and Social Science Vol. 510, No. 4, pp. 122-136.

Gordon, M. (1964), Assimilation in America Life, Oxford: Oxford University Press.

Gordon, M. (1978), Human Nature, Class, and Ethnicity, New York: Oxford University Press.

Grier, W. H. & Cobb, P. M. (1968), Black Rage, New York: Bantam Books.

Hartmann, D. and Gerteis, J. (2005), Dealing with Diversity: Mapping Multiculturalism in Sociological Terms, Sociological Theory Vol. 23, No. 2, pp. 218-240.

Hirschman, Charles and Luis, Falcon (1985), "The Educational Attainment of eligio-Ethnic Groups in the United States", Research in Sociology of Education and Socialization Vol. 5, pp. 83-120.

Hirschma, C. & Wong, M. G. (1986), "The extraordinary educational attainment of Asian-Americans: A search for historical evidence and explanations", Social Forces Vol. 65, pp. 1-27.

Inglis, C. (1996), Multiculturalism: New Policy Responses to Diversity, MOST Policy Papers 4, UNESCO.

Ingram, H., Schneider, A. & Deleon, P. (2007), Social Construction and Policy Design.

Jackson, J., Brown, k., Brown, T. & Marks, B. (2001), "Contemporary Immigration Policy Orientations Among Dominant-Group Members in Westem Europe", J. of Social Issues Vol. 57, No. 3, pp. 431-456.

Jenkins, R. (1996), Social Identity, Routledge.

Karen, Schönwälder (2005), "Migration und Ausländerpolitik in der Bundesrepublik Deutschland Offentliche Debatten und politische Entscheidungen", Rosmarie Beier-de (ed.), Zuwanderungsland Deutschland Migrationen 1500-2005.

Kitano, H. H. L., Fujino, D. C. & Sato, J. T. (1998), "Interracial Marriage", in handbook of Asian American Psychology, edited by L. Lee & Zane, N., Newberry Park, CA: Sage Publications, pp. 223-259.

Kymlicka, W. (1995), Multicultural Citizenship, A Liberal Theory of Minority Rights, Oxford University Press.

Kymlica, W. (2007), Multicultiral Odysseys: Navigating the New International Politics of Diversity, Oxford University Press: NY.

Lee, Hye-Kyung (1997), "The Employment of Foreign Workers in Korea: Issues and Poicy Suggestion", International Sociology, SAGE Publications Vol. 12(3), 353-371.

Marson, S. (1950), "A theory of intermarriage and assimilation", Social Forces Vol. 29, No. 1, pp. 75-78.

Massey, Douglas S. and Nancy, A. Denton (1987), The Dimensions of Residential Segregation, Unpublished manuscript, Population Studies Center, University of Pennsylvania.

MIPEX (2010, 2014, 2021), 미국 www.mipex.eu/usa.

Oberg, K. (1960), "Cultural shock: Adjustment to new cultural environments", Practical Anthropology Vol. 7, pp. 177-182.

Park, Young-bum (1991), "Foreign Labor in Korea: Issues and Policy Options." Paper prepared for the 2nd Japan-ASEAN forum of International Labour Migration in East Asia, Tokyo, Japan, September, 1991.

Park, Robert E. (1950), Race and culture, Glencoe, IL: Free Press.

Portes, A. (1996), "The New Second Generation", New York: Russel Sage Foundation.

Portes, A., Rumbaut, R. (2001), Legacies: The story of the second generation, Berkeley: University of California Press.

Portes, A., Stepick, A. (1993), City on the edge: The transformation of Miami, Berkeley, Los Angeles: University of California Press.

Rumbaut, R. (1994), "The Crucible Within: ethnic Identity, Self-esteem, and Segmented Assimilation Among Children of Immigrants", International Migration Review Vol. 18, pp. 748-794.

Seol, Dong-Hoon (2006), "Earnings Divergence of Foreign Workers in Korea in the 1990s: Dynamics of the Decline of Wage Discrimination against Industrial Technical Trainees", pp. 167-228, in East-Asian Cooperation in the Glocal Era, edited by Seong-Ho Ahn and Byeong-Il Rho. Seoul: Daunsaem Press.

Shon, H. P. (2001), "Acculturation and Structural Assimilation as Predictors of Marital Assimilation among Japanese Americans and korean Americans in los Angeles County", unpublished Doctorial Dissertation, University of California.

riandis, H. C. (1990), "Cross-cultural studies of individualism and collectivism", In J. Berman (ed.), Nebraska Symposium on Motivation, pp. 41-133 Lincoln: University of Nebraska Press.

Veron V. D. (1985), "Human Rights, Ethnicity and Discrimination", Greenwood: Westpoint.

Waldinger, Roger, and Mehdi Bozorgmehr (1996), "The Making of a Multicultural Metropolis", pp. 3-37 in Ethnic Los Angeles, edited by Roger Waldinger and Mehdi Bozorgmehr, New York: Russell Sage Foundation.

Warner, W. Lloyd, and Leo, Srole (1945), The Social Systems of American Ethnic Groups, New Haven, Conn.: Yale University Press.

Wendt, Alexander (1994), "Collective Identity Formation and the International State", American Political Science Review Vol. 88, No. 2.

Wendt, Alexander (1999), Social Theory of international Politics, Cambridge University Press.

Wilson, K. L. & Portes, A. (1980), "Immigrant Enclaves: An Analysis of the Labor Market Experiences of Cubans in Miami", American Journal of Sociology Vol.86, No.2, pp. 295-319.

Wirth, L. (1945), "The problem of minority groups", In Ralph Linton (ed.), The Science of Man in the World Crisis, New York: Columbia University Press.

Zhou, M. (1997), "Segmented Assimilation: Issues, Controversies, and Recent Research on the New Second Generation", International Migration review Vol. 31, pp. 975-1008.

http://search.daum.net/search?w=tot&DA=YZR&t__nil_searchbox=btn&sug=&sugo=&q=3D%EC%97%85%EC%A2%85(2017.01.03.17:00)
https://www.un.org/sg/en/speeches/reports/71/report.shtml
무지개청소년센터 www. rainbowyouth.or.kr
남북하나재단 www.koreahana.or.kr
재외동포재단 www.okf.or.kr
난민인권센터 www. nancen.org
다문화가족지원포털 다누리 http://www.liveinkorea.kr/intro.asp
위키백과: https://ko.wikipedia.org/wiki

황미혜

부산외국어대학교 한국어교육학과 다문화전공 겸임교수
부산광역시 다문화가족지원협의회 위원
부산교육청 남북교육교류협력기금운용심의위원회 위원
다문화사회와 교육연구학회 편집위원장

한국의 이민자 사회통합정책에 관한 연구(2012)
다문화시대의 결혼여성이민자 이중언어사용에 관한 연구(2017)
대만의 결혼이민자 자녀를 위한 모어전승교육 연구(2018)
통일 후 사회통합을 위한 중국 출생 북한이탈주민 자녀의
이중언어사용 활용 방향(2019)
미국의 소수자우대정책(Affirmative Action)에 기초한 다문화사회
상호간 역차별 정책 대응 다각화 방안 연구(2021)
한 아세안 교류 증가에 따른 국제친화형 다문화 인재 양성 특성화 방안(2022)
다문화전공자를 위한 이민정책론(2017)
한국의 다문화 역사 이야기(2018) 등

권영은

화신사이버대학교 한국어교육학과 다문화전공과목 강의
서울문화예술대학교 한국어교육학과 다문화전공과목 강의

다문화가족을 위한 금융교육 활성화 방안 연구(2020)
캄보디아 결혼여성이민자들의 현황과 실태에 관한 연구(2021)
사회적 가치를 위한 부산은행의 다문화가족 금융교육 활성화 방안(2021)
한국사회의 다문화현상 이해(2023) 등

다문화 전공자를 위한 이민정책론(개정판)

초판인쇄   2023년 3월 10일
초판발행   2023년 3월 10일

지은이   황미혜, 권영은
펴낸이   채종준
펴낸곳   한국학술정보㈜
주 소   경기도 파주시 회동길 230(문발동)
전 화   031) 908-3181(대표)
팩 스   031) 908-3189
홈페이지   http://ebook.kstudy.com
E-mail   출판사업부 publish@kstudy.com
등 록   제일산-115호(2000. 6. 19)

ISBN   979-11-6983-182-6   93330